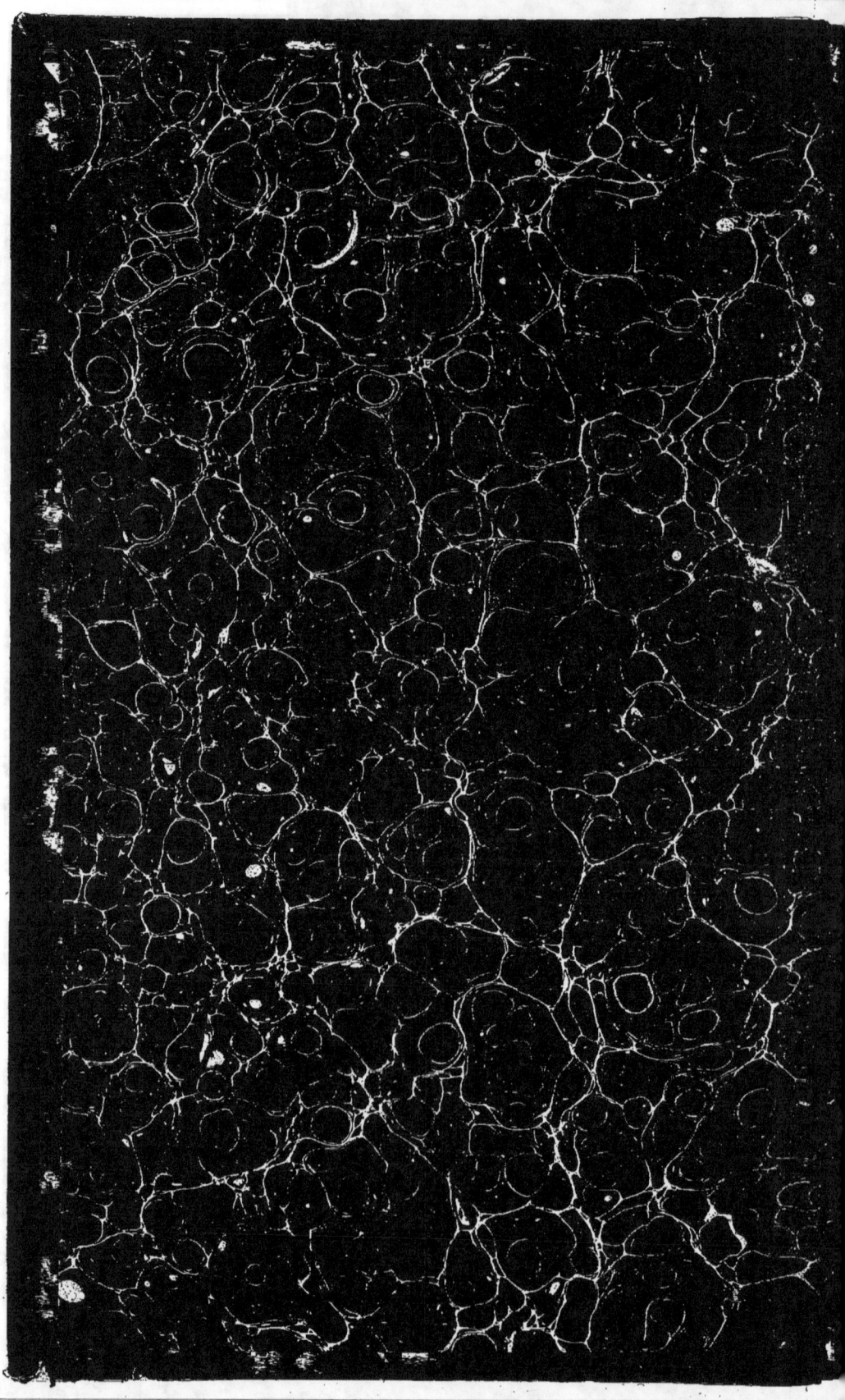

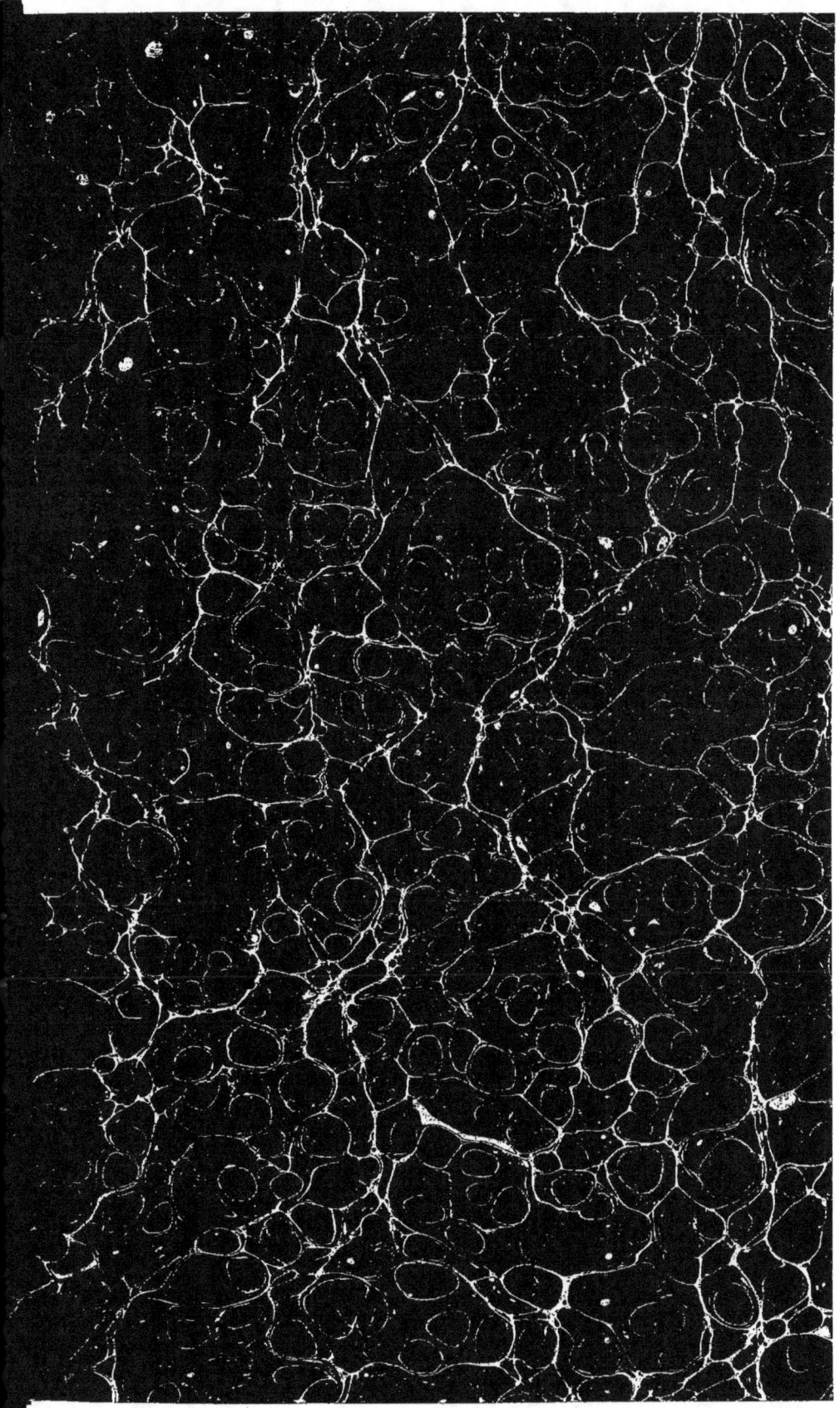

1648. ter.
H.

HISTOIRE
UNIVERSELLE.

VII.

IMPRIMERIE ET FONDERIE D'A. ÉVERAT,
16, RUE DU CADRAN.

AUGUSTE.

PUBLIÉ PAR FURNE A PARIS

HISTOIRE
UNIVERSELLE

PAR

LE COMTE DE SÉGUR,
de l'Académie française;

CONTENANT

L'HISTOIRE ANCIENNE, ROMAINE ET DU BAS-EMPIRE.

CINQUIÈME ÉDITION,
ORNÉE DE GRAVURES.

TOME SEPTIÈME.

PARIS.

FURNE, LIBRAIRE,
quai des Augustins, 59.

FRUGER ET BRUNET,
rue Mazarine, 30.

1836.

HISTOIRE ROMAINE.

EMPIRE ROMAIN.

CHAPITRE PREMIER.

Tableau de Rome, depuis sa fondation jusqu'au règne d'Auguste. — Esprit public. — Religion. — Mœurs. — Costumes. — Repas. — Législation. — Gouvernement civil. — Gouvernement militaire. — Arts. — Sciences. — Spectacles.

L'histoire de la plus grande partie des peuples n'est que l'histoire de quelques hommes qui les ont gouvernés. Leur grandeur passagère, leur prompte décadence ne s'expliquent que par les diverses chances du hasard qui leur ont donné plus ou moins de princes habiles ou de rois médiocres. Le récit des faits suffit pour peindre ces gouvernements sans principes, ces nations sans caractère qui leur soit propre, ces peuples sans physionomie et sans couleur.

Quelques autres méritent qu'on observe leurs lois et leurs institutions, non comme des monuments durables, mais comme des essais tentés par l'esprit humain pour organiser un corps social. L'esprit peut imaginer mille moyens de combiner les institutions et de régler la forme des gouvernements; il peut écrire une infinité de lois plus ou moins justes, plus ou moins sages, plus ou moins défectueuses, mais aussi peu solides que l'écorce ou le métal sur lesquelles elles sont empreintes. Il n'appartient qu'au génie de graver quelques maximes dans les ames, de créer des mœurs, et de changer enfin en sentiment, et même en passion, les principes d'une législation qui traverse les siècles.

Thaut ou Hermès, en Égypte; Moïse, dans le désert; Lycurgue, au pied du mont Taygète, et les premiers législateurs de Rome, ont su mériter une gloire si rare. Leurs paroles étaient des semences qu'ils jetaient dans le fond des cœurs; et, long-temps après que la tombe avait renfermé leurs corps, leur voix et leur esprit conduisaient encore les peuples.

Ce n'est donc point une foule de lois et d'institutions souvent contradictoires, et presque toujours produites par les circonstances, qu'il faut étudier; ce qui mérite de fixer nos regards et d'occuper notre

attention, c'est un petit nombre de principes féconds, fruits de la méditation des hommes de génie, et qui ont seuls créé les grands hommes et les grands peuples. « Le fond d'un Romain, comme le dit Bos-
» suet, était l'amour de la liberté, de cette liberté qui
» veut qu'on obéisse aux lois et non aux hommes, qui
» lie tous les intérêts privés à l'intérêt commun, et
» qui fait regarder la patrie, non comme une idée
» abstraite et vaine, mais comme une mère bien-
» faisante, puissante, chérie et respectée. »

Le gouvernement n'était point chez les Romains une affaire pour quelques hommes et une charge pour tous : c'était la chose publique; chacun y prenait un égal intérêt, une part plus ou moins active : le citoyen, soumis à des lois qui n'avaient eu de force que par son consentement, leur obéissait comme à sa pensée, et les exécutait comme des actes de sa volonté. Son nom de Romain commandait à tous ses sentiments et lui traçait tous ses devoirs. Honorer Rome, c'était le respecter; offenser Rome, c'était le blesser personnellement. La république romaine lui semblait sa première famille, la sienne propre n'était que la seconde; aussi la loi, chez ce peuple étonnant, se montra souvent plus forte que la nature; et Brutus sacrifiait, sans hésiter, la vie de ses fils au salut d'une patrie qu'il regardait comme sa mère.

Animé de ces sentiments, le citoyen combattait

plus pour la gloire publique que pour la sienne; il trouvait plus d'honneur à sauver un Romain qu'à tuer un ennemi, et la couronne civique fut longtemps la première des récompenses.

Tout dans Rome attirait, de la part des citoyens, non-seulement un respect humain, mais un respect religieux: c'était la ville sacrée; un fils de Mars l'avait fondée; Jupiter préférait le Capitole à tout autre séjour; les dieux promettaient aux Romains l'empire du monde: par leurs ordres, la nymphe Égérie avait dicté les lois de Numa; Hébé et le dieu Terme, ayant refusé, selon les fables du temps, de quitter le Capitole, leur garantissaient une jeunesse éternelle et des limites inviolables. Le feu de la liberté leur paraissait aussi sacré, aussi divin que le feu confié aux prêtresses de Vesta. Le double lien des institutions et du culte unissaient tous les Romains comme un peuple de frères marchant sous la garde des dieux; ils n'entreprenaient rien sans interroger leurs volontés qu'annonçaient le tonnerre, les vents, le vol des oiseaux, et que les augures interprétaient en consultant les entrailles des victimes. Mais, pour plaire à ces dieux, il fallait être vertueux, juste, tempérant, intrépide, et ne suivre d'autre passion que celle de l'amour de la patrie. Toutes ces maximes, graves et simples, à la fois politiques et religieuses, reçues par chaque Romain dans son enfance avec le lait qui le nourrissait, donnèrent à ce peuple, pendant plusieurs siècles, une inconcevable uniformité d'opinions, de sentiments, une règle de conduite invariable, une pratique constante de courage, de vertus, et des mœurs bien plus difficiles à renverser que des lois.

Jusqu'à la fin de la seconde guerre punique, ces mœurs se soutinrent dans toute leur force et dans toute leur pureté. Pendant ce long espace de temps, si l'on examine les usages de la vie privée des Romains, on y reconnaîtra ce caractère particulier qui dévouait chaque individu à l'état, et faisait préférer le bonheur public au bonheur privé.

Entrait-on dans une maison particulière, on y voyait la simplicité, la modestie, la frugalité; la pauvreté était même en honneur : le dictateur Cincinnatus, quittant les faisceaux, reprenait le bonnet de laine et conduisait la charrue; le consul Curius Dentatus mangeait, aux yeux des Samnites, des fèves grossièrement apprêtées dans un plat de terre.

On ne respectait dans les magistrats que l'autotité de leur charge; dès qu'ils avaient cessé leurs fonctions, ils devenaient égaux aux autres citoyens: mais, si l'on parcourait les rues et les places publiques, l'œil était ébloui par la richesse des temples, par la beauté des monuments, par l'appareil imposant des cérémonies religieuses, par l'éclat des triomphes. Laboureur, pâtre et soldat, un Romain se faisait gloire de mépriser l'or et la mollesse comme la mort; il ne voulait de richesses que pour la république, et de luxe que pour Rome.

Dès le matin, quittant sans peine le lit dur sur lequel ils avaient reposé leurs membres vigoureux, les citoyens allaient dans les temples invoquer les dieux pour la prospérité publique; ils couraient chez les magistrats, se rassemblaient sur le Forum, assistaient au jugement des procès, donnaient leurs voix pour les élections, et faisaient à midi un léger repas. Ensuite, jeunes ou vieux, réunis dans le Champ-de-Mars, ils entretenaient leur vigueur et leur adresse par la course à pied ou à cheval, par la lutte, par le pugilat, par l'exercice des armes. Couverts de sueur et de poussière, ils se plongeaient dans le Tibre, et revenaient dans leurs foyers souper en famille, et jouir du bonheur domestique près de leurs femmes, qui ne leur étaient pas inférieures en vertus.

Sédentaires, actives, laborieuses, ces femmes égalaient leurs époux en piété, en courage, en amour pour la patrie. Leurs plaisirs se renfermaient dans le cercle de leurs devoirs; leurs ornements, leurs bijoux les plus précieux, étaient leurs enfants; et elles faisaient consister leur gloire à les rendre dignes, par une éducation sévère, de leurs pères et de leur patrie.

Les vêtements des Romains étaient simples

comme leurs mœurs. Dans l'origine, semblables à tous les peuples sauvages, ils couvrirent leurs corps de la peau des animaux qu'ils élevaient, ou de ceux auxquels ils faisaient la guerre. Plus tard il furent vêtus d'une tunique de laine serrée par une ceinture. La tunique des hommes était sans manches ; ils la couvraient, en temps de paix, d'une robe nommée *toge*, et à la guerre, d'un manteau court semblable à celui des Grecs. On l'attachait sur l'épaule gauche, et il laissait le bras droit libre et découvert.

La toge des sénateurs et des chevaliers était bordée de pourpre ; on l'appelait *prétexte*. L'usage voulait qu'on prît pour les festins une robe particulière ; on la nommait *synthèse*. Les dames romaines, lorsqu'elles assistaient à quelque cérémonie, ajoutaient à leurs vêtements une longue queue qui portait le nom de *stole*. La couleur des habits était blanche pour les riches, brune pour les pauvres, noire dans les temps de deuil. Les Romains n'avaient d'autre chaussure qu'une sandale ou un brodequin attaché avec des cordons.

Les premiers progrès du luxe n'eurent pour objet que d'enrichir les armures et de couvrir les chevaux de guerre de harnais éclatants. On fut longtemps à ne se servir du lin que pour les voiles des vaisseaux et on condamna la mollesse de ceux qui l'employèrent les premiers à fabriquer des toges plus fines.

La tempérance et la simplicité romaine résistèrent quelque temps aux richesses introduites par les conquêtes. Plusieurs illustres personnages, semblables à Fabius et à Paul Émile, se faisaient encore honneur d'être pauvres, lorsque Marcellus et Mummius remplissaient le trésor public et les temples des richesses de Syracuse et de Corinthe.

Enfin l'or, plus pénétrant que le fer, mina la république par ses bases, et corrompit ses mœurs. Dès qu'elles perdirent leur pureté, les lois perdirent leur force, et l'on vit l'ambition et la cupidité exiler la justice et détruire la liberté.

Les usages changèrent comme les principes ; les particuliers devinrent plus opulents que la république. Les Romains, autrefois assis sur des escabelles à leur banquet modeste, se couchèrent sur des lits somptueux, éclatants de pourpre, d'or et d'ivoire. Leurs tables, d'un bois étranger et incrusté d'or ou d'argent et de pierres précieuses, furent couvertes par quinze ou vingt services. Un côté de ces tables restait vide pour que des esclaves nombreux pussent porter librement les plats et les coupes qui se succédaient avec rapidité. L'heure du repas n'était plus consacrée aux épanchements d'une sage amitié, d'une tendresse vertueuse, à de nobles entretiens sur les intérêts de la république, aux graves et utiles leçons données à la jeunesse : on faisait venir, pendant le festin, des bouffons, des danseurs, des musiciens, des pantomimes, et on chargeait du soin d'égayer la conversation quelques frivoles et méprisables convives qui payaient leur admission par leurs flatteries et par leurs basses complaisances. Ces parasites s'appelaient les *ombres*, et méritaient peu en effet le nom d'hommes.

Plusieurs lois s'efforcèrent en vain de réprimer le luxe des tables; elles ordonnèrent inutilement aux citoyens de se soumettre à la censure du peuple, en plaçant leurs tables dans les vestibules ouverts aux regards du public; les mœurs étaient tombées, et le luxe brava les lois.

Bientôt les tuniques furent tissues de lin enrichi d'or et d'argent, et rayées de pourpre. Les places retentissaient du bruit des chars élégants qui portaient des hommes amollis et des femmes corrompues. Les rues étaient embarrassées par une foule d'esclaves qui suivaient leurs maîtres indolents, couchés dans des litières magnifiques. Les maisons des particuliers surpassèrent en grandeur et en richesse les palais des rois. On y ajouta de longues galeries, nommées *milliaires*, pour se promener à l'abri du soleil. La fraîcheur des eaux du Tibre effraya la jeunesse romaine; on construisit les somptueux édifices, où l'eau chaude, mêlée à l'eau froide, offrait au luxe des bains voluptueux. Les poëtes venaient y réciter leurs vers, et, par un faible souvenir de l'antique égalité, les grands et même les empereurs daignaient quelquefois s'y mêler avec les simples citoyens.

Les goûts, les occupations, les amusements n'étaient plus les mêmes. On préférait le repos aux périls, le plaisir au travail, les jeux et les spectacles aux exercices du Champ-de-Mars. Le premier soin d'un citoyen romain, au lever de l'aurore, n'était plus d'adorer les dieux dans leurs temples; il courait au palais adorer les grands et le prince.

Plus la corruption faisait de progrès, plus on multipliait inutilement les lois, dont le désordre général faisait sentir la nécessité. Ces lois se réduisaient, au temps de l'expulsion des rois, à quelques ordonnances et à quelques réglements. L'esprit républicain veut le moins de gouvernement possible; il n'admet que des gênes indispensables: l'autorité des mœurs contient assez la nation; la voix de la patrie l'excite suffisamment; et, relativement aux intérêts privés, le pouvoir paternel suffit: la nature le tempère; c'est le seul pouvoir absolu qui offre peu de danger. Aussi, pendant longtemps, les pères eurent à Rome droit de vie et de mort sur leurs enfants, et l'histoire ne rapporte aucun fait qui prouve qu'on ait abusé de cette autorité.

Le véritable esprit d'une république vertueuse, c'est l'esprit de famille; il adoucit le joug et rend toutes chaînes légères. Les maîtres mêmes traitaient presque leurs esclaves comme des membres de leur famille. Aussi, quoique dans ces siècles anciens une faible partie du genre humain jouît de la liberté, tandis que le plus grand nombre languissait dans l'esclavage, Rome gouverna paisiblement la foule de serfs que la guerre avait introduite dans ses murs. Ils ne devinrent dangereux qu'après la chute des mœurs. Montesquieu remarque avec raison que « les hommes s'accoutument à tout, même » à l'esclavage, et qu'ils le supportent tant que le » maître ne devient pas plus dur que la servitude. »

Chaque famille avait pour juge de ses intérêts privés le père de famille. Les intérêts locaux de chaque ville étaient confiés à ses propres magistrats. Ainsi Rome n'eut long-temps besoin de lois que pour régler les intérêts généraux de la république, qui était la grande famille. Cependant cette législation, à la fois si simple et si forte, promettait plus de grandeur à l'état que de bonheur aux citoyens, et contenait, dès les premiers temps, un germe de destruction.

Les rois s'étaient montrés presque républicains, en soumettant les décrets principaux du sénat et les grandes questions politiques à la sanction du peuple; et, en même temps, ils avaient humilié ce peuple en créant un ordre de patriciens qui seuls étaient revêtus du droit d'occuper les magistratures, de parvenir aux dignités civiles et militaires, de juger les citoyens, et d'interpréter les lois. En vain voulurent-ils prévenir les désordres que devait faire naître le partage inégal des droits civils et politiques dans une république.

L'établissement du patronage ne fut qu'un palliatif : sous quelques rapports même il augmenta le mal. Les patrons enrichis par la guerre, et souvent héritiers de leurs clients, vendirent leur protection plus qu'ils ne la donnèrent, et opprimèrent souvent ceux qu'ils devaient protéger. Ils prêtèrent à usure leur argent aux pauvres, jetèrent les débiteurs en prison, et les réduisirent quelquefois en servitude.

Cette division de la nation romaine en patriciens orgueilleux, en plébéiens jaloux, en riches oppresseurs, en pauvres opprimés, fit dégénérer la rivalité des ordres en discordes, et devint la cause des troubles continuels qui agitèrent si fréquemment la république. Il est vrai que, ces dissensions hâtant les progrès de la puissance romaine, Rome fut d'autant plus belliqueuse qu'elle était moins tranquille; et le sénat se voyait dans la nécessité de faire perpétuellement la guerre afin d'occuper les factions au dehors. Mais il espérait en vain maintenir long-temps l'équilibre entre des grands qui possédaient toute l'autorité, et des plébéiens sans le suffrage desquels on ne pouvait arriver à aucune dignité; entre les sénateurs qui jouissaient seuls de la gloire des armes, et les citoyens fiers et nombreux qui faisaient la force des armées: la jalousie fit naître la haine, la haine arma les factions.

Le peuple voulut d'abord réprimer l'usure; il demanda ensuite sa part de la gloire comme des travaux; il exigea qu'on admît les plébéiens à toutes les magistratures.

Tous les citoyens, fatigués de se voir juger par des lois qu'ils ne connaissaient pas, et que les consuls expliquaient à leur gré, exigèrent des lois écrites, et nommèrent des décemvirs pour les rédiger.

Le sénat, après avoir défendu long-temps pied à pied ses priviléges, se vit enfin forcé de céder sur tous les points, et de partager avec le peuple l'autorité législative, administrative, judiciaire et militaire; mais ces sacrifices, arrachés par la crainte, affaiblirent le pouvoir sans éteindre la haine, et le désordre produit par ces dissensions se communiqua aux lois.

Le sénat, les centuries, les tribus, les dictateurs, les consuls, les tribuns, devenant alternativement législateurs, et se laissant entraîner par l'esprit de parti, firent tour à tour de nouvelles lois, interprétèrent les anciennes, les varièrent suivant les circonstances, et le code devint un chaos.

On fut alors obligé d'avoir recours à la jurisprudence pour porter un flambeau dans ce labyrinthe obscur; mais les jurisconsultes se trouvèrent toujours en petit nombre, et se virent, à l'exception de Varron, peu considérés. La science n'était pas en honneur chez ce peuple turbulent et guerrier; les ambitieux et les factieux préféraient l'intrigue, la force et l'arbitraire, à une érudition de formules qui épouvantait leur paresse et gênait leurs passions.

L'insuffisance et la difficulté de cette jurisprudence augmentèrent à mesure que la république s'étendait. Chaque cité d'Italie était régie par ses magistrats, tenait à ses coutumes et suivait ses réglements particuliers. Une politique ancienne et sage, qui fut une des causes principales de la grandeur romaine, voulait qu'on laissât aux peuples conquis, en Afrique, en Espagne, dans les Gaules, en Grèce et en Asie, les lois auxquelles une longue habitude les attachait. Ainsi la législation de la république romaine, loin d'être uniforme, offrait autant de variétés et de bigarrures qu'elle comptait de peuples et de villes dans son étendue.

Les généraux, les préteurs, les proconsuls, mirent le comble à ce désordre, en substituant souvent leur volonté à la loi, la force à la justice, et en disposant à leur gré des domaines des particuliers pour enrichir leurs soldats. Ces soldats ne connaissaient plus de patrie que leur camp, de chef que leur général, de lois que la force, de juges que la victoire.

Les mœurs étaient tombées sous le poids du luxe et des trophées; on ne respectait plus même le droit de propriété, principe créateur et conservateur de toute société. En examinant cet état de corruption dans la morale et d'incertitude dans la législation, on conçoit comment ces fiers dominateurs du monde parurent renoncer presque volontairement à une liberté si orageuse. Ce n'était plus la liberté fondée sur des lois qui garantissent les droits de chacun, c'était la licence d'une oligarchie militaire; et la chute de la république fut regardée par les peuples comme une heureuse révolution, parce qu'au lieu de plusieurs tyrans armés les uns contre les autres, elle ne leur laissait qu'un seul maître.

L'amour du repos, qui n'est ordinairement qu'un sentiment faible, était devenu le besoin et la passion du monde.

La vaillance, le génie, la fortune des généraux, la discipline admirable des armées, furent d'abord les causes de la grandeur de la république : elles entretinrent pendant plusieurs siècles cet esprit belliqueux, caractère distinctif du peuple romain. Les vertus de Rome lui faisaient pardonner sa puissance; les mœurs républicaines rassuraient les pays envahis par les Romains. Ils leur apportaient l'ordre, la paix, la justice, et ces peuples pouvaient se croire plutôt protégés que vaincus, et plutôt délivrés que conquis.

Mais, lorsque les généraux, devenus indépendants du sénat et du peuple, triomphèrent des lois comme ils avaient triomphé du monde, la liberté disparut. Ainsi la guerre renversa l'édifice qu'elle avait élevé. Cette expérience éclaira les empereurs. Craignant de donner à leurs généraux trop de gloire et trop de puissance, ils ne combattirent que pour repousser les Barbares, et évitèrent la guerre avec autant de soin que la république l'avait cherchée.

Cependant la force militaire, qui se joue de toutes les combinaisons de la sagesse et de la politique, trompa encore par la suite la prévoyance prudente de ces princes. Les armées, destinées à soutenir le trône, sentirent leurs forces et le renversèrent ; elles donnèrent le sceptre comme elles avaient donné le triumvirat, divisèrent l'empire par leurs dissensions comme elles avaient déchiré la république ; leurs querelles sanglantes, achevant de détruire le peu qui restait d'esprit public, ouvrirent les barrières aux Barbares ; leurs flots débordés renversèrent enfin ce colosse romain, dont la force oppressive pesait depuis si long-temps sur la terre.

M. de Condillac dit avec quelque fondement que jamais les Romains ne connurent la vraie liberté, si on entend par ce mot la liberté fondée, non sur des mœurs qui durent peu quand elles n'ont pas pour bases de fortes institutions, mais sur des lois consenties par la majorité des citoyens et exécutées par un pouvoir qui balance les passions aristocratiques et plébéiennes en même temps qu'il est contenu par elles.

Dans les siècles antiques, ce système de représentation et d'équilibre de pouvoirs ne fut jamais connu; l'esclavage même était le sort de la plus nombreuse partie du genre humain. Une foule tumultueuse, rassemblée à Rome sur le Forum, décidait du sort de toutes les parties de la république; et, dans cette ville même, l'administration de la justice fut toujours arbitraire. Tout y dépendait, dès le commencement, du caprice d'une faction, et, dans les derniers temps, de l'épée d'un général.

Les mœurs seules et l'amour de la patrie suppléèrent, dans les beaux jours de la république, aux institutions fortes qui lui manquaient. La gloire et la fierté tinrent chez les Romains la place de plusieurs vertus. Les citoyens de Rome, jaloux de leur dignité, conservèrent plusieurs siècles le droit de n'être soumis qu'à la peine de la prison ou de l'exil. La tête d'un Romain était sacrée; le respect pour le nom de citoyen défendit long-temps l'indépendance; elle fut perdue dès le moment où Marius, Sylla, et après eux les triumvirs, s'élevant au-dessus des lois, proscrivirent tous leurs ennemis.

Un peuple qui n'honorait que la charrue, que

l'épée, qui méprisait le commerce, dut faire peu de progrès dans les arts et dans les sciences. La philosophie, dont le seul but est de maintenir le calme dans les ames et de les préserver du désordre des passions, avait peu de charmes aux yeux d'une nation qui ne vivait que pour la gloire. Les rêveries pacifiques de Platon n'étaient que de vaines puérilités aux yeux de ces hommes fiers et féroces qui ne rêvaient que la conquête du monde.

Le seul art où l'on vit briller d'abord les Romains, fut celui de l'éloquence ; mais, dans les premiers temps, ce n'était point cet art que l'étude fait naître et fortifie, c'était l'éloquence des passions que la nature seule sait inspirer au génie, lorsqu'il veut gouverner à son gré les flots d'un peuple tumultueux.

Ce ne fut que vers le temps de la troisième guerre punique que la philosophie parut à Rome; elle n'y put pénétrer qu'à l'aide du luxe, son éternel ennemi. C'était recevoir à la fois le poison et l'antidote.

Lorsque les armes romaines conquirent la Grèce, les philosophes grecs entreprirent la conquête de Rome. Paul Émile, vainqueur de Persée, amena d'Athènes Métrodore, et le chargea d'élever ses enfants. Plusieurs autres philosophes et rhéteurs le suivirent.

Carnéade, académicien; Diogène, stoïcien; Critolaüs, péripatéticien, furent envoyés à Rome par les Athéniens comme ambassadeurs. Les mœurs romaines résistaient encore à l'expansion des lumières; Caton le Censeur fit congédier promptement l'ambassade, et obtint, quelque temps après, le bannissement des philosophes et des savants, que sa grossière vertu regardait comme des empoisonneurs publics.

L'ignorance s'efforce en vain d'arrêter la marche de l'esprit humain; elle ne peut que la ralentir : plus la civilisation s'avançait, plus on éprouvait le besoin de l'instruction. Enfin, malgré tous les obstacles qu'opposaient aux progrès des lumières les anciennes habitudes et les vieux préjugés, on vit les lettres, les sciences et les arts se répandre de toutes parts au milieu de cette nation guerrière.

Le second Scipion s'arrachait à la gloire pour se livrer aux doctes entretiens de Panétius et de Polybe.

Térence fit entendre sur la scène romaine des chefs-d'œuvre qui contenaient un sel aussi piquant que celui d'Aristophane, aussi délicat que celui de Ménandre. Le cruel Sylla lui-même ne put rester insensible aux charmes des muses grecques.

Avant d'être conquérant, César écrivit comme philosophe et brilla comme orateur.

Cicéron naturalisa dans Rome l'éloquence et

la philosophie. Les amis austères des anciennes mœurs, ne conservant plus l'espoir de repousser les philosophes, s'attachèrent à la secte stoïcienne, plus conforme à leur caractère par la rigueur de ses principes, et plus propre à conserver dans leur force les vertus républicaines.

Les hommes voluptueux, au contraire, et les ambitieux adoptèrent la doctrine d'Épicure, favorable aux passions : elle les tranquillisait sur la crainte d'une autre vie.

César professa hautement en plein sénat son opinion contre l'immortalité de l'ame. Le système relâché des épicuriens accéléra la chute des mœurs, de la religion et des lois. La vertu est le ciment des institutions; tout ce qui mine sa force, dissout et renverse les états.

La langue grecque, qui enrichissait les esprits de tant d'idées nouvelles, de sentiments jusque-là inconnus, de riantes fictions, obtint dans Rome une telle faveur, qu'on la préféra bientôt à la langue nationale. Dans les écoles, on enseignait à composer en grec des discours qu'il fallait ensuite traduire en latin pour haranguer le peuple.

Nourri des écrits de Démosthène, de Platon, de Sophocle et d'Euripide, formé à la philosophie par les livres et par les entretiens des sages les plus célèbres de toutes les sectes, Cicéron fit briller dans ses discours, dans ses écrits, la force de la raison ornée par toutes les graces de l'esprit. On y trouve autant de profondeur que d'éclat, autant de sagesse que d'élégance; on admire l'heureux mélange de la gravité romaine, embellie par l'imagination grecque. Les sentiments républicains et les vertus de cet illustre orateur lui inspiraient du respect pour les principes de Zénon; son amour pour le repos lui donnait du penchant pour la doctrine d'Épicure : la modération, et peut-être la faiblesse de son caractère, lui firent préférer le doute au dogme; il adopta le système de l'académie.

La poésie, qui précède ordinairement partout la philosophie, n'entra dans Rome qu'à sa suite; et ce qui est remarquable, c'est que les poètes, dont l'imagination peupla l'Olympe et créa partout des dieux, furent les premiers à combattre l'idolâtrie. Ils parurent à Rome dans ce temps de décadence où les arts et les lettres ne font que décorer un édifice qui tombe. A cette époque, on raisonne plus qu'on ne sent; tous les ressorts se détendent, et le culte n'est pas plus respecté que les lois.

Ennius riait des augures, et se moquait de la crédulité populaire. Lucrèce professa en beaux vers la contagieuse doctrine d'Épicure; et Virgile même ne fit descendre aux enfers le pieux Énée que pour faire raconter aux Romains, par la voix du vieil Anchise, l'origine céleste et la gloire de la famille des Jules.

Horace fut à la fois philosophe et poëte : sévère, dans ses poésies satiriques, contre l'avarice et l'ambition, nul ne se montra plus indulgent pour l'amour, pour le vin, pour la mollesse. C'était l'apôtre des plaisirs. Aucun poète n'enrichit plus la langue romaine d'images, de tournures et d'expressions étrangères ou nouvelles. Jamais on ne fit parler avec plus d'élégance la raison, la volupté et la flatterie.

Le peuple romain était roi : avant sa chute, il fallait le flatter et l'amuser pour obtenir sa faveur; depuis son asservissement, on se crut encore obligé d'entretenir sa passion pour les spectacles et pour les jeux, afin de le distraire de ses souvenirs.

Dans les premiers temps, ce peuple fier, belliqueux et cruel, ne connut d'autres fêtes que les triomphes, d'autres divertissements que les combats; il se plaisait à voir les prisonniers de guerre condamnés à s'égorger mutuellement. Bientôt, pour satisfaire cette soif de sang humain, beaucoup d'hommes intrépides, mais vils, prirent la profession de gladiateurs. Ils bravaient tous les jours la mort pour un modique salaire, et, couverts de blessures, ne quittaient le combat qu'au moment où la pitié souvent tardive des spectateurs le leur permettait. Les dames romaines assistaient à ces spectacles sanglants, applaudissaient les vainqueurs, et ordonnaient même quelquefois aux vaincus de mourir.

La passion du peuple pour ces jeux inhumains ne diminua point lorsque les mœurs s'amollirent, et Rome conservait encore sa férocité lorsqu'elle avait perdu son courage.

Le luxe multiplia ces spectacles, en augmenta la pompe; au mépris de plusieurs lois sages, on vit des sénateurs, des chevaliers, et jusqu'à des dames romaines, combattre au rang des gladiateurs.

Ce désordre honteux s'accrut sous les empereurs; le despotisme confond tous les rangs, dédaigne toutes les convenances. Caligula fit combattre dans le cirque quarante sénateurs et deux cents chevaliers.

Quelquefois les combattants étaient des lions, des éléphants, des tigres et des ours. On sacrifiait à leur fureur des victimes humaines. Sylla, étant préteur, donna au peuple romain l'horrible spectacle d'un combat de cent lions contre cent hommes.

Au milieu de cette ville, toujours agitée par des passions violentes, et toujours divisée en factions, les premiers jeux de la poésie furent aussi des combats; et, pour satisfaire l'animosité des partis, les premiers poètes se servirent de la pointe de l'épigramme et du fouet de la satire.

Cet usage survécut à la république. Le peuple, moins souple que les grands, conserva long-temps quelques vestiges de son orgueil et de son indépendance; et, au moment où les sénateurs et les chevaliers, courbés sous un maître, ne faisaient entendre au pied de son trône que le langage de la flatterie, quelques plébéiens hardis, suivant leur antique usage, attachaient sur une statue du Tibre des placards satiriques, où l'on déchirait sans ménagements les plus grands personnages, et quelquefois même l'empereur.

Dès que le luxe envahit la république, les grands, voulant se faire pardonner par un peuple jaloux leur immense fortune, en dépensèrent la plus grande partie en fêtes somptueuses et en jeux magnifiques. Livius Andronicus remplaça les farces grossières des premiers temps par des pièces plus régulières; mais l'art dramatique fut plus lent dans ses progrès à Rome que dans la Grèce, parce qu'il ne s'y formait pas sous les yeux de juges éclairés. Le sel comique de Plaute était plus fort que délicat, et ce ne fut que du temps de Scipion qu'on vit Térence donner au théâtre des chefs-d'œuvre qui annonçaient la perfection du goût.

Les grands talents littéraires paraissaient toujours dans Rome des arbres exotiques et transplantés; ils furent brillants, mais peu nombreux. Horace, Virgile, Ovide, Tibulle et Catulle ne laissèrent à leurs successeurs aucun espoir de les égaler. Plaute et Térence n'eurent point sur la scène comique d'héritiers célèbres ; et la tragédie, qu'on aurait pu croire plus conforme au caractère grave des Romains, ne s'éleva pas dans la république au-dessus de la médiocrité.

Le peuple romain, grossier appréciateur du mérite littéraire, préférait les pantomimes aux drames, les actions aux paroles, les luttes sanglantes des gladiateurs et des ours aux combats d'esprit.

La représentation de trois pièces de Sophocle avait coûté plus d'argent aux Athéniens que la guerre du Péloponèse. Rome, très-supérieure à Athènes en puissance et en richesses, mit encore plus de profusion dans ses dépenses pour des spectacles d'un genre différent. L'émulation des candidats, qui désiraient capter les suffrages du peuple, les portait à se ruiner à l'envi : ils construisaient des théâtres capables de contenir quatre-vingt mille personnes, et prodiguaient toutes les richesses de l'architecture, de la sculpture et de la peinture, pour orner ces édifices qui ne devaient durer que peu de jours.

Les arts restèrent long-temps aussi étrangers aux Romains que les lettres : conquérants de la Grèce, ils s'approprièrent les chefs-d'œuvre des artistes et n'en créèrent point. Marcellus enrichit le premier les temples de Rome des vases, des statues et des tableaux conquis à Syracuse ; Fabius, peu de temps après, se montra plus fidèle aux anciennes mœurs :

maître de Tarente, il ne voulut apporter à Rome qu'une statue colossale d'Hercule.

Mummius, destructeur de Corinthe, remplit l'Italie de tous les ouvrages précieux des plus célèbres artistes de la Grèce ; mais Rome parut les regarder plutôt comme des trophées que comme des modèles. Leur vue flatta l'orgueil, et n'excita point le génie.

Les grands, qui se disputaient l'autorité, n'employèrent les arts qu'à l'embellissement des lieux où se rassemblait un peuple dont ils ne voulaient faire qu'un docile instrument de leur fortune : ils le rassasièrent de fêtes pour en obtenir du pouvoir.

Les empereurs entretinrent avec soin cette passion des Romains pour les plaisirs, afin de maintenir dans un esclavage tranquille et dans une enfance perpétuelle le *peuple-roi*.

Enfin ces anciens maîtres du monde, perdant juqu'au souvenir de la liberté, devinrent tellement voluptueux, asservis, efféminés et frivoles, qu'on les vit, indifférents aux triomphes comme aux revers de l'empire, ne demander à leurs maîtres, pour prix de leur servitude, que des distributions de blé, des spectacles, et remplacer le cri de gloire et de liberté par celui de *panem et circenses*.

CHAPITRE II.

AUGUSTE.

(An de Rome 725. — Avant Jésus-Christ 29.)

Gouvernement d'Auguste. — Réforme dans le sénat. — Abdication feinte d'Auguste. — Son obéissance au sénat pour garder le pouvoir. — Son surnom d'*Auguste* et son titre d'*imperator*. — Décret d'exception en sa faveur. — Son habile politique. — Création d'un préfet. — Bonheur public sous Auguste. — Son départ pour la Gaule. — Le Panthéon terminé par Agrippa. — Guerre d'Espagne terminée par Auguste. — Portraits de Marcellus et de Tibère. — Échec des Romains en Arabie et en Éthiopie. — Maladie d'Auguste. — Disgrace d'Agrippa. — Mort de Marcellus. — Dictature perpétuelle refusée par Auguste. — Ses voyages dans plusieurs parties de l'empire. — Soumission de Phraate, roi de Parthie. — Retour d'Auguste à Rome. — Mort de Virgile. — Troubles à Rome. — Nouvelles institutions et nouveaux travaux d'Auguste. — Mouvemens hostiles des Germains réprimés par lui. — Retour d'Auguste à Rome. — Mort d'Agrippa. — Union de Tibère et de Julie, veuve d'Agrippa. — Guerre avec les Germains. — Victoire de Drusus sur les Germains. — Mort de ce général, surnommé *Germanicus*. — Victoires de Tibère. — La paix referme le temple de Janus. — Mauvaise loi d'Auguste. — Portrait d'Octavie, sœur d'Auguste. — Exil de Julie, fille d'Auguste. — Exil et mort d'Ovide. — Pouvoir de Mécène sur l'empereur. — Orgueil de Caïus et de Lucius César, petits-fils d'Auguste. — Exil de Tibère. — Caïus César est nommé consul et *prince de la jeunesse*. — Époque de la naissance de Jésus-Christ et de la mort d'Hérode. — Partage des États d'Hérode, fait par Auguste. — Représentation d'une naumachie. — Formation de cohortes prétoriennes. — Commandement de Caïus César en Asie. — Sa victoire et sa mort. — Adoption de Tibère par Auguste. — Disgrace d'Agrippa Posthumius. — Adoption de Germanicus par Tibère. — Conspiration de Cinna. —

Conseils de Livie à Auguste. — Entrevue de Cinna et d'Auguste. — Force des armées d'Auguste. — Mort d'Asinius Pollion. — La Judée réduite en province romaine. — Guerre en Germanie. — Victoire de Tibère, nommé *imperator*. — Gouvernement de Varus en Germanie. — Trahison d'Arminius. — Mort de Varus. — Désespoir d'Auguste.— Vengeance de Tibère en Germanie. — Entrée triomphale de Tibère à Rome.—Mort d'Auguste.—Ses funérailles.—Lecture de son testament.

La fortune a souvent plus d'influence que le génie sur la destinée des princes et des peuples, et les succès des grands hommes dépendent moins de leurs talents que des circonstances dans lesquelles ils se trouvent placés. César, le plus habile des capitaines, le plus profond des politiques, le plus éloquent des orateurs, le plus doux des conquérants, tomba sous le poignard des Romains, lorsqu'ils le virent aspirer au pouvoir suprême.

Octave, timide soldat, faible orateur, général médiocre, presque toujours vaincu lorsqu'il commanda lui-même, plus cruel que Marius et Sylla dans ses vengeances, soumit Rome à son joug, et jouit paisiblement, pendant quarante années, d'un trône fondé sur la ruine de la liberté.

Les circonstances n'étaient plus les mêmes : la corruption des grands et la lassitude des peuples avaient abattu toutes les barrières qui pouvaient l'arrêter; il ne rencontra plus cette fierté qui repousse toute dépendance, cette force qui brise toutes les chaînes; il n'eut à ménager qu'une vanité puérile, qui se contente d'apparence et ne veut que des formes; aussi Octave triompha plus par l'artifice que par le courage : où l'audace aurait échoué, la ruse réussit.

Il revêtit une monarchie militaire des formes républicaines, satisfit les grands par des dignités, le peuple par des largesses, et tout l'empire par le repos, qui, après un demi-siècle de factions et de guerres civiles, était devenu le seul bonheur qu'on pût souhaiter et supporter.

Cependant, malgré cette pente naturelle du siècle vers la paix et la soumission, il fallait encore beaucoup d'adresse pour passer tranquillement de la république à la monarchie. Les souvenirs et les habitudes défendaient la liberté; la fin tragique et récente de César devait effrayer Octave.

Il se voyait assis au milieu des mêmes sénateurs qui avaient applaudi Brutus; il se trouvait en présence de ce même peuple qui avait arraché la couronne placée sur la tête du dictateur, et il comptait dans les rangs de l'armée, son seul appui, une foule de soldats qui venaient de combatte pour Pompée, pour Cassius, pour Antoine, contre César et contre lui.

Les prétextes pour conserver la puissance lui manquaient : César était vengé; la bataille d'Actium terminait la guerre civile; la mort d'Antoine et la chute de Cléopâtre avaient expié les affronts faits à la république; le temps fixé pour la durée du triumvirat était expiré; rien n'autorisait la prorogation des lois de circonstance, rien ne semblait devoir priver plus long-temps le peuple de ses droits.

Dans cette position difficile, plus l'ambition d'Octave était ardente, plus il prit soin de la dissimuler. Décidé à régner, il feignit un grand dégoût des affaires et une extrême aversion pour le rang suprême, seul but de ses pensées et de ses actions. On prétend qu'il consulta ses deux favoris, Mécène et Agrippa, sur le parti qu'il devait prendre. Agrippa, dit-on, lui conseilla d'écouter la voix de la justice, de rétablir la république, et de chercher dans la vie privée une gloire pure et une tranquillité qu'une puissance usurpée ne pouvait lui offrir. Mécène, au contraire, lui dit que l'empire romain, trop étendu, avait besoin d'un maître. Le rétablissement de la république, ajoutait-il, dans un siècle corrompu, ne serait que le signal de la renaissance des factions; d'ailleurs, après tant de proscriptions, Octave ne pouvait trouver d'asile contre ses ennemis que sur le trône.

Octave, dont la détermination était probablement prise avant de délibérer, donna de grands éloges à la franchise d'Agrippa, et adopta le conseil de Mécène.

Il résolut, non de garder le pouvoir par violence, mais de faire légitimer son autorité par le consentement national, et d'amener le sénat et le peuple au point de le contraindre en quelque sorte à les gouverner. Avant d'exécuter ce dessein, il voulut opérer dans le sénat une grande réforme, sous le prétexte de lui rendre plus de majesté. Il crut nécessaire de s'attirer l'amour du peuple par des fêtes et par des largesses, de réparer beaucoup d'anciennes injures par des bienfaits, et de s'assurer, par l'estime publique, l'autorité qu'il avait conquise par la force.

Après l'assassinat de César, Antoine, au moyen d'actes faux, qu'il supposait signés par le dictateur, avait rempli le sénat d'un grand nombre de ses partisans, hommes sans naissance, sans mérite et sans fortune. Le peuple les nommait *caronites*, pour faire entendre qu'ils avaient été nommés par un mort. Ce désordre s'accrut pendant le triumvirat : Octave voulut retrancher de ce corps auguste tous les membres qui souillaient sa dignité : il proposa cette réforme avec tant de ménagements et d'adresse, que, sur quatre cents sénateurs frappés par la loi qu'il présentait, plus de deux cents se démirent volontairement, et furent récompensés de leur lâche docilité par des titres honorifiques et par des emplois lucratifs. On supprima les autres. Pendant tout le temps que dura cette opération, Octave porta une cuirasse sous sa toge, et ne parut aux assemblées qu'environné de quelques sénateurs dont il connaissait le dévouement et la bravoure.

Il ne gouvernait alors que sous le titre de consul, et accepta celui de prince du sénat, pour conserver la présidence de ce corps. On lui avait donné le consulat pour six ans. Remplissant les fonctions de censeur, il renouvela la cérémonie de la clôture du lustre, tombée en désuétude depuis les guerres civiles. Le dénombrement produisit quatre millions cent soixante-trois mille citoyens. Octave rétablit par ses dons la fortune de plusieurs sénateurs, embellit la ville de monuments nombreux et magnifiques, et donna aux préteurs le dépôt du trésor public, jusque-là confié imprudemment à de jeunes questeurs. Mais de tous ces actes, celui qui excita le plus de joie et de reconnaissance fut un grand acte de justice : il cassa toutes les ordonnances des triumvirs ; c'était, en condamnant ses propres actions, effacer de la mémoire des hommes sa vie passée, et en promettre une nouvelle.

Octave s'était fait donner dans le consulat Agrippa pour collègue [1] ; avec le secours de cet ami éclairé, de ce ministre fidèle, ayant rétabli la tranquillité dans les provinces, la discipline dans l'armée, la majesté dans le sénat, s'étant réconcilié avec les vaincus par l'abolition des actes du triumvirat, il distribua les charges, les commandements, les grades, les dignités et les graces pécuniaires, de

---

[1] An de Rome 725. — Avant Jésus-Christ 27.

sorte qu'il n'y eut plus que deux routes ouvertes aux Romains : l'une, celle de la soumission, qui menait aux honneurs et à la fortune; l'autre, celle de la résistance, qui condamnait les opiniâtres amis de la république à l'inaction et à l'obscurité.

Lorsque Octave crut avoir ainsi disposé les esprits au dénoûment qu'il méditait, l'année de son consulat venant d'expirer, il parut dans le sénat, et déclara qu'il renonçait à tous les pouvoirs extraordinaires qu'il tenait de la république. Moins cette démarche était sincère, plus il employa d'art pour faire croire à la pureté de ses intentions. « On ne
» pouvait pas, disait-il, douter de la franchise d'une
» abdication si volontaire; tous les rois étrangers
» étaient liés à ses intérêts; l'armée lui avait donné
» des preuves éclatantes de sa soumission et de son
» dévouement; le peuple et les provinces le regar-
» daient comme le garant de leur repos; tous les par-
» tis le considéraient comme leur unique lien; il était
» redouté par les factieux et par les scélérats,
» comme une digue qu'ils ne pouvaient franchir.
» Dans une pareille situation, personne ne pouvait
» lui ravir la puissance, s'il voulait la garder. Mais
» il trouvait juste de rendre à chacun l'exercice de
» ses droits : au sénat son autorité, au peuple son
» indépendance, aux lois leur vigueur. Le sacri-
» fice du pouvoir au bien public lui paraissait plus
» honorable que les plus grandes victoires; à ses

» yeux, la gloire principale de César était d'avoir
» refusé la royauté, comme il faisait consister la
» sienne à se démettre du pouvoir suprême. Je n'ai
» d'abord pris les armes, ajoutait-il, que pour ven-
» ger mon père, je me suis vu depuis, à regret,
» forcé de me charger long-temps du fardeau des
» affaires afin de délivrer la république des factions
» qui la déchiraient. César est vengé, les factions
» sont détruites, les étrangers sont soumis, l'ordre
» règne dans l'intérieur : au prix de mon sang, au
» péril de ma vie, j'ai sauvé la république; j'ai fait
» respecter ses armes depuis la mer d'Éthiopie jus-
» qu'à la Tamise, depuis l'Euphrate jusqu'aux co-
» lonnes d'Hercule; j'ai fermé le temple de Janus.
» Quel autre bouheur puis-je désirer que celui du
» repos et de la retraite? quelle autre gloire pourrait
» me tenter, si ce n'est la gloire de voir la républi-
» que, libre et florissante, se gouverner par de sa-
» ges lois, et reprendre ses antiques mœurs? »

Il ajouta à ces paroles de sages conseils sur le gouvernement de l'état, recommanda au peuple de repousser l'intrigue, de craindre les factieux; aux sénateurs d'adoucir leur orgueil, de réformer leur luxe, de modérer leur ambition, source de haine et de discorde; aux proconsuls et aux préteurs de ne plus faire haïr le nom romain par leurs concussions oppressives et scandaleuses. « Si vous
» agissez ainsi, dit-il en terminant son discours,

» vous comblerez mes vœux, vous assurerez votre
» gloire et le bonheur de ma patrie; mais si, mé-
» prisant mes avis, n'écoutant que l'ambition et
» l'avarice, et entraînés par vos passions, vous li-
» vrez encore la république au funeste fléau des
» guerres civiles, vous me ferez repentir de mes
» sacrifices, et vous retomberez tous dans les mal-
» heurs dont je vous ai sauvés. »

Les sénateurs écoutaient César avec la surprise que devait exciter une telle démarche. Ceux qu'il avait mis dans sa confidence applaudirent vivement sa générosité, mais se gardèrent bien d'appuyer sa proposition. Ceux qui croyaient à sa sincérité, mais qui, las des factions, préféraient les faveurs de la fortune aux rigueurs de la liberté, et le repos de la monarchie aux orages de la république, laissèrent éclater le chagrin que leur faisait éprouver cette abdication. La crainte empêchait les amis de la liberté d'accepter le sacrifice qu'on leur offrait, et un reste de pudeur retint quelque temps ceux qui auraient voulu parler en faveur de la servitude. Tous se réunirent enfin pour conjurer César de renoncer à une résolution si fatale au repos public.

Après une résistance plus longue que vive, il obéit, et consentit à garder le pouvoir suprême. Cependant, sous prétexte que le fardeau du gouvernement tout entier était trop pesant pour lui, il voulut partager avec le sénat les provinces de l'empire. Dans ce partage, choisissant pour lui les gouvernements les plus exposés aux attaques de l'ennemi, et dans lesquels se trouvait placée la plus grande partie des troupes, il conserva dans sa dépendance la vraie source du pouvoir, l'armée.

Le sénat eut l'administration de l'Afrique, de la Bétique (en Espagne), de la Grèce, de l'Asie-Mineure, de la Sicile, du Pont, des îles de Crète et de Sardaigne. César se réserva le reste de l'Espagne, la Lusitanie, les Gaules, la Syrie, la Phénicie et l'Égypte.

On parut laisser l'Italie ainsi que Rome régies par les anciennes lois. Octave y commandait en monarque, sous le voile de la liberté : il savait qu'on peut tout enlever aux hommes tant qu'on leur laisse l'espérance. Il n'accepta que pour dix ans le sacrifice que Rome lui faisait de sa liberté; et, dans tout le cours de sa vie, employant toujours le même artifice pour entretenir la même illusion, il renouvela son offre d'abdication, et fit proroger son autorité, tantôt pour cinq et tantôt pour dix années.

Messala, chargé par le sénat de lui exprimer la reconnaissance des Romains, lui donna, au nom du sénat et du peuple, le titre d'*Auguste*. Ce nom, qui avait quelque chose de sacré, lui parut préférable à celui de Romulus, qu'on voulait lui faire accepter, et qui rappelait trop la royauté, toujours odieuse dans Rome. D'ailleurs, son autorité ne fut revêtue d'aucune dénomination nouvelle; il n'ignorait pas que la multitude se gouverne plus par les mots que par les choses, et qu'à ses yeux les noms les plus anciens sont les plus respectés. Celui de roi aurait effrayé; celui d'*imperator*, étant usité, n'inquiéta personne. Sous ce titre, il régna comme général, et l'éclat de cette monarchie militaire rendit bientôt le titre d'empereur supérieur à celui de roi.

Déjà Pompée, revêtu de ce nom, avait joui d'une autorité presque absolue. Les généraux, devenant souverains, le glaive fut leur sceptre; ils n'eurent d'autre appui pour leur puissance que l'armée; et cette armée devint l'écueil du trône, comme le peuple avait été celui du sénat. Le soldat et la multitude sont toujours les instruments dont se servent les ambitieux pour renverser les monarchies comme les républiques; cependant, sous le règne d'Auguste, les titres civils que ce prince continuait à porter semblaient tempérer le pouvoir militaire. Ce n'était que comme consul qu'il faisait exécuter les lois dans la ville, ou comme proconsul dans les provinces. La puissance tribunitienne semblait seule le rendre inviolable aux yeux du peuple : les fonctions de la censure lui donnaient le droit de surveiller les mœurs; et, à la mort du faible Lépidus, le souverain pontificat remit dans ses mains la puissance de la religion.

Toujours soigneux de faire oublier qu'il était devenu le maître de la patrie, il s'en fit nommer le père; et ce titre, donné à Cicéron lorsqu'il sauva la liberté, fut unanimement déféré à Auguste pour l'avoir détruite.

L'empereur profitait de tous les exemples que pouvaient lui fournir les fautes commises par le gouvernement républicain pour augmenter son pouvoir. Ainsi, comme Pompée et Scipion s'étaient vus, par un décret du sénat, affranchis des règles qui avaient fixé l'âge où l'on pouvait prétendre au consulat, Auguste, par un décret du sénat et du peuple, se fit dispenser généralement de l'observance de toutes les lois; de sorte que ce gouvernement, qui se soumettait en apparence aux formes républicaines, devint non-seulement monarchique, mais absolu; et l'empire romain offrit ainsi le plus monstrueux mélange de la république et du despotisme. Ce décret fut rendu l'an 725 de Rome, et c'est de cette époque que la plupart des historiens datent le règne d'Auguste.

On voit avec surprise un peuple qui venait si récemment de répandre tant de sang pour la liberté, la sacrifier si lâchement aux caprices d'un homme; mais le besoin du repos égarait les Romains : le souvenir du passé les trompait, l'adresse d'Auguste les rassurait. Souvent, sans cesser d'être libres, ils avaient confié à des dictateurs un pouvoir absolu. Déchirés par les guerres civiles, ils croyaient pouvoir encore sans danger employer pour dix ans ce remède nécessaire. La politique artificieuse d'Auguste leur faisait croire qu'il rendrait un jour à Rome cette autorité qu'elle lui confiait momentanément. Un caractère plus fort les aurait éclairés ; l'apparente modestie et la douceur d'Auguste les aveuglaient; ils s'endormirent dans les bras de la tyrannie, en rêvant toujours la liberté.

Cette illusion peut d'autant plus se concevoir, qu'aucun droit n'était enlevé à la république, et qu'elle les conservait tous; puisque Auguste ne tenait son autorité que du sénat et du peuple, ils pouvaient la retirer comme la donner. D'ailleurs, ce prince habile laissa toujours aux sénateurs et aux tribuns une part dans l'exercice de la souveraineté. Les édiles présidaient aux jeux, les préteurs aux jugements; le peuple donnait sa voix pour les élections : on nommait à l'empereur des collègues dans chacune des fonctions qu'il exerçait. Les ambassadeurs des princes étrangers demandaient audience au sénat. L'empereur faisait délibérer ce corps sur toutes les grandes affaires de la république; et s'il se réservait la décision des plus urgentes, il les soumettait à la discussion d'un conseil privé, composé des consuls et de quinze sénateurs.

Plus la puissance d'Auguste augmentait en force, plus il la couvrait de formes modestes et populaires. Loin d'habiter un palais, comme Lucullus et Pompée, il se contentait d'une maison de peu d'apparence, occupée autrefois par l'orateur Hortensius. Aucun luxe ne brillait sur sa table ni sur ses vêtements; il s'asseyait au spectacle dans les rangs des sénateurs et des consuls. Remplissant scrupuleusement les devoirs de la vie privée des citoyens, il assistait aux noces, aux funérailles de ses amis, plaidait leurs causes, sollicitait pour eux les suffrages du peuple, prononçait en public leur oraison funèbre, et demandait au sénat les graces et les dignités qu'il voulait faire accorder aux membres de sa famille. Ainsi, au moment où le corps de la république était sans vie, son ombre étonnait encore par sa grandeur imposante et par ses formes vaines.

Dans les temps de corruption, l'intérêt privé parle plus haut que l'intérêt public. Auguste se choisissait pour collègues au consulat les plus grands personnages de la république; il donnait les gouvernements de provinces aux consulaires, aux plus illustres sénateurs : un pouvoir civil très-borné, un titre honorable, des licteurs, des faisceaux, des hommages satisfaisaient la vanité de ces gouverneurs, tandis que l'autorité réelle dans les provinces était confiée aux lieutenants militaires de l'empereur.

Il avait aussi créé dans Rome un préfet qui recevait ses ordres, et les exécutait. Ainsi, les magistrats de la république ne conservaient que le cérémonial du gouvernement.

Le peuple fut plus difficile à tromper que le sénat : on n'avait point osé lui enlever le droit de sanctionner les lois et de nommer aux charges; il ne voulait pas que ce droit fût illusoire. Tant qu'Auguste restait à Rome, sa politique adroite dirigeait à son gré les choix de la multitude, et ses recommandations étaient respectées comme des ordres; mais toutes les fois qu'il s'absenta, les élections furent orageuses, et le peuple turbulent se porta à des mouvements séditieux. Aussi, après la mort d'Auguste, Tibère priva le peuple du droit d'élection, et le transféra au sénat, qui se montrait plus servile.

Au reste, si l'ordre et le repos peuvent dédommager de la perte de la liberté, les Romains en jouirent pleinement; et Auguste exerça avec tant de justice et de douceur un pouvoir arbitraire, que les républicains durent lui reprocher d'être le plus dangereux des despotes; car il fit aimer l'autorité absolue.

Le temple de Janus fermé, la fureur des factions étouffée, les biens restitués aux proscrits, la vigueur rendue aux lois, la force aux tribunaux, la discipline aux armées, le respect à la religion, la liberté au commerce, la sécurité à l'agriculture, les encouragements accordés aux lettres et aux arts, firent goûter au monde entier un bonheur et une paix jusque-là inconnus. Horace a tracé en beaux vers un tableau admirable de cette époque tranquille « où les Romains, à l'abri des attaques de » l'étranger et de la fureur des guerres civiles, » voyaient l'ordre remplacer la licence, et la vertu » vengée du vice. Le fermier recueillait sans crainte » de riches moissons; le bœuf traçait sans danger » son paisible sillon; les provinces n'étaient plus » livrées à l'insolente avidité des préteurs, à la » violence des soldats féroces. »

Ce qui prouve encore mieux que l'encens des poètes la sagesse du règne d'Auguste, c'est qu'il est stérile pour l'histoire, et qu'il ne lui offre aucun de ces grands événements qui n'excitent l'admiration de la postérité qu'aux dépens des larmes et du sang des contemporains.

Quels hommages n'aurait pas mérités Octave, si, plus prévoyant, il eût forcé ses successeurs à ne pas sortir des bornes que son seul caractère mettait à son pouvoir; si, rendant son trône héréditaire, au lieu de conserver des formes vaines et dangereuses d'élection, il eût assis ce trône sur une base plus solide, à l'ombre de lois sages et de fortes institutions; et s'il avait garanti la liberté publique, par d'insurmontables barrières, des dangers de la tyrannie du prince, comme il l'avait mise à l'abri des orages populaires! Mais Auguste, en se faisant chérir par sa modération, ne vit que le présent et ne travailla que pour lui. Le sort de sa patrie sous ses successeurs l'inquiéta peu ; il ne sut ou ne vit pas qu'un pouvoir qui s'élève en s'isolant devient d'autant plus fragile qu'il est plus haut, qu'il se prive de solidité en se privant de base, et qu'aucune force ne peut s'appuyer que sur ce qui résiste.

Un prince qui par son titre même prouvait qu'il était parvenu au trône par les armes, et qu'il ne régnait que comme général victorieux, ne devait pas laisser perdre aux soldats l'habitude de le voir à leur tête. Auguste quitta Rome, et partit pour la Gaule, où Messala venait, par ses ordres, de réprimer une révolte. La présence de l'empereur acheva de soumettre ce pays à la police et aux lois romaines; elles rendirent les Gaulois plus tranquilles, plus éclairés, plus riches, plus heureux ; mais elles amollirent leurs mœurs, et ils devinrent moins capables de résister à la bravoure féroce des sauvages habitants de la Germanie.

Dans le même temps, Gallus, préfet d'Égypte, conçut le projet de se rendre indépendant. Les circonstances n'étaient pas favorables à un semblable dessein; l'empire romain, paisible, ne voulait pas voir troubler son repos; Gallus, abandonné par les troupes, fut destitué; une punition si peu rigoureuse parut trop douce au sénat, qui se montra plus sévère que l'empereur, et bannit le coupable. Son infidélité, comme magistrat, causa son exil; son talent, comme poëte, lui fit obtenir son rappel, que Mécène, ami constant des lettres, sollicita pour lui. Auguste eut toute sa vie l'habileté de laisser au sénat les rigueurs, et de réserver pour lui les actes de bienfaisance, de générosité et de clémence.

Pendant son absence, Agrippa, chargé des embellissements de la capitale, termina le superbe édifice qu'on nommait Panthtéon, et qui, dans son enceinte circulaire, rassemblait tous les dieux de l'univers, comme Rome réunissait sous ses lois tous les peuples du monde.

A cette époque le feu de la liberté ne s'agitait plus que dans la partie septentrionale de l'Espagne. Les Cantabres, les Asturiens, protégés par leurs montagnes, prirent plusieurs fois les armes pour recouvrer leur indépendance. Vaincus par Varron et Muréna, ils se révoltèrent encore. Auguste, craignant leur courage et leur exemple, jugea cette guerre assez importante pour la diriger lui-même; ils résistèrent avec opiniâtreté, et la fortune seconda d'abord leur vaillance, mais enfin, accablés par le nombre, ils se soumirent. Auguste eut l'honneur de terminer en Espagne une guerre qui durait depuis deux cents ans : il établit plusieurs colonies pour contenir ces peuples belliqueux, et bâtit la ville de Mérida, dont le territoire devint la propriété et la récompense de ses soldats.

Deux jeunes guerriers se distinguaient alors dans les armées d'Auguste : Marcellus, neveu de ce prince, par sa vaillance, par ses talents, par sa générosité, par son attachement à l'ancienne discipline et par ses douces vertus, faisait les délices et l'espoir de Rome : il épousa Julie, fille de l'emperur, également fameuse par ses charmes et par ses vices. Tibère, fils de Livie, se faisait remarquer par sa bravoure, par son habileté militaire ; mais il était ambitieux, jaloux, débauché, fourbe et cruel. A l'âge où les hommes sont portés à la confiance et à la douceur, il se montrait sombre et méfiant, et ne comptait sur l'obéissance que lorsqu'elle était commandée par la crainte. Il conseilla de traiter avec rigueur les Cantabres vaincus ; quarante mille de ces infortunés furent enlevés à leur patrie et dispersés dans des contrées lointaines. Rome ne prévoyait pas alors que Tibère dût être un jour son maître. Auguste ne l'aimait pas ; et la seule marque de faveur que les instances de Livie purent lui faire obtenir, fut une dispense de cinq ans pour parvenir aux charges.

Les armes romaines, couronnées de succès sur toutes les frontières de l'empire, échouèrent en Arabie : ses sables brûlants la défendaient mieux que ses guerriers; Élius Gallus voulut y pénétrer : son armée, égarée par des guides infidèles, errante au milieu des déserts, privée de vivres, accablée par un soleil ardent, fut presque totalement détruite, quoiqu'elle n'eût perdu que sept hommes dans les combats.

Pétronius, gouverneur d'Égypte, n'eut pas plus de succès dans une guerre qu'il entreprit contre les Éthiopiens. Leur reine Candace perdit d'abord sa capitale, mais conserva son courage. Ralliant ses troupes, elle força les Romains à la retraite : son royaume, séparé du reste du monde par des déserts, connaissait à peine de nom les maîtres de la terre. Lorsqu'on lui proposa, pour terminer la guerre, d'envoyer une ambassade à l'empereur, elle demanda quel pays il habitait. Auguste lui accorda la paix, et l'affranchit du tribut que Pétronius lui avait imposé.

Peu de temps après, Auguste tomba malade; on désespérait de sa vie : se croyant lui-même sans ressource, il donna son anneau au brave et sage Agrippa; c'était le désigner pour son successeur, et préférer le bonheur de l'empire à l'élévation de sa famille. L'habileté de Musa, son médecin, le sauva. Les Romains reconnaissants élevèrent à Musa une statue près de celle d'Esculape. Les plus nobles caractères résistent difficilement à l'ambition. Marcellus supportait avec peine la préférence éclatante qu'Agrippa venait d'obtenir. Les talents et les services d'un ministre si expérimenté, d'un général tant de fois vainqueur, d'un ami si fidèle, ne le garantirent point de la disgrace. Auguste n'eut point la force de le défendre contre sa famille; mais, voulant couvrir son exil d'un voile honorable, il le fit gouverneur de Syrie. Marcellus survécut peu à ce triomphe, qui lui donna probablement plus de repentir que de jouissances; il n'avait que vingt ans lorsqu'il mourut. Le peuple le regretta d'autant plus vivement qu'on lui supposait l'intention de rétablir la république. Moissonné dans sa fleur, et n'ayant fait briller dans le monde que des vertus, il jouit en mourant d'une gloire que peut-être une plus longue vie ne lui aurait pas conservée. Virgile l'immortalisa par ses vers. Plus tard Sénèque fit son éloge; un théâtre magnifique porta son nom, par les ordres d'Auguste.

Les Romains n'aimaient pas Livie; ils l'accusaient de tous les coups du sort, et ils la soupçonnèrent d'avoir attenté aux jours de Marcellus, dans le dessein de faire régner Tibère. Cependant l'empereur se conciliait de plus en plus l'affection du peuple. Son plus grand secret pour se faire aimer fut d'oublier le passé, de ne protéger aucun parti, et de traiter avec une égale faveur les hommes de talent, soit qu'ils l'eussent servi ou combattu. Il s'adjoignit au consulat Pison, républicain ardent, et Sextius, fidèle ami de Brutus. C'est par ce constant oubli des factions qu'on les tue.

Le fléau de la peste vint alors troubler le bonheur dont jouissaient les Romains. Ce peuple, toujours extrême dans son amour comme dans sa haine, crut que l'homme qui avait fait cesser les désordres de la terre, pouvait seul désarmer le courroux du ciel; volant au devant du joug avec la même passion qui lui faisait autrefois sacrifier ses jours pour la liberté, il se rassemble en tumulte, entraîne le sénat à rendre une loi qui nomme Auguste dictateur perpétuel, et porte ce décret aux pieds de l'empereur.

Auguste connaissait trop la mobilité de la multitude pour céder à ce moment d'ivresse : il refusa le titre inutile qu'on lui proposait; et, comme sa résistance augmentait l'ardeur du peuple pour le vaincre, il déchira ses vêtements, et déclara qu'il aimait mieux mourir que de se charger d'un pouvoir tyrannique qu'une loi formelle avait aboli pour toujours. Il n'accepta que la puissance tribunitienne pour sa vie, et le peuple se retira rempli d'admiration pour sa modestie, qui se bornait cependant à préférer le trône à la dictature.

L'empereur était persuadé que la surveillance continuelle du chef de l'état peut seule empêcher le relâchement dans les diverses parties de l'administration, et que, pour bien exécuter ses ordres, on doit toujours le voir ou l'entendre. Il se résolut donc à visiter plusieurs parties de son empire; il parcourut la Sicile et la Grèce, rétablit partout l'ordre et la justice, et signala sa générosité par des largesses; il donna Cythère à Lacédémone, et, au grand regret des Athéniens, rendit à Égine son indépendance. Passant ensuite en Asie, il y fit bénir son nom par un juste mélange de douceur et de sévérité. Il priva Sidon et Tyr de leur liberté, parce qu'elle était dégénérée en licence. Cependant, trompé par l'adresse et par la flatterie d'Hérode, il augmenta ses états. Ce roi, habile à la guerre, profond en politique, mais oppresseur de ses peuples et tyran de sa famille, au mépris de sa religion, érigea un temple à l'empereur.

L'orgueil romain, rassasié de triomphes, n'avait été depuis plusieurs siècles humilié que par les Parthes : César était mort au moment où il se préparait à venger l'affront de Crassus. Auguste, voulant remplir son dernier vœu et se montrer digne de son nom, rassembla ses troupes pour marcher sur l'Euphrate. Phraate, roi de Parthie, alarmé de son approche, le désarma par sa soumission, et lui renvoya les drapeaux et les prisonniers romains, tristes débris de l'armée de Crassus.

Les Parthes étaient si redoutés que cet événement fut célébré à Rome comme une éclatante victoire : les consuls placèrent ces drapeaux dans le temple de Mars Vengeur; le sénat fit frapper des médailles pour consacrer le souvenir de cet événement glorieux, et le peuple éleva un arc de triomphe en l'honneur d'Auguste.

Phraate donna à l'empereur quatre de ses enfants en otage, moins par crainte des armes romaines, que par la peur de voir ses peuples se révolter en faveur de ses fils. Un tyran haï et méprisé redoute plus ses sujets que ses ennemis.

Auguste permit à tous les peuples tributaires de se gouverner par leurs lois: il obligea les rois qui dépendaient de Rome à rendre leur joug plus léger pour leurs sujets. Artaxias, roi d'Arménie, comptant sur les secours des Parthes, s'était déclaré l'ennemi des Romains; dès qu'on le vit abandonné par eux, ses peuples se révoltèrent contre lui; ils le chassèrent du trône, et l'empereur leur donna pour roi Tigrane, qui avait été élevé à Rome.

Auguste, revenu à Samos, y reçut les hommages de tous les princes de l'Europe et de l'Asie. Pandion, Porus, rois des Indes, lui envoyèrent des ambassadeurs. Les Scythes et les Sarmates recherchèrent son amitié: Zarémonochégas, Indien de naissance, avait parcouru la terre pour s'instruire: initié aux mystères d'Éleusis, il crut qu'il fallait mourir au moment où il se voyait arrivé au comble du bonheur; et, suivant la coutume superstitieuse de son pays, il fit dresser un bûcher au milieu d'Athènes, et périt publiquement dans les flammes, en présence de l'empereur.

Auguste partit d'Athènes pour revenir à Rome. Virgile, qui payait par un encens immortel l'amitié dont l'empereur l'honorait, mourut dans ce voyage, et fit lui-même ainsi, dit-on, son épitaphe :

« Mantoue m'a donné le jour; la Calabre me l'a » ravi; Parthénope conserve mes cendres. J'ai » chanté les bergers, les champs et les héros. »

N'ayant pu achever les corrections qu'il voulait faire à *l'Énéide*, il avait ordonné de livrer cet ouvrage aux flammes. Nous devons à Auguste la conservation de ce chef-d'œuvre ; en le sauvant, il se servit lui-même; car les grands écrivains composent une noble partie de la gloire des grands règnes. La reconnaissance est une vertu qui s'unit presque toujours aux grands talents; Virgile institua pour héritiers Auguste et Mécène. Leurs trois noms réunis ont traversé ensemble les siècles.

Tandis qu'Auguste était absent, quelques souvenirs de la république se réveillèrent. Les comices furent orageux; un petit nombre d'hommes turbulents crurent pouvoir profiter de ces mouvements passagers pour conspirer. Cépion, Statilius, Egnatius Ruffus furent punis par le sénat de leur témérité; et l'empereur, pour réprimer la licence du peuple, nomma lui-même cette année les consuls.

Les Cantabres tentèrent encore une fois de se soulever; Agrippa les soumit, et Balbus triompha des Garamantes qui s'étaient révoltés en Afrique.

Depuis la mort de Marcellus, Agrippa, comme on peut le croire, avait repris son rang et sa faveur près d'Auguste; il le fit nommer tribun pour cinq ans. Secondé par ce sage ministre et par Mécène, il publia plusieurs lois sévères contre le luxe, contre la brigue, contre la dépravation des mœurs, et fit de sages réglements pour préserver Rome des incendies. Il compléta la réforme du sénat, réduisit le nombre des sénateurs à six cents, et fixa leurs revenus à cent mille livres. Les superbes aqueducs construits par Agrippa répandirent une eau salubre dans tous les quartiers de la ville : par là les contagions dont Rome s'était vue si long-temps la proie devinrent moins fréquentes.

Auguste tenta de louables mais d'inutiles efforts pour rendre aux liens du mariage leur force et leur sainteté; il avait triomphé de la liberté, la licence lui résista. Le désordre était trop général pour être arrêté; ce n'était plus le temps des Lucrèce et des Cornélie. Horace nous représente « toutes les jeunes Romaines livrées avec passion » aux arts voluptueux de l'Ionie, ne cultivant d'au- » tre science que celle de plaire, et, dès leur enfance, » méditant déjà de coupables amours. » Auguste lui-même, qui voulait réformer les mœurs, cédait au torrent; il donnait la loi, mais non l'exemple, et on lui reprochait justement son amour illégitime et trop public pour Térentia, femme de Mécène. L'époux de Livie, enlevée à Néron dont elle était enceinte, devait-il espérer qu'on écouterait sa voix lorsqu'elle tonnerait contre le vice, et avait-il le droit de punir aussi sévèrement le déréglement de sa famille?

L'empereur, quelque indulgent qu'il se fût montré pour les plaisirs du peuple, crut nécessaire de modérer sa passion pour les jeux sanglants du cirque, et il ne permit que deux fois par an les combats de gladiateurs. Le peuple romain se montrait alors plus que jamais passionné pour les spectacles. Deux pantomimes célèbres, Pylade et Bathyle, se disputaient la faveur de la multitude, qui, faute de plus grands objets, se divisait en factions pour eux, avec autant d'ardeur que s'il eût été question de Marius et de Sylla. Auguste, pour réprimer l'insolence de Pylade, le bannit quelque temps, le rappela ensuite, et lui recommanda de ne plus donner lieu par sa conduite à ces agitations populaires. « César, lui répondit Pylade, je crois qu'il vous est » plus utile que nuisible de voir le peuple romain » ne s'occuper que de Bathyle et de moi. »

L'empereur préférait à tout autre spectacle les jeux troyens, où les jeunes patriciens, divisés en escadrons, manœuvraient, s'exerçaient les uns contre les autres, et disputaient entre eux le prix de l'adresse et de la course. Il aimait mieux retracer aux yeux des Romains les jeux du roi Énée et du jeune Ascagne que les triomphes de la république.

Les guerres devenaient de plus en plus rares; Rome ne combattait que pour se défendre; on n'était plus au temps où il fallait chaque année une nouvelle gloire pour de nouveaux consuls; une politique sage voulait conserver les conquêtes et non les étendre. Le repos de l'empire ne fut sérieusement troublé, sous le règne d'Auguste, que par les Germains. Ces peuples belliqueux ne pouvaient renoncer au désir de s'emparer de la Gaule; plus cette contrée devenait riche, fertile et civilisée, plus elle excitait l'ambition des Barbares. Leurs premiers mouvements furent réprimés par l'empereur, qui s'approcha lui-même du Rhin pour les contenir.

Les poètes et les courtisans comparèrent son absence de Rome aux voyages des législateurs Solon et Lycurgue; et cependant Auguste, fort différent de ces sages, au mépris de ses propres lois traînait à sa suite Térentia, et scandalisait par cet exemple le peuple dont il prétendait réformer les mœurs.

On lui porta dans les Gaules de violentes plaintes contre Licinius, chargé d'y lever les tributs. Ce concussionnaire avide, né Gaulois, esclave à Rome et affranchi par César, s'était élevé à force de ramper; conservant, dans le rang où il se trouvait parvenu, les sentiments de la servitude, il se montrait aussi dur pour les hommes soumis à son autorité qu'il avait été souple et flatteur pour ses maîtres. Auguste, irrité de ses malversations, voulait le punir; Licinius le conduisit dans sa maison, lui fit voir un trésor immense : « Voilà, dit-il, ce que j'ai » amassé pour vous; mon dévouement à vos inté- » rêts m'attire la haine publique; perdez-moi si » vous le voulez, mais gardez cet or dont je crai- » gnais que les Gaulois ne se servissent contre » vous. » Cet or couvrit le crime, et Licinius fut absous.

Cependant l'empereur consola les Gaulois par ses bienfaits, et favorisa particulièrement la ville d'Autun, qui devint dans la Gaule un centre d'instruction publique. Les Rhétiens, habitants des Alpes, osèrent dans ce temps faire quelques courses en Italie; Drusus, secondé par Tibère, vainquit ces Barbares, et fonda dans leur pays la colonie d'Augusta (aujourd'hui Augsbourg). D'un autre côté Agrippa soutenait la puissance romaine en Orient; il protégea les Juifs, et vainquit en Asie un aventurier qui se disait petit-fils de Mithridate, et voulait relever son trône.

Auguste, de retour dans la capitale de l'empire, fut reçu par les Romains, non-seulement comme un maître, mais comme un dieu. L'univers retentissait de ses louanges, et l'encens fumait pour lui dans tous les temples. Les vices et les cruautés de sa jeunesse font croire difficilement aux vertus de sa vieillesse; cependant il est certain que si ces vertus n'existaient pas dans son cœur, elles brillaient dans toutes ses actions. Il importe peu qu'on les attribue à ses sentiments ou à sa politique; elles eurent le même effet, et toute censure perd sa force contre un souverain qui dompte ses passions et qui réprime ses ressentiments.

Il suffit à l'éloge d'Auguste, pour effacer le souvenir d'Octave, de dire que son règne fut glorieux et sage, qu'il fut aimé, et que son peuple fut heureux. La reconnaissance des Romains était si sincère qu'ils l'exprimaient au moment où la tombe, ne laissant plus rien à désirer ni à craindre, fait taire la flatterie. Un grand nombre de personnages distingués léguaient en mourant leurs biens à l'empereur; Auguste, n'abusant point d'une affection si vive, rendit presque toujours aux enfants leur patrimoine, et souvent même il l'augmenta. Son plus grand mérite fut de bien choisir les hommes qui l'aidaient à soutenir le fardeau de l'empire, et de ne point se montrer jaloux des grands talents qu'il savait employer.

Tandis qu'Agrippa illustrait le règne d'Auguste par de grands succès militaires, par de grands travaux et par de magnifiques monuments, Mécène travaillait courageusement et avec succès à le sauver des écueils du pouvoir ; il adoucissait son caractère, et l'empêchait de se livrer à son ancien penchant pour la rigueur : sa maxime constante était « qu'on doit gouverner les hommes comme on » voudrait soi-même être gouverné. »

La vérité hardie n'irritait point Auguste ; il était digne de l'entendre. Un jour, assis sur son tribunal, il allait condamner plusieurs personnes à mort; Mécène, ne pouvant s'approcher de lui, écrivit ces mots sur des tablettes qu'il lui fit passer : « Lève-» toi, bourreau! » César, dans l'instant, quitta l'audience, et fit grace aux accusés. On raconte que le philosophe Athénodore, le voyant irrité, lui dit : « Lorsque la colère veut s'emparer de vous, pro-» noncez lentement les vingt-quatre lettres de l'al-» phabet avant de parler ou d'agir. — Restez tou-» jours près de moi, répondit l'empereur, vos » conseils me sont nécessaires. »

Auguste survécut aux nobles amis qui l'avaient aidé à vaincre ses passions. Agrippa, après avoir étouffé une révolte des Pannoniens, tomba malade. L'empereur était parti de Rome pour courir près de lui; mais en route il apprit sa mort. Il lui fit de magnifiques funérailles, prononça publiquement son éloge, et donna l'ordre de le placer dans le tombeau que lui-même devait occuper. Comment ne pas admirer un prince qui supporte la vérité, qui dompte son caractère, qui sent le prix de l'amitié, et qui accorde la plus grande part de sa faveur, de son pouvoir et de sa confiance à celui qui a condamné son usurpation, à l'homme qui lui a conseillé d'abdiquer? Les Romains n'étaient plus dignes de la liberté, Auguste l'était de l'empire.

Agrippa avait eu trois fils de Julie, Caïus César, Lucius César, Agrippa; et deux filles, Julie, qui hérita des vices de sa mère, et la célèbre Agrippine, femme de Germanicus. La mort d'Agrippa fut un malheur d'autant plus grand pour l'empire, qu'elle approcha Tibère du trône. Auguste lui ordonna d'épouser la veuve de ce grand homme. Tibère aimait sa femme Vipsania et méprisait Julie; mais l'ambition lui fit surmonter son mépris et son amour. Devenu gendre de l'empereur, il partit de Rome pour combattre les Scordisques et les Pannoniens, remporta sur eux plusieurs victoires, et reçut les ornements du triomphe[1].

Tous les pays civilisés avaient cédé aux armes romaines; elles ne s'étaient vues arrêtées que par les déserts de l'Éthiopie, par les vastes et brûlantes plaines des Parthes, et par les profondes forêts de la Germanie. Cette dernière contrée, située entre le Rhin, le Danube, la Vistule et la mer du Nord, fut dans tous les temps une pépinière de soldats.

[1] An de Rome 740. — Avant Jésus-Christ 12.

Le nom de Germain, qui signifie *guerrier*, annonçait assez qu'ils n'existaient que pour les combats. Ils faisaient consister leur bonheur à vivres libres et à mourir sur un champ de bataille. Trop indépendants pour subir le joug des lois, ils ne connaissaient de règles que leurs volontés, et ne sortaient de leur oisiveté que pour se livrer à la débauche ou pour combattre. Leur croyance religieuse enflammait encore leurs passions guerrières; l'enfer punissait les lâches, le ciel n'était ouvert qu'aux braves.

Depuis l'invasion des Cimbres et des Teutons, que défit Marius, ils furent presque toujours en guerre avec les Romains. Souvent vaincus sans être soumis, ils voulaient toujours franchir le Rhin.

Les plus sanglantes défaites ne purent les faire renoncer à cette soif de conquêtes qui s'accrut à mesure que la vertu romaine s'affaiblit, et qui les rendit enfin, dans la décadence de l'empire, maîtres de la Gaule, de l'Espagne, de l'Afrique et de l'Italie.

Les peuples nombreux de la Germanie portaient différents noms; mais tous avaient les mêmes mœurs et la même passion pour les armes. Cette hydre à mille têtes résista seule à l'Hercule romain, et finit par en triompher.

La mort d'Agrippa réveilla leur ardeur et leurs espérances; les Sicambres, les Usipiens et les Teuctères surprirent les légions que commandait Lollius sur les bords du Rhin, les mirent en déroute, soulevèrent en leur faveur deux provinces gauloises, et dévastèrent celles qui voulaient leur résister. Drusus marcha contre eux, les battit, passa le Rhin, et dévasta les terres des Frisons, des Bructères, des Cauques. L'année suivante il franchit la Lippe, s'empara du pays des Sicambres, et poussa les Chérusques jusqu'au Weser. La rigueur de la saison le forçant à se rapprocher du Rhin, les Sicambres coupèrent sa retraite et l'enveloppèrent. Privé de vivres, il se voyait au moment d'être vaincu sans pouvoir combattre; mais les Barbares, croyant que ses troupes épuisées ne pourraient leur opposer qu'une faible résistance, l'attaquèrent témérairement; il les punit de leur audace, les enfonça, les mit en fuite, et revint dans les Gaules, laissant sur la Lippe, près de Paderborn, des forts et des garnisons destinés à les contenir. On lui décerna le triomphe : ses légions voulaient lui donner le titre d'*empereur;* Auguste ne le permit pas.

Drusus apprit bientôt que les Germains rassemblaient de nouvelles forces contre lui : il combattit encore les Cattes, les Suèves, les Sicambres, les Chérusques, et porta ses armes victorieuses jusqu'aux rives de l'Elbe. Rome croyait voir revivre en lui ses anciens héros; les Barbares redoutaient sa vaillance, ses concitoyens respectaient sa vertu.

Libéral dans ses opinions, populaire dans ses mœurs, il ne dissimulait point son désir de rétablir la république, et les amis de la liberté fondaient sur lui leurs espérances. Une mort imprévue rompit le cours de ses brillantes destinées.

Le peuple ne veut presque jamais attribuer au sort la mort des grands hommes : on soupçonna Auguste et Tibère de s'être, par le poison, délivrés d'une gloire importune; mais Tacite, dont l'inflexible sévérité ménageait peu les princes, et Suétone même, plus satirique qu'historien, ont regardé comme calomnieux ces bruits, accrédités par la haine qu'inspirait Tibère.

Ce jeune prince, apprenant la maladie de Drusus son frère, reçut l'ordre de se rendre près de lui; il quitta son armée, à la tête de laquelle il venait de vaincre les Pannoniens, les Daces et les Dalmates. Sa diligence fut telle qu'il put assister encore aux derniers moments de son frère. Cette circonstance réunit contre lui tous les soupçons, et le lieu où mourut Drusus conserva le nom de *champ scélérat*.

Auguste prononça l'éloge funèbre de ce jeune héros. Il écrivit, dit-on, l'histoire de ses exploits; le sénat lui accorda, ainsi qu'à tous ses descendants, le surnon de *Germanicus*. On lui éleva un arc de triomphe en marbre, plusieurs satues dans Rome, et un cénotaphe sur la rive du Rhin. Émule des Scipion et des Paul Émile, il ne leur était point inférieur en courage, et il les égalait en amour pour sa patrie. Son fils Germanicus hérita de ses talents et de ses vertus; tous deux vécurent trop peu pour la gloire et le bonheur de Rome.

Tibère, prenant le commandement de l'armée, remporta plusieurs avantages, mérita l'ovation, força une partie des Suèves et des Sicambres à rendre les armes, transporta quarante mille de ces Barbares en-deçà du Rhin, et pacifia tout le pays situé entre le Rhin et l'Elbe. Auguste lui permit de prendre le titre d'*empereur*, que sa politique avait refusé à un prince plus populaire et par là plus dangereux.

Le temple de Janus fut de nouveau fermé; l'empereur, tranquille au dehors, eut à punir quelques ennemis intérieurs; il se voyait obligé à regret de réprimer par des supplices les conspirations qui se renouvelaient sans cesse. La crainte dicte toujours de mauvaises lois : il en fit une pour ordonner que les esclaves de tout citoyen accusé de crime d'état pussent être achetés par la république ou par l'empereur, afin que rien ne les empêchât de dénoncer leur maître, ou de déposer contre lui.

L'empereur prenait en même temps des moyens plus justes et plus efficaces pour faire respecter son trône et sa vie. Plus son pouvoir augmentait, plus il se montrait modeste et populaire. Dans le nouveau dénombrement qu'il fit, on le vit se soumettre le premier à la loi, et faire la déclaration de sa fortune comme un simple citoyen. Il ordonna de fondre toutes les statues de métal qu'on lui avait élevées, et en forma des trépieds pour le temple d'Apollon. on voulait lui en décerner une nouvelle; il la refusa, et en érigea lui-même une à la concorde et à la prospérité publique. Le feu consuma sa maison : tous les citoyens lui présentèrent en foule leur argent pour la faire rebâtir. Auguste porta sa main sur toutes ces offrandes, et ne prit de chacune qu'un denier. Ce fut à cette époque que Messala, député par le sénat près de ce prince, lui dit, « César Auguste, pour votre bonheur et » pour celui de votre famille, que nous croyons » inséparable de la félicité publique, le sénat, avec » le consentement du peuple romain, vous salue » *père de la patrie.* » L'empereur versant des larmes, lui répondit : « Parvenu au comble de mes vœux, » que puis-je encore demander aux dieux immor- » tels, si ce n'est que cette unanimité de sentiments » que vous m'exprimez se soutienne jusqu'au der- » nier instant de ma vie! »

On lui témoignait, dans toute l'étendue de l'empire, la même reconnaissance et le même amour; partout on lui élevait des temples, et presque tous les rois étrangers fondèrent en son honneur des villes qui portèrent le nom de Césarée. Auguste, constamment favorisé par la fortune et couronné par la gloire, paya sa prospérité politique par des malheurs privés : il avait perdu Agrippa; la mort lui enleva Mécène; sa fille Julie déshonora son nom; il vit mourir la vertueuse Octavie, sa sœur; l'impérieuse Livie seule lui resta.

Octavie unissait la vertu à la beauté : on voyait revivre en elle les mœurs de ces antiques Romaines qui avaient tant contribué à la gloire de la république; seule, au milieu des factions et des fureurs de la guerre civile, elle fit entendre la douce voix de la paix et de l'humanité; l'amour maternel fut sa seule passion; elle le poussa peut-être à l'excès : inconsolable de la mort de son fils Marcellus, elle se montra trop jalouse de Livie et de toutes les mères heureuses. Le peuple romain pleura cette princesse qui, se renfermant dans les devoirs de son sexe, au faîte des grandeurs, ne fut jamais ni ambitieuse ni vindicative, et, dans un siècle de proscriptions, ne parla que de clémence.

L'empereur, aigri par tant de pertes, et irrité des désordres de sa fille Julie, la punit par un exil perpétuel; il enveloppa dans son châtiment tous ceux qui avaient pris part à ses égarements, et fit mourir Jules Antoine, fils du triumvir, un de ses amants, qui avait conspiré contre lui.

La muse harmonieuse du tendre Ovide s'efforça même en vain de fléchir sa rigueur. Ce poëte aimable, banni de Rome, fit entendre, sur les bords glacés du Borysthène, des accords inconnus, et chanta tristement ses amours dans ces déserts, où l'empereur inexorable le laissa languir et mourir.

Cette sévérité découvrit à tout l'univers le dérèglement qu'un père aurait dû cacher; il reconnut trop tard son erreur, et dit: « Je n'aurais jamais » commis cette faute, si je n'avais pas perdu Agrippa » et Mécène. » Cet éloge, dicté par sa douleur, était aussi juste que touchant: il devait sa gloire aux armes de l'un et aux conseils de l'autre.

Mécène surtout fit oublier Octave et aimer Auguste. En mourant, il légua ses biens à l'empereur, et lui recommanda d'aimer Horace comme lui-même. Ce sage ministre lui avait appris que la puissance doit s'incliner devant le génie, que les grands écrivains sont les voix de la renommée, et qu'ils dictent les jugements de la postérité. Auguste, docile à ses avis, apprit de lui à se vaincre, à souffrir, sans s'irriter, le langage de la vérité hardie, et même à mépriser la calomnie. Aussi permettait-il ordinairement beaucoup de liberté dans les discours.

Un vieux soldat le priait un jour d'assister au jugement de son procès: l'empereur lui dit qu'il était trop occupé, mais qu'il y enverrait quelqu'un à sa place. « César, répondit le vétéran, quand il fallait » vous servir, je payais de ma personne, et je ne » chargeais pas un autre de combattre pour moi. »

Auguste, loin de s'irriter de cette hardiesse, sortit à l'instant, et plaida lui-même la cause du vieux soldat.

Tibère l'exhortait à se venger de quelques personnes qui avaient tenu contre lui des propos outrageants : « Mon cher Tibère, lui dit le prince, » calmez la fougue de votre âge : pourquoi nous » emporter contre ceux qui disent du mal de nous? » ne suffit-il pas d'empêcher qu'ils nous en fas- » sent? »

Tolérant pour les opinions politiques, il respectait celle des amis de la liberté, et traita toujours avec faveur le célèbre historien Tite-Live, quoique, dans ses écrits, il comblât Pompée d'éloges. Lui-même il louait souvent Caton de sa stoïque fermeté : « Quiconque, disait-il, s'oppose à un chan- » gement dans l'état, est un honnête homme. »

Entrant un jour chez ses petits-fils, Caïus et Lucius, dont il surveillait l'éducation, il s'aperçut que ces jeunes princes s'empressaient de dérober à ses regards le livre qu'ils tenaient dans leurs mains; il le saisit, et, trouvant que c'était un écrit de Cicéron : « Pourquoi, leur dit-il, croyez-vous que » cette lecture me déplaise? Étudiez, admirez, res- » pectez Cicéron; c'était un bon citoyen, un habile » orateur et un grand homme. »

Presque honteux de la rapidité avec laquelle le peuple voulait se précipiter dans la servitude, il refusa toujours le titre de seigneur, que la bassesse romaine voulait lui donner. Ce mélange de modestie et d'ambition dans son caractère tenait aux deux phases de sa vie ; parvenu dans son âge mûr au rang des rois, il conservait encore quelques principes et quelques habitudes de son enfance et du temps où il n'avait été que citoyen.

Ses petits-fils, Caïus et Lucius César, nés dans la pourpre, et entourés de jeunes courtisans qui n'avaient pas connu la république, prirent la mollesse et l'orgueil trop naturels aux princes nourris sur les degrés du trône.

Lucius, âgé de onze ans, s'enivra des applaudissements que lui prodiguaient les Romains quand il entrait au théâtre. Excité par la flatterie de ses imprudents amis, il sollicita le consulat pour son frère qui n'avait que quatorze ans, et qui ne portait pas encore la robe virile. Auguste, toujours attentif à ménager l'opinion publique, affecta de paraître fort irrité contre lui. « Plaise aux dieux, dit-
» il, que jamais la république n'éprouve assez de
» malheurs pour se voir obligée de nommer des
» consuls avant l'âge de vingt ans, comme je l'ai
» moi-même été ! »

On peut juger de la sincérité de ce courroux, puisque, peu de temps après, il fit accorder à Caïus un sacerdoce et le droit d'assister aux délibérations du sénat. L'ambition des jeunes princes fit bientôt naître leur jalousie. L'empereur voulait vainement tenir entr'eux une balance égale; il nomma Tibère tribun pour cinq ans, et le chargea de pacifier les troubles d'Arménie. Caïus montra un vif ressentiment de l'emploi conféré à Tibère; celui-ci, avec plus de raison, envia la faveur de Caïus; il voyait bien qu'Auguste préférait son petit-fils à son gendre: regardant sa mission en Asie comme une disgrâce, il demanda sa retraite, résista opiniâtrément aux prières d'Auguste et de Livie, et s'exila lui-même à Rhodes, où il resta sept ans.

Lorsque Caïus eut pris la robe virile, l'empereur le fit nommer consul; il reçut le titre de *prince de la jeunesse*, et l'ordre des chevaliers lui fit hommage de lances d'argent. La pente des Romains les entraînait rapidement à la monarchie: l'étendue de l'empire et la lassitude des troubles avaient fait sentir à tous les esprits la nécessité d'un chef, et l'on touchait au moment où le ciel devait aussi, renonçant à la multitude de dieux qui divisaient l'Olympe, commencer à ne rendre de culte qu'au créateur de l'univers. Ainsi le règne d'Auguste devint la plus grande époque de l'histoire; et, lorsque le monde reconnut un maître, la terre vit naître un dieu.

Le 25 décembre de l'année 752 de Rome, Jésus-Christ naquit en Judée. Publius Sulpicius Quirinus, consulaire, faisait alors, par l'ordre d'Auguste, le dénombrement des citoyens de l'empire. Hérode mourut cette même année; les livres saints disent qu'il expira après avoir ordonné le massacre de tous les enfants nouveau-nés, dans le dessein de détruire avec eux celui que d'anciennes prophéties semblaient appeler au royaume des Juifs, et qui fonda en effet un nouvel empire, non sur les corps, mais sur les esprits. Auguste partagea les états d'Hérode entre ses trois fils, Archélaüs, Philippe et Antipas.

La paix dont jouissait alors l'empire permettait au prince de ne s'occuper qu'à consolider son pouvoir et à distraire le peuple, par des fêtes et des jeux, de ses anciens souvenirs. L'an 750, Lucius César prit la robe virile, et jouit des mêmes honneurs que son frère. Auguste fit remplir d'eau le cirque Flaminien; on y donna la représentation d'une naumachie : Rome vit des gladiateurs combattre contre trente-six crocodiles. On eût dit, en voyant sur l'arène ces lions, ces panthères, ces crocodiles, qu'au défaut des luttes sanglantes des Marius, des Sylla, des Carbon et des triumvirs, le peuple romain avait besoin qu'on l'amusât par la vue de monstres aussi cruels, mais moins dangereux.

L'empereur forma dans ce temps des cohortes prétoriennes, composées de dix mille soldats choisis pour sa garde. Ce corps d'élite, destiné à la défense du trône contre la liberté, devint par la suite un écueil contre lequel se brisa souvent la tyrannie. Tout pouvoir qui prend, au lieu de loi, la force pour appui, est à la fin renversé par elle ; et, dans les temps anciens, on vit souvent les prétoriens ravir et donner le sceptre, comme on a vu dans les temps modernes, les janissaires et les strélitz disposer de l'empire.

Les Parthes, toujours jaloux de la puissance romaine, supportaient avec peine que l'Arménie fût soumise à son influence : ils appuyèrent une faction dans ce royaume, chassèrent du trône le prince qu'Auguste leur avait donné, et mirent à sa place Tigrane. L'empereur, voulant, dans cette circonstance, essayer les talents de Caïus, son petit-fils, l'envoya en Asie, et forma pour lui des vœux difficiles à remplir; car il lui souhaita « la valeur de Sci-» pion, la popularité de Pompée, et sa propre » fortune. »

Dès que le roi des Parthes fut informé de l'approche de Caïus, il préféra la négociation aux armes, lui demanda une entrevue, et promit de ne plus se mêler des affaires d'Arménie. Caïus entra dans ce royaume, défit Tigrane, le détrôna, et donna son sceptre à un Mède, nommé Ariobarzane.

Ce jeune prince jouit peu de sa victoire; il avait reçu dans le combat une blessure qui, peu de temps après, termina ses jours. Son frère Lucius, chargé de gouverner l'Espagne, était mort l'année précédente. Avant ces événements, Tibère, qui s'était, comme nous l'avons vu, exilé lui-même à Rhodes, pour calmer par son absence la jalousie des jeunes princes, réussit mal à déguiser son ambition ; et en même temps, quoiqu'il affectât de professer les maximes et de porter le costume des philosophes, il dévoila, dans le lieu de sa retraite, les vices de son caractère, son penchant pour la débauche et pour la tyrannie, de sorte qu'il inspira aux Rhodiens la haine que depuis lui porta tout l'empire.

Quelques jeunes Romains qui pénétraient ses odieux desseins et qui le croyaient également capable des crimes les plus noirs et de la plus profonde dissimulation, avaient proposé à Caïus de le délivrer d'un rival si dangereux.

Caïus refusa d'y consentir : il fit plus ; trompé par les artifices de Tibère, qui s'ennuyait de son bannissement, et demandait en vain son rappel, il écrivit en sa faveur à Auguste. Ses prières et les instances de Livie fléchirent le courroux de l'empereur. Après la perte de Lucius et de Caïus, Auguste, qui voyait la mort moissonner toute sa famille, adopta Tibère, et quoiqu'il eût montré longtemps une juste méfiance de ce caractère dissimulé, il se laissa enfin vaincre ou tromper, et crut sans doute que Tibère, doué d'un esprit pénétrant, d'une grande capacité militaire et d'une indomptable fermeté, pourrait seul, après lui, porter le fardeau de l'empire.

Tibère connaissait trop l'empereur pour ne pas prendre tous les moyens qui pouvaient lui concilier son affection; il feignit un dévouement sans bornes, une vive reconnaissance, parut dompter la violence de son caractère, et affecta autant de modestie qu'il ressentait d'ambition. Il avait encore un rival à redouter; c'était Agrippa Posthumius, le dernier des petits-fils d'Auguste. La mémoire de son père, le grand Agrippa, le rendait cher aux Romains; mais son ignorance, sa grossièreté, sa conduite orgueilleuse et téméraire le perdirent. Ses défauts, exagérés sans doute encore par Livie, irritèrent Auguste qui le priva de ses droits, le chassa de Rome, et lui donna l'île de Planasie pour prison. Ayant ainsi éloigné Agrippa du trône, il obligea Tibère, quoiqu'il eût déjà un fils, d'adopter son neveu Germanicus, fils de son frère Drusus. Les vertus et les talents de ce jeune prince le rendaient l'espoir de Rome.

Tandis que l'empereur s'occupait à consolider le trône, que son adroite politique était parvenue à élever, il découvrit une grande conjuration tramée contre sa puissance et contre sa vie. Cinna, petit-fils de Pompée, en était le chef. On avait mis sous les yeux du prince la liste des conjurés et toutes les preuves de leurs crimes. Cependant, on voyait avec surprise qu'il convoquait son conseil pour délibérer au lieu d'agir, et que cet ancien triumvir, qui avait dicté autrefois, sans s'émouvoir, tant de proscriptions, hésitait à frapper les conspirateurs.

Auguste semblait avoir une autre ame qu'Octave; agité par la colère, retenu par la pitié, il poussait de profonds soupirs. « Eh quoi! disait-il, » une inquiétude éternelle doit-elle être mon par- » tage, et le repos, celui de mes ennemis? Lais- » serai-je vivre mes assassins? Je n'aurais donc » échappé à tant de combats que pour tomber, au » pied des autels, sous le couteau de ces conspira- » teurs? Non! il faut qu'ils expirent, et que leur » supplice épouvante enfin tous ceux qui seraient » tentés de les imiter. » Mais tout à coup, plus irrité contre lui-même que contre Cinna, il s'écriait : « Ah! si ma mort est l'objet de tant de vœux, » suis-je digne en effet de vivre? Quand cesserai-je » de répandre du sang? Chacun croit s'immorta- » liser en conspirant contre mes jours : sont-ils donc » d'un assez grand prix pour en acheter la conser- » vation par tant de meurtres? »

On raconte que Livie, témoin de ses irrésolutions, lui dit : « Daignez écouter les conseils d'une » femme; lorsque les remèdes ordinaires ne réus- » sissent pas, le médecin habile doit en chercher

» de nouveaux. A quoi vous a servi la sévérité?
» Vous avez vu le sang des conspirateurs en faire
» renaître sans cesse de nouveaux : Salvidiénus tué
» a été remplacé par le jeune Lépidus, Lépidus
» par Muréna et par Cépion, ceux-ci par Égnatius
» et par Jules-Antoine. Essayez donc enfin si la
» clémence ne sera pas plus efficace; pardonnez à
» Cinna : puisque ses projets sont découverts, il
» n'est plus dangereux, et sa grace peut vous cou-
» vrir d'une gloire immortelle. »

On ne sait si c'est la flatterie ou la vérité qui attribua ce sage conseil à Livie; ce qui est certain, c'est qu'Auguste le suivit. Appelant Cinna près de lui, il lui ordonne de s'asseoir, lui défend de l'interrompre, lui rappelle qu'il l'a autrefois vaincu, et lui a pardonné; qu'après lui avoir sauvé la vie, il l'a comblé de bienfaits, et préféré même à ceux qui l'avaient servi. « Cependant, ajouta-t-il, Cinna,
» pour prix de tant de générosité, tu veux m'as-
» sassiner ! » A ces mots, Cinna s'écrie qu'il est incapable d'un tel forfait : « Tu tiens mal ta parole,
» répond Auguste; tu ne devais pas m'interrom-
» pre. » Alors, il lui prouve qu'il est instruit de tous les détails de la conjuration, de l'heure et du lieu où elle devait s'exécuter, et des noms de tous les conspirateurs. Cinna, interdit, garde le silence. « Quels motifs, reprend l'empereur, ont pu t'inspi-
» rer un pareil dessein ! Serait-ce l'espoir de par-

» venir au trône ? le peuple romain serait bien à
» plaindre si j'étais le seul obstacle qui l'empêchât
» d'y monter. Tu veux gouverner un empire, et
» tu ne sais pas conduire ta propre fortune ! Un
» obscur affranchi vient récemment de l'emporter
» sur toi dans les comices ; tu n'as encore montré
» d'audace que contre ton bienfaiteur ; et quand je
» serais tombé sous tes coups, es-tu assez insensé
» pour croire que les Fabius, les Servilius, et tant
» d'illustres personnages, l'orgueil et la gloire de
» Rome, pussent supporter ta domination ? Tu n'as
» rien à me répondre ? Écoute ton arrêt : je te donne
» la vie une seconde fois ; je t'avais pardonné comme
» ennemi, je te fais grace comme à mon assassin.
» Soyons amis, et voyons, dans ce nouveau com-
» bat, si je serai plus généreux que tu ne seras
» reconnaissant. »

L'empereur savait que les demi-partis sont les plus dangereux, qu'une amnistie n'est qu'une offense quand elle n'est pas entière, et que les hommes de talent doivent être ou totalement perdus ou totalement gagnés.

Cinna fut nommé consul ; Cinna vécut fidèle, et, en mourant, légua tous ses biens à Auguste. Cet acte de clémence désarma les ennemis de l'empereur, lui donna l'amour des peuples pour garde ; et depuis on ne tenta aucune conspiration contre lui.

Ses armes réprimèrent les brigands qui infestaient la Sardaigne, et les Gétules révoltés contre le roi Juba.

Les armées avaient donné l'empire à Auguste; elles commençaient à sentir leur force : elles se plaignaient de la modicité de leur solde; l'empereur l'augmenta; il entretenait sur pied vingt-cinq légions romaines de six mille hommes chacune, et autant de légions étrangères; sa garde était formée de dix mille prétoriens. Six mille hommes composaient celle de la ville. Il entretenait deux flottes toujours équipées, l'une à Misène, l'autre à Ravenne. Pour subvenir aux dépenses qu'exigeaient des forces si considérables, il créa un trésor militaire que remplirent les tributs des pays conquis, et un impôt levé dans tout l'empire sur les successions collatérales.

Dans ce temps mourut Asinius Pollion, aussi célèbre par son esprit et par sa sagesse que par ses exploits. Les vices de Cléopâtre l'avaient fait renoncer à l'amitié d'Antoine; partisan de la liberté, mais trop éclairé pour concevoir l'espérance de sauver une république corrompue, il ne voulut prendre aucune part aux guerres civiles, et conserva son indépendance dans la retraite. Auguste avait écrit contre lui des vers satiriques; on le pressait d'y répondre : « A quoi bon écrire, dit-il, con- » tre celui qui peut proscrire? » L'empereur, n'ayant pu faire de cet antique Romain un courtisan, en fit son ami. Pollion brilla dans tous les genres d'éloquence; Horace l'appelait l'*oracle du sénat*.

Rome, sans faire comme autrefois de rapides conquêtes, continuait encore cependant à suivre son ancienne politique et à profiter des fautes des rois pour étendre sa domination sur les peuples. Archélaüs, successeur d'Hérode, se montrait l'héritier de ses vices et non de ses talents. Les Juifs, révoltés par ses cruautés, portèrent contre lui des plaintes au sénat. L'empereur l'exila dans la Gaule, et réduisit la Judée en province romaine.

La tranquillité de l'empire fut de nouveau troublée par les Germains ; Tibère, chargé de les combattre, remporta sur eux plusieurs victoires. Il battit les Attuariens et les Bructères, passa le Weser, et défit les Chérusques. L'année suivante, il dompta les Lombards qui habitaient le Brandebourg, et conclut la paix après avoir soumis tout le pays situé entre le Rhin et l'Elbe. Ces succès valurent le titre d'*imperator* pour la quinzième fois à Auguste, et pour la quatrième fois à Tibère.

Marobodus, roi des Marcomans, peuples qui habitaient les bords du Mein, joignait au courage de sa nation la culture des lettres qu'il avait étudiées à Rome. Quittant son pays natal, à la tête de ses sujets et d'une partie des Suèves, il s'établit dans la Bohême ; il y fonda un empire formidable. Son armée s'élevait à soixante-dix mille hommes et à quarante mille chevaux. Ses troupes disciplinées avaient pris l'armure des légions romaines et leur tactique. Il donnait asile à tous les ennemis de Rome, et prétendait traiter d'égal à égal avec l'empereur. Auguste sentait la nécessité de renverser cette nouvelle puissance ; mais plusieurs révoltes qui éclatèrent à la fois en Dalmatie et en Pannonie l'obligèrent de remettre l'exécution de ce dessein à un autre temps.

Les rebelles étaient au nombre de deux cent mille hommes : une partie se jeta dans la Macédoine, l'autre voulait franchir les Alpes. L'alarme se répandit en Italie ; Tibère reçut l'ordre de les repousser ; il conduisit cette guerre avec habileté, chercha sagement une gloire plus solide que brillante, évita les combats inutiles, et s'occupa plus du soin de détruire les ennemis par la famine que par les batailles.

Cette lente sagesse déplut à Auguste. Soupçonnant Tibère de prolonger la guerre pour garder le commandement de l'armée, il lui adjoignit Germanicus, qu'il jugeait plus ardent et moins ambitieux ; après quelques échecs dus à l'imprudence téméraire de Cécinna et de Sylvanus, Tibère contraignit les Pannoniens à se soumettre, et Germanicus vainquit en bataille les Dalmates. Batton, leur chef, appelé au tribunal de Tibère, fut interrogé par lui sur les motifs de sa révolte : « Romains, dit-il, n'en » accusez que vous; l'oppression nous a réduits au » désespoir; si vous voulez maintenir la paix dans » les pays conquis, cessez de confier la conduite » de vos troupeaux, non à des pasteurs, mais à des » loups. »

Cette guerre, une des plus dangereuses qui eussent menacé Rome depuis celle des Cimbres, avait tellement inquiété Auguste, que quoiqu'il fût âgé de soixante-dix ans, il crut nécessaire de s'éloigner de Rome, et de s'établir quelque temps près du théâtre de la guerre. On décerna le triomphe à Tibère; Germanicus obtint les ornements triomphaux.

Dans ce même temps, l'empereur, si habile ordinairement dans ses choix, confia imprudemment le gouvernement de la Germanie à Quintilius Varus.

Le joug de l'étranger humilie plus que toute autre tyrannie; rien n'est plus difficile que de se faire aimer de ceux qu'on a vaincus : il n'existe qu'un moyen de jouir paisiblement de ses conquêtes; c'est de laisser aux peuples conquis leurs lois et leurs coutumes, et de n'en exiger que des tributs plus légers que ceux qu'ils payaient avant la conquête.

Varus, loin de se conformer à ces principes, voulut au contraire à la fois écraser la Germanie d'impôts, et l'assujettir à la police et aux lois romaines : joignant à ces fautes celle de s'aveugler sur l'opinion publique et de s'endormir dans une folle sécurité, il prit le silence pour un assentiment et la crainte pour la soumission.

Arminius, jeune guerrier distingué parmi les Chérusques par sa force, par sa haute stature, par son illustre naissance et par son courage audacieux, flatta Varus pour le perdre, et l'endormit pour le détruire. Hardi dans ses projets, adroit dans sa conduite, fécond en ressources et en ruses, il connaissait les mœurs de Rome, qui lui avait accordé le rang de chevalier. S'insinuant dans la confiance du gouverneur, il l'affermit dans le système qui devait le ruiner, et le pressa vivement de hâter, de consommer la révolution qui devoit substituer la civilisation à la barbarie.

Le Romain, trompé par ses éloges et par ses conseils, se crut entouré d'admirateurs et de partisans lorsqu'il était environné d'ennemis. Oubliant qu'il ne dominait que par la force, il se conduisit en magistrat au moment où il était le plus nécessaire de n'agir que comme général. Enfin l'adroit Arminius, sous prétexte de répandre plus facilement le nouvel esprit qu'il voulait imprimer à la Germanie, lui persuada de séparer son armée en plusieurs corps et de la disséminer dans toute la contrée en petits pelotons. Dès que Varus fut tombé dans ce piége, les Germains, courant aux armes, tombèrent sur ces différents postes, et les égorgèrent.

Le général n'avoit gardé près de lui que trois légions; il se mit à leur tête, et marcha contre les rebelles, laissant derrière lui Arminius, qui avait promis de lui amener des renforts et des troupes fidèles.

Les Romains arrivent dans un défilé étroit, entre deux montagnes escarpées et couronnées d'épaisses forêts : Arminius donne alors le signal à tous ses compatriotes, les réunit, s'empare de l'entrée et de la sortie du défilé, vient ensuite audacieusement trouver le gouverneur, et l'assure que tous les guerriers soumis à ses ordres n'ont pris les armes que pour voler à son secours.

Indigné de cette trahison, un Germain, nommé Ségeste, cherche en vain à dessiller les yeux de Varus; il lui conseille d'arrêter Arminius, qui portait la hardiesse et la dissimulation au point de s'asseoir tranquillement à la table de celui qu'il allait égorger. Varus ne voulut rien croire, et se livra en victime aveugle à son ennemi.

Pendant la nuit qui suivit ce festin, Arminius, revenu dans son camp, exécute ses cruels desseins : un cri général annonce la guerre; les Romains se voient attaqués de toutes parts : assaillis par une foule d'ennemis, leur intrépide courage soutient leur renommée; ils opposent à la fureur des Barbares une opiniâtre résistance; mais enfin, affaiblis par la fatigue et par leurs blessures, ils abandonnent leur camp. Cependant, par un dernier effort, ils enfoncent encore tout ce qui s'oppose à leur passage, gravissent une montagne et s'y retranchent. Les ennemis, dont le nombre augmentait toujours renouvellent sans cesse leurs attaques, ne leur laissent pas un instant de repos, et finissent par forcer leurs retranchements. Varus, désespéré, se poignarde; plusieurs de ses soldats l'imitent; d'autres se précipitent et périssent sous le fer ennemi; le reste se rend à discrétion.

Cette bataille mémorable eut lieu près de Dethmold, dans le pays qu'on appelle aujourd'hui le comté de la Lippe. Arminius, aussi cruel après la victoire qu'il s'était montré perfide avant le combat, condamna tous les prisonniers à mort, et les fit expirer dans d'horribles supplices. On porta la tête de Varus au roi Marobodus, qui la rendit aux Romains.

Plus Auguste s'était vu toute sa vie comblé des faveurs de la fortune, moins il fut capable de supporter ses rigueurs. Ce désastre lui causa un chagrin auquel sa raison ne sut pas mettre de bornes; il déchira ses vêtements, frappa sa tête contre les murailles, et laissa croître sa barbe et ses cheveux. Dans son désespoir on l'entendait s'écrier: « Varus!

Varus ! rends-moi mes légions ! » Le temps adoucit peu son affliction, et, jusqu'à la fin de ses jours, l'anniversaire de cette défaite sembla rouvrir ses blessures.

Sa crainte fut aussi exagérée que sa douleur : il crut l'empire menacé d'une prochaine invasion, chassa de Rome et de sa garde les Germains qui s'y trouvaient, ordonna partout de nouvelles levées, et ne put calmer son effroi qu'en apprenant que ses lieutenants restaient maîtres des rives du Rhin, et que la Gaule était tranquille.

Tibère, envoyé promptement contre les Barbares, réforma le luxe de l'armée, rétablit la discipline : habile dans ses plans, prompt à les exécuter, il effaça par ses triomphes la honte de Varus, vengea cruellement le massacre des Romains, ravagea la Germanie pendant deux années, força les Barbares à s'avouer vaincus, et revint dans les Gaules, conformément aux ordres d'Auguste, qui, loin d'aspirer aux conquêtes, voulait que le Rhin servît de barrière à l'empire.

L'empereur, rassuré par les victoires de Tibère, le combla d'éloges proportionnés à sa frayeur passée et à sa joie présente. « Tous ceux qui ont servi
» sous vous, lui écrivait-il, vous appliquent la
» louange qu'Ennius donnait à Fabius ; ils disent
» qu'un seul homme, par sa vigilance, a sauvé la ré-
» publique. Quant à moi, vous me rappelez ce que

» Diomède dit d'Ulysse: *Avec un tel second, j'es-*
» *pérerais me tirer du milieu d'un incendie.* Mé-
» nagez vos forces, mon cher Tibère; si vous tom-
» biez malade, nous expirerions de douleur, votre
» mère et moi. Les dieux immortels que j'invoque
» vous conserveront, s'ils n'ont pas pris en haine le
» peuple romain. »

Malheureusement pour Rome, le ciel exauça ce vœu. Sur la demande de l'empereur, les consuls firent rendre par le sénat un décret qui fut sanctionné par le peuple, et qui donna sur l'armée et sur tout l'empire, à Tibère, un pouvoir égal à celui d'Auguste.

L'année suivante[1], sous le consulat de Germanicus César et de Caïus Fontéius Capito, Tibère entra en triomphe dans Rome. Il donna au peuple un repas de mille tables et une gratification de trois cent sept sesterces (37 fr. 10 sous) par tête. Après son consulat, Germanicus fut envoyé sur les bords du Rhin avec huit légions; il s'y fit aimer autant que Tibère s'y était fait craindre.

Auguste devenait vieux et infirme; et, ne pouvant plus assister régulièrement aux séances du sénat, il fit revêtir d'une autorité presque égale à celle de ce corps son conseil privé, composé des consuls et de quinze sénateurs qui changeaient tous les six mois. On y décidait les affaires urgen-

[1] An de Rome 765. — De Jésus-Christ 44.

tes ; et, aux termes du décret publié à cette occasion, les ordonnances rendues par Auguste, par Tibère et par ce conseil privé, devaient avoir force de loi. Ainsi le gouvernement de la république passa du sénat et du Forum dans l'appartement de l'empereur.

La santé d'Auguste s'altérait de jour en jour; l'approche de sa fin réveillait beaucoup de partis, d'opinions, de craintes et d'intérêts différents. Les plus hardis rêvaient la renaissance de la république; les plus sages craignaient presque également la férocité d'Agrippa, la jeunesse bouillante de Germanicus et de Drusus, l'orgueil de Livie et le caractère de Tibère, qui avait hérité de la dureté des Claude. Les plus adroits faisaient d'avance leur cour au successeur probable de l'empire.

On soupçonnait Livie d'avoir empoisonné Auguste, dans la crainte que sa tendresse pour Agrippa ne se réveillât: il lui avait déjà donné, disait-on, quelques marques d'intérêt et de pitié. L'empereur, malgré l'épuisement de ses forces, reconduisit jusqu'à Bénévent Tibère qui partait pour l'Illyrie. Il parcourut ensuite la Campanie, dans l'espoir que ce voyage dissiperait sa langueur. S'étant arrêté quelque temps à Caprée, son mal s'accrut; il reprit le chemin de Rome, et se vit forcé de rester à Nole, où il attendit paisiblement dans son lit la fin de sa brillante carrière.

Voyant la mort s'approcher, il s'informa de l'effet que produisait sa situation sur l'opinion publique. Peu de temps après, ayant demandé un miroir, il fait arranger ses cheveux avec décence, et ordonne de laisser entrer ses amis. « Ne trouvez-vous pas, leur demanda-t-il, que j'ai assez bien joué mon rôle dans ce drame de la vie humaine ? Battez donc des mains pour l'acteur, et applaudissez la fin de la pièce. » Serrant ensuite Livie dans ses bras, il lui dit : « Vivez heureuse, et souvenez-vous de notre amour. » A ces mots il expira[1].

Il était dans sa soixante-seizième année, et avait régné quarante ans. Ses restes furent conduits à Rome. Les chevaliers vinrent au devant de lui ; les sénateurs portèrent son corps sur leurs épaules au Champ-de-Mars, où il fut brûlé. Un ancien préteur jura publiquement qu'il avait vu son image monter dans le ciel.

Les chevaliers, nu-pieds, sans toges et sans ceintures, recueillirent ses cendres, et les enfermèrent dans un mausolée bâti par son ordre pendant son sixième consulat, entre la voie Flaminienne et le Tibre, et qu'il avait fait entourer d'arbres et de fleurs. Tibère prononça son oraison funèbre : le peuple le mit au rang des dieux, et le sénat donna son nom à son siècle.

[1] An de Rome 766. — De Jésus-Christ 14.

Son testament, apporté par les vestales, fut ouvert par les sénateurs; il instituait Tibère et Livie ses héritiers; à leur défaut, Drusus, Germanicus et ses trois fils; enfin, voulant se montrer populaire au-delà du tombeau, dans le cas où ses héritiers mourraient, il appelait à sa succession un grand nombre de citoyens.

Il légua au peuple romain quarante millions de sesterces (huit millions de notre monnaie), cinq cents à chaque prétorien, et trois cents à chaque légionnaire.

Inflexible, jusqu'à la fin de sa vie, pour les deux Julie, sa fille et sa petite-fille, il ne les nomma que pour défendre qu'on réunît leur cendre avec la sienne dans le même tombeau.

Auguste avait joint à son testament le tableau de l'empire et l'histoire de son règne : il ordonna de les graver sur des tables d'airain qui devaient être placées en face de son mausolée.

Ce prince, favorisé de la nature comme de la fortune, était remarquable par sa beauté. Suétone, qui l'a peint, assure qu'il régnait dans ses traits une douce majesté, et que son regard seul imposait à ses ennemis. Son orgueil voyait avec plaisir qu'on pouvait difficilement supporter l'éclat de ses yeux. Sa taille était moyenne, mais parfaitement proportionnée; ses cheveux blonds et naturellement bouclés, ses dents petites et blanches, ses sourcils bien unis, son nez aquilin, son teint d'une blancheur un peu rembrunie. Il avait étudié avec ardeur l'éloquence; et, quoiqu'il eût acquis une grande facilité pour parler sur quelque sujet que ce fût sans être préparé, il écrivit toujours et lut les discours qu'il voulait prononcer devant le sénat, le peuple ou l'armée. Il composa plusieurs ouvrages : une réponse à Brutus sur la vie de Caton; une exhortation adressée à Tibère pour embrasser la philosophie; les Mémoires de sa vie en treize livres; un poème intitulé : *la Sicile ;* un recueil d'épigrammes, et une tragédie d'*Ajax*. Son style était simple, mais élégant; le mérite qu'il estimait le plus était la clarté : ce qui le portait à se servir, plus fréquemment que l'usage ne le permettait, de prépositions et de conjonctions.

Superstitieux comme tous les hommes faibles, il craignait le bruit du tonnerre, et s'enfermait dans un souterrain pour l'éviter. Crédule pour les présages, il se croyait menacé d'un grand péril si l'on chaussait son pied gauche avant son pied droit. Au commencement d'un voyage, la rosée lui faisait espérer un heureux retour; il regarda sa mort comme prochaine et inévitable, lorsqu'il apprit qu'un coup de foudre venait d'effacer de l'inscription de l'une de ses statues la première lettre du mot César : *Ézar*, en langue étrusque, signifie

Dieu; Auguste fut persuadé qu'il allait quitter la terre pour le ciel.

La vie entière d'Auguste, vue sous différents rapports, devint également l'objet des éloges et de la censure des Romains. Les uns, respectant sa piété filiale, le louaient d'avoir pris les armes pour venger son père, et attribuaient son usurpation au malheur des temps, à l'impuissance des lois, à la fureur des guerres civiles, à l'impossibilité de concilier alors la morale et la politique. Ils excusaient ses proscriptions par le désir de punir les assassins de son père, et rejetaient l'odieux de ses massacres sur les deux autres triumvirs. La lâcheté de Lépide, les débauches d'Antoine, justifiaient son mépris pour l'un, sa haine pour l'autre ; enfin ils le comblaient d'éloges pour avoir préféré le titre de prince à celui de dictateur et de roi, pour avoir rétabli l'ordre dans le monde, contenu les Barbares, et donné à l'empire l'Euphrate, la mer d'Arabie, la mer du Nord et l'Océan pour barrières.

Ils vantaient avec raison sa justice pour les citoyens, sa fidélité pour les alliés et sa magnificence pour Rome; enfin le repos général devait lui faire pardonner quelques actes de rigueur et de violence.

D'autres ne regardaient son amour pour son père que comme un prétexte dont il avait couvert son ambition, et lui reprochaient d'avoir dès sa jeunesse, violé les lois, levé une armée sans autorisation, séduit les vétérans, corrompu les légions, usurpé les faisceaux, empoisonné les consuls Hirtius et Pansa, et conquis violemment le consulat, en tournant contre la république les armes qu'elle lui avait confiées.

Si on pouvait lui pardonner le sacrifice de l'intérêt public à sa vengeance et la mort de Brutus et de Cassius, pouvait-on le justifier de sa férocité dans les proscriptions, de ses perfidies qui l'avaient servi mieux que ses armes contre Sextus, Lépide et Antoine! Comment ne pas mépriser le ravisseur de la femme enceinte de Néron, mère funeste pour la république, et marâtre fatale, même pour les Césars? Loin de se borner à détruire la liberté et à dominer la terre, il avait usurpé la place des dieux dans le ciel, et s'était fait décerner, comme à eux, des temples, des prêtres et un culte. Cette paix publique dont on voulait attribuer le bonheur à son règne, n'était-elle pas déshonorée dans Rome par les supplices des Varron, des Égnatius, des Jules; et, au dehors, par les désastres de Lollius et de Varus! Enfin, s'il s'était vanté lui même d'avoir trouvé Rome de *briques*, et de l'avoir laissée de *marbre*, ne doit-on pas condamner celui qui trouva Rome gouvernée par l'illustre Catulus, par le vertueux Caton, par le sage Cicéron, et qui la livra en mourant aux caprices du fourbe et cruel Tibère?

Ces louanges et ces reproches, que rapporte

Tacite, peuvent également se justifier; mais l'histoire impartiale doit dire que, si Auguste ne fut pas le plus vertueux, il fut au moins le plus habile des princes, puisqu'il sut d'abord vaincre ses ennemis, ensuite se vaincre lui-même, pacifier le monde, fonder un trône, régner quarante ans, et se faire aimer.

CHAPITRE III.

TIBÈRE.

(An de Rome 766. — De Jésus-Christ 14.)

Retour de Tibère à Rome. — Mort d'Agrippa Posthumius. — Élévation de Tibère à l'empire. — Révoltes dans les armées. — Conduite de Germanicus dans cette crise. — Départ d'Agrippine, épouse de Germanicus. — Discours de Germanicus aux soldats. — Le calme est rétabli par lui. — Dissimulation de Tibère. — Son gouvernement. — Victoires de Germanicus. — Bataille entre Germanicus et Arminius. — Défaite d'Arminius. — Retour et triomphe de Germanicus à Rome. — Départ de Germanicus pour l'Asie. — Mort de Germanicus, empoisonné par Pison. — Honneurs rendus à sa mémoire. — Mort de Pison. — Révolte dans les Gaules. — Danger de Tibère, sauvé par Séjan. — Mort de Drusus, fils de Tibère. — Désordres de Tibère, excités par Séjan. — Mort d'Agrippine. — Mort de Livie. — Mort de Séjan. — Tyrannie de Tibère. — Mort de Tibère.

On était encore trop près de la république, et le trône impérial semblait encore trop peu solide, pour qu'une femme telle que Livie, et un prince aussi redouté que Tibère, pussent être exempts d'inquiétudes, lorsque le fondateur de la monarchie venait d'expirer. Livie, dans les premiers moments, entourant le palais de gardes, et interceptant toute communication, cacha avec soin la mort de l'empereur.

Tibère accourut avec précipitation; on ignore s'il put arriver à temps pour assister aux derniers instants de son père adoptif: les caractères tels que le sien ne connaissent d'habileté que la dissimulation, d'appui que la force, de moyens que le crime; et, dans la position difficile où il se trouvait, il résolut de se délivrer de son concurrent par un assassinat, d'agir avec l'armée en maître, et de parler au sénat et au peuple en citoyen.

Il envoya promptement un centurion dans l'île de Planasie pour tuer le jeune Agrippa. Ce prince tomba sous le fer de ses meurtriers, après avoir employé vainement contre eux sa force prodigieuse, seule qualité dont le sort l'eût doué.

Lorsque le centurion vint retrouver l'empereur pour lui rendre compte de l'exécution de ses ordres, Tibère répondit qu'il n'en avait pas donné, et que le sénat jugerait ce meurtre. Crispe-Salluste, fils de l'historien et favori de l'empereur, parvint, de concert avec Livie, à prouver le danger d'un tel procès, et le plus profond silence couvrit la tombe du petit-fils d'Auguste.

Lorsque Tibère se fut assuré de la fidélité des légions, il déclara la mort de l'empereur, fit célébrer ses funérailles, prit autant de soins et rassembla sur la place autant de troupes que si l'on eût pu craindre les mêmes troubles qu'excita autrefois la vue de César assassiné. Il convoqua ensuite le sénat, feignit une douleur profonde : « Plût aux dieux, » disait-il, paraissant suffoqué par ses sanglots, plût » aux dieux que j'eusse perdu la vie comme la » voix ! »

On lut le testament d'Auguste. Ce prince y montrait peu de tendresse pour son héritier; il s'exprimait ainsi : « Puisque je suis malheureusement » privé de mes deux fils, Caïus et Lucius, je déclare » Tibère mon successeur. »

Le nouvel empereur donnait l'ordre aux troupes, commandait en maître, et semblait pourtant hésiter, aux yeux du sénat, à se charger du pouvoir suprême. Les consuls et les sénateurs, ainsi que le remarque Tacite, se précipitaient honteusement dans la servitude : ils aimaient et estimaient Auguste, et n'eurent jamais pour lui que de la condescendance; ils haïssaient, méprisaient Tibère, et lui montrèrent une basse soumission.

Le discours de Tibère fut obscur et diffus : il parla beaucoup de la crainte que lui inspiraient le poids des affaires publiques, l'étendue de l'empire et son insuffisance. « Auguste était peut-être seul » capable, ajoutait-il, de gouverner un état si vaste : » la république contenait tant de personnages il-» lustres ! Comment, à leur préjudice, réunir sur un » seul homme toutes les dignités, et ne charger que

» lui du fardeau de l'empire? » Il s'étendait en même temps sur toutes les difficultés du gouvernement, de manière à faire sentir la nécessité d'un chef; et tout ce qu'on pouvait démêler à travers l'obscurité de ses paroles, c'est qu'il voulait qu'on lui ordonnât de commander et qu'on le forçât de régner.

Tous les sénateurs, unanimement, le supplièrent d'assurer le repos et le bonheur publics, en se chargeant du pouvoir suprême. Plus on lui montrait d'impatience d'avoir un maître, plus il feignait de modestie et de résistance: enfin, se laissant vaincre, mais craignant, disait-il, de succomber au travail, il consentit à accepter la part de l'empire dont le sénat voudrait le charger. « Choisissez vous-même, » lui dit vivement Asinius Gallus, dont sa fausseté lassait la patience: Tibère, déconcerté par cette question, garda quelque temps le silence, et répondit ensuite « qu'il lui conviendrait mal de choi- » sir une partie du fardeau dont il voudrait être » entièrement délivré. »

Un autre sénateur s'écria : « Que ceci finisse » donc; qu'il refuse ou qu'il accepte! » Gallus, le voyant irrité, dit que son intention n'avait point été de diviser le pouvoir, mais de prouver au contraire que la république, ne formant qu'un seul corps, ne pouvait avoir qu'un chef; et il termina son discours par un grand éloge des talents et des exploits de Tibère; qui fut insensible à ses flatteries, et ne se souvint que de sa hardiesse.

Enfin Tibère accepta le gouvernement de l'empire, en exigeant seulement qu'on recevrait sa démission lorsqu'il voudrait la donner.

La nouvelle de la mort d'Auguste excita une révolte dans l'armée de Pannonie. Blésus, qui la commandait dans l'absence de Drusus, laissant le lien de la discipline se relâcher, et négligeant, dans l'intervalle des combats, d'occuper les troupes par les exercices et les travaux ordinaires, elles se livrèrent aux désordres qui, dans les camps, suivent toujours l'oisiveté.

Percennius et quelques autres factieux, rappelant aux soldats leurs fatigues, leurs blessures, la longueur de leurs services, la dureté de leurs chefs, et la modicité de leur solde, les excitaient à profiter des commencements incertains d'un nouveau règne pour adoucir leur sort, et pour faire augmenter leur paie. Les tribuns et les centurions, qui voulaient réprimer leurs mouvements, se virent chassés et maltraités par les séditieux.

Drusus, arrivant alors, s'efforçait vainement de les calmer, en leur promettant qu'il rendrait compte de leurs demandes à Tibère. La présence du fils de l'empereur ne put réprimer leur audace; ils insultèrent sa jeunesse, disant qu'on ne leur envoyait pour les commander que des enfants qui ne pouvaient prendre sur eux aucune décision. La nuit augmenta le tumulte; la révolte allait devenir générale, lorsque tout à coup, une éclipse dérobant à leurs yeux la clarté de la lune, cette multitude mobile et superstitieuse prit ce phénomène pour une marque évidente du courroux des dieux. Leur hardiesse se change en crainte, leurs résolutions en incertitude : Drusus, profitant habilement de cette circonstance, leur parle avec un juste mélange de douceur et de sévérité, et les fait passer rapidement de la fureur au repentir. Ils livrèrent leurs chefs qui furent punis de mort; on pardonna aux autres.

Le même esprit de révolte se répandit dans l'armée de Germanie, mais avec un caractère encore plus grave et plus dangereux. Ces légions étaient campées près des Ubiens (Cologne); Silius et Cécinna, leurs généraux, commirent la même faute que Blésus; ils les laissèrent trop inactives; elles crurent n'avoir plus de maître en apprenant qu'Auguste n'existait plus. Les soldats s'écriaient : « C'est » aux légions de Germanie à décider de l'empire; » le temps est arrivé pour les vétérans d'obtenir le » repos; pour les jeunes soldats, de faire augmen- » ter leur solde; pour tous, de soulager leur misère » et de se venger de la cruauté des centurions. »

La révolte n'était point partielle, mais générale. Les rebelles, furieux, se jetant sur leurs centurions, les massacrèrent tous. L'intrépide Chéréa, qui, depuis, délivra la terre d'un monstre en tuant Caligula, se fit seul jour, l'épée à la main, au milieu des rebelles. Son audace lui sauva la vie.

Quoique l'armée fût sans chef, on n'y voyait point de tumulte ni d'anarchie : les soldats, sans être commandés, veillaient, comme de coutume, à la garde et aux besoins du camp. Cet ordre étrange, qui régnait dans la révolte, en présageait la durée. Germanicus, neveu de Tibère, petit-fils de Livie, époux d'Agrippine, dont Auguste était l'aïeul, et plus décoré par ses vertus que par tous ses titres, accourt promptement pour faire rentrer dans le devoir cette armée factieuse; il rencontre aux portes du camp une foule de soldats qui lui montrent leurs bouches dégarnies de dents, leurs poitrines couvertes de cicatrices, leurs corps courbés par la vieillesse : il leur ordonne de se former par compagnies, et monte au milieu d'eux sur son tribunal.

Après avoir invoqué la mémoire d'Auguste, il vante les triomphes de Tibère, attribue ses victoires en Germanie, et la tranquillité qui règne dans les Gaules à la concorde des chefs, à la soumission des soldats. On l'écoute avec respect, et en silence; mais lorsque, rappelant l'antique discipline, il retrace aux légions leur devoir, et les accuse de sédition, alors un murmure général s'élève; ce bruit s'étend, croît, se fortifie rapidement, et devient un cri général. On les voit tous déchirer avec fureur leurs tuniques pour montrer leurs blessures; ils se plaignent de leur modique solde, de la longueur du service, de la dureté des chefs qui les forcent sans cesse à creuser des fossés, à faire des retranchements, à porter des fourrages, à couper du bois, à traîner de lourds tombereaux; ils demandent l'accomplissement des promesses d'Auguste, une trêve à leurs maux, un terme à leur supplice, quelques jours de loisir avant la mort; et tous enfin, protestant de leur zèle pour Germanicus, lui promettent une fidélité inviolable s'il veut accepter l'empire.

A ce mot, Germanicus, comme si cette pensée seule souillait son honneur, s'élance de son tribunal, et veut s'éloigner; les soldats lui opposent leurs armes, et l'arrêtent: il déclare qu'il mourra plutôt que de manquer de foi, tire son épée, et la tourne sur sa poitrine : quelques-uns le retiennent; d'autres, d'un ton féroce, crient : « Frappe! » Un soldat, nommé Canudisius, lui présente son glaive, en lui disant : « Prends, celui-ci est mieux » affilé. » Enfin, ses officiers parviennent à l'entraîner loin des mutins, et à l'enfermer dans sa tente.

On tient conseil; la position était critique. L'ennemi, instruit de ces discordes, menaçait d'une invasion : que de dangers dans la rigueur! que de honte dans la condescendance! On prit le parti de supposer une lettre de Tibère, qui accordait le congé après vingt ans, la vétérence après seize, et qui doublait le legs d'Auguste.

Le soldat craignit le piége, et voulut être satisfait immédiatement. On se vit obligé de céder; les congés furent délivrés et les gratifications payées.

Germanicus, apprenant qu'un mouvement séditieux éclatait aussi dans l'armée du Haut-Rhin, y courut, la contint dans le devoir, reçut ses sermens, et revint à Bonn, près de Cologne, où il donna audience aux députés que lui envoyait le sénat.

L'inquiétude suit toujours la violation des lois; la conscience troublée est méfiante. Les légions, instruites de l'arrivée de la députation, s'alarment, et se persuadent que le sénat veut révoquer des graces extorquées par la violence. La fureur s'empare de nouveau de l'esprit des soldats; ils courent aux armes, entourent la maison de Germanicus, enfoncent sa porte, l'arrachent de son lit, s'emparent de l'aigle du général, insultent les sénateurs, et veulent massacrer le chef de la députation, Plancus, personnage consulaire, qui embrasse les aigles et les enseignes pour mettre sa vie sous la protection de ces signes sacrés.

Germanicus s'élance au milieu des factieux, leur ordonne de l'écouter, monte sur son tribunal, rappelle éloquemment la dignité du sénat, les priviléges des ambassadeurs; il représente avec force aux légions l'opprobre dont elles se couvriraient en violant des droits si saints : enfin, il leur commande de se retirer dans leurs tentes, et fait partir pour Rome la députation, avec une escorte de troupes auxiliaires.

Le feu de la sédition était couvert, mais non pas éteint. Agrippine persistait en vain à partager les périls de son époux; il résiste à ses prières, et ordonne son départ; elle obéit. L'épouse d'un général romain, la petite-fille d'Auguste, entourée d'un grand nombre de femmes désolées, et tenant son enfant entre ses bras, s'éloigne du camp comme d'une ville en proie aux Barbares. Au bruit de ce départ, aux gémissements de ces femmes qui se séparent de leurs maris, les soldats accourent, s'attroupent, questionnent l'escorte; on leur apprend qu'Agrippine se réfugie à Trèves. Le souvenir du grand Agrippa, du divin Auguste, de Drusus, cher aux armées, de la gloire de Germanicus, les vertus, la fécondité d'Agrippine, la vue de son enfant, nourri dans leurs tentes, et qu'eux-mêmes nommaient Caligula, parce qu'il portait le caligue (chaussure du soldat), répandent dans les cœurs la consternation, la honte et la pitié. Ils s'opposent au passage de la princesse, l'arrêtent, et courent en foule à sa suite près de Germanicus. Ce ne sont plus des menaces qu'ils profèrent, ce sont des supplications qu'ils adressent.

Germanicus, leur parlant alors d'un ton où régnaient la douleur et la colère : « Oui, leur dit-il, je
» dérobe à vos fureurs ma femme et mon fils : ils ne
» me sont pas plus chers que la république et que
» mon père; mais César est défendu par sa dignité,
» l'empire par d'autres légions plus fidèles. Ma
» femme et mon fils sont sans défense; je pourrais les
» immoler à votre gloire, non à votre rage. Assas-
» sinez-moi, mais n'ajoutez pas leur meurtre à vos
» crimes. De quels forfaits n'êtes-vous pas capables!
» quel nom puis-je vous donner? Êtes-vous des sol-
» dats, vous qui assiégez votre général? des ci-
» toyens, vous qui méprisez l'autorité du sénat?
» Les peuples les plus barbares respectent le droit
» des gens, et vous le violez. Jules César calma d'un
» mot une sédition, en refusant le nom de soldats
» aux rebelles; Auguste, d'un seul regard, réprima
» les vainqueurs d'Actium; et moi, leur fils, que
» respectent toutes les autres armées, vous me trai-
» tez avec cette indignité! vous que Tibère et moi
» nous avons conduits tant de fois à la victoire,
» vous qu'il enrichit par tant de bienfaits! Ainsi,
» lorsque toutes les provinces de l'empire, lorsque
» toutes les légions ne lui donnent que des sujets

» de joie, je vais donc lui apprendre qu'ici ses sol-
» dats méconnaissent son pouvoir, que rien n'as-
» souvit leur cupidité, que dans ce camp on massa-
» cre les centurions, on chasse les tribuns, on insulte
» les ambassadeurs; que les champs et les fleuves
» sont teints de sang, et que moi, son fils, je traîne
» une vie précaire au milieu de ses légions enne-
» mies? Ah! pourquoi m'arrachait-on le fer dont je
» voulais me frapper? Celui-là m'aimait seul qui
» m'offrait son épée; j'aurais péri sans être témoin
» de votre honte et de vos crimes. Revenus enfin
» de votre délire, et ne voulant pas laisser à
» d'autres l'honneur de subjuguer la Germanie,
» vous auriez nommé un nouveau chef, qui, s'il
» n'eût pas puni les auteurs de ma mort, aurait au
» moins vengé celle de Varus et de ses légions.

» Ame du grand Auguste, qui m'entendez du
» haut des cieux; et vous ombre de mon père
» Drusus, toujours présente à notre mémoire,
» descendez au milieu de vos soldats, venez effacer
» la honte des Romains, dirigez contre l'ennemi la
» fureur qui les animait contre eux-mêmes; et vous,
» guerriers dont les regards m'annoncent le repentir,
» si vous êtes résolus à rendre au sénat ses députés,
» à votre empereur ses légions, à moi ma famille,
» éloignez-vous de la contagion, et séparez-vous
» des séditieux pour me prouver vos remords et
» votre fidélité. »

A ces mots les soldats, étonnés, attendris, confondus, désarmés, tombent tous à ses pieds, le supplient de punir le crime, de pardonner à la faiblesse, de ne point livrer sa femme et son fils aux Barbares, et le conjurent de marcher promptement à leur tête contre l'ennemi.

L'impression produite par les paroles de Germanicus avait changé tous les esprits ; les soldats arrêtent eux-mêmes les chefs de la sédition et les traînent au tribunal de Cétronius, lieutenant de la première légion. Les troupes, l'épée à la main, entouraient le tribunal ; dès que Cétronius nommait un coupable, les soldats exécutaient l'arrêt, croyant expier leurs fautes et se justifier par la mort de leurs complices. Ainsi Germanicus mit fin à cette révolte, et personne ne put lui imputer une rigueur dont tout l'odieux tombait sur les rebelles qui avaient d'abord commis et ensuite puni le crime.

Le soulèvement des légions causait à Tibère une vive inquiétude; la joie que lui donna la soumission fut extrême, mais troublée par la jalousie que lui inspirait Germanicus. Plus il ressentait d'envie et de haine contre ses vertus, plus il fut exagéré dans ses louanges et dans les honneurs qu'il lui fit décerner. Se croyant moins obligé à se contraindre dans sa vengeance contre Julie que le peuple romain méprisait, et oubliant que c'était pourtant à son hymen qu'il devait l'empire, il supprima la pension qui la faisait subsister, et la laissa mourir de misère et de faim.

Cependant le souvenir récent du règne d'Auguste, une longue habitude de respect pour son autorité, l'admiration générale qu'avaient méritée ses lois et ses règlements, le désir de s'affermir sur le trône, et surtout la crainte d'y voir Germanicus porté par l'amour des Romains, forcèrent l'empereur à vaincre son caractère, à renfermer ses vices dans le fond de son cœur, et à les couvrir d'un voile de justice et de modération. Ainsi les premières années de son règne furent comparées avec raison aux dernières de celui d'Auguste, comme on dut lui reprocher, à la fin de sa vie, d'avoir surpassé Octave en fourberie et en cruauté.

Sa profonde dissimulation cachait le tyran et montrait même d'abord à peine le monarque. Repoussant la flatterie, il refusa les temples qu'on voulait lui dédier, et n'accepta de statues qu'après avoir défendu qu'on les plaçât parmi celles des dieux. Par modestie, et peut-être par conscience, il ne voulut pas consentir à être nommé *père de la patrie*.

Le sénat rendit un décret pour faire jurer à tous les citoyens de respecter, de conserver et d'exécuter toujours les lois de Tibère : il s'y opposa, en disant que rien de parfait ne sortait de la main des hommes; que tout le monde devait continuellement changer et se perfectionner; et que, d'ailleurs, plus on était élevé, plus on se trouvait en danger de se tromper, de tomber et de périr. Lorsque les délateurs, cette peste des cours, qui ne fondent leur fortune que sur les vices, les terreurs et les passions des princes, essayèrent leurs poisons sur lui, et lui dénoncèrent des libelles qui le diffamaient, et des propos qu'on avait tenus contre son administration : « Peut-on s'étonner, répondit-il, que des hom- » mes libres parlent librement dans une ville libre? » Le sénat, qui semblait affamé de tyrannie, proposait bassement d'informer contre ces délits et de les punir : « Vous devez, lui dit l'empereur, vous » occuper d'affaires plus importantes; quant à moi, » je bornerai ma vengeance à réfuter les calomnies » par mes actions. »

Réprimant avec soin son penchant pour l'avarice et pour la débauche, on vit le plus cupide et le plus impudique des hommes promulguer les lois les plus sages et les plus sévères contre le libertinage et la cupidité. Quand les gouverneurs des provinces lui proposaient d'augmenter ses revenus, il répondait « qu'un berger doit tondre ses brebis et non les » écorcher. » Il publia des édits rigoureux contre le luxe, et bannit de Rome quelques personnes des plus nobles familles, dont les mœurs étaient scandaleuses et déréglées. Ses ordonnances sur l'administration de la justice réprimèrent les vols et rendirent la sûreté aux routes. Sa vigilante fermeté inspirait le respect aux étrangers, son discernement dans les récompenses encourageait le mérite : affectant de grands égards pour les citoyens, il débarrassa Rome du séjour et du logement des cohortes prétoriennes qu'il fit camper hors de la ville. Populaire, quoique grave dans ses manières, il remplissait avec soin dans sa vie privée tous les devoirs de citoyen. Il montrait un grand respect pour le sénat, laissait la plus grande liberté dans la discussion et dans les choix; on l'entendit même un jour dire à Quintus Atterius : « Pardonnez-moi, si, » en qualité de sénateur, je contredis un peu librement votre avis : pères conscrits, ajouta-t-il, plus » un prince sage et juste se voit revêtu d'une grande » autorité, plus il se trouve obligé à prouver sa » reconnaissance au sénat et au peuple qui la lui ont » confiée. Je ne varierai jamais dans mes sentiments; » je sais que vous êtes remplis de justice et de bonté, » et je vous regarde comme mes maîtres. » On lui rendit en adulation ce qu'il donnait en éloges.

Tous les actes de Tibère forçaient alors à l'estime, mais on ne pouvait l'aimer : le sentiment, plus sûr que l'esprit, faisait deviner à travers sa dissimulation son affreux caractère. Au reste, tout semblait alors prospérer dans l'empire. Les lois étaient en vigueur, les propriétés respectées, les armées soumises, les Barbares contenus ou punis; et la monarchie, paraissant atteindre son vrai but, semblait n'exister que pour protéger à la fois l'ordre et la liberté.

Germanicus, à la tête de ses légions, pénétra en Germanie, combattit plusieurs peuples, remporta plusieurs victoires, et soutint contre Arminius un combat dont le succès resta indécis. La rigueur de la saison l'obligeait à revenir dans la Gaule; sa retraite fut difficile et périlleuse; toujours attaqué par une foule de Barbares, quelquefois enveloppé dans des défilés étroits, obligé de combattre dans un terrain fangeux, sur lequel les chevaux et les hommes pouvaient à peine se soutenir, sa constance et son courage le tirèrent de tous ces dangers. Une partie de son armée fut au moment d'éprouver le sort de celle de Varus : Cécinna, son lieutenant, qui joignait au courage de la jeunesse l'expérience de quarante années, repoussa les ennemis, et préserva ses légions d'une ruine totale.

L'année suivante, Germanicus, plus heureux, dompta les Angrivariens, les Chérusques, les Cattes, et reconquit les drapeaux enlevés à Varus. Lorsqu'il arriva dans le lieu funeste où cet imprudent et malheureux général avait péri, les légions furent saisies d'horreur en voyant ces bois sombres, ces roches escarpées, ces débris de remparts, ces armes brisées, ces ossements épars, ces têtes défigurées, clouées encore sur les arbres. Là, Varus avait combattu avec une vaillance digne de Rome, mais sans espoir de salut; ici, voyant ses retranchements forcés par une nuée d'ennemis furieux, il s'était enfoncé le glaive dans le cœur, préférant la mort à l'esclavage: plus loin on voyait ces pierres, autels agrestes et lugubres où l'on avait sacrifié tant de captifs; et, d'un autre côté, des os amoncelés marquaient l'endroit où les plus vaillants s'étaient entre-tués, trompant ainsi par une mort volontaire la rage du vainqueur.

A ce spectacle horrible, les Romains consternés crurent d'abord entendre les pleurs des mourants et les cris de triomphe des Barbares; ils regardaient en silence et d'un œil morne ce triste théâtre de la honte des légions; mais le désir de la vengeance remplaça bientôt la douleur, chassa l'épouvante, et les anima d'une ardeur qui les rendait invincibles. Hâtant sa marche, Germanicus renversa tous les obstacles que le climat, la nature et les hommes lui opposaient; enfin il atteignit le redoutable Arminius et lui livra bataille. Une vieille haine, une valeur égale la rendirent longue et terrible: après une opiniâtre résistance, les Barbares furent enfoncés; Arminius prit la fuite, Germanicus ne rencontra plus d'ennemis: toutes les cités se soumirent, et le général vainqueur éleva une colonne, dont l'inscription était aussi modeste que les exploits qu'elle rappelait avaient été éclatants. On n'y lisait que ces mots: « Les peuples situés

» entre le Rhin et l'Elbe étant vaincus, l'armée de
» Tibère César a consacré ce monument à Mars,
» à Jupiter et à Auguste. »

Tibère, jaloux de la gloire de Germanicus, résolut dès lors de le séparer des légions qu'il venait de conduire à la victoire; mais quelques événements qui troublèrent sa tranquillité le forcèrent de retarder l'exécution de ce dessein. Un esclave du jeune Agrippa, nommé Clément, qui était du même âge que son maître, et dont les traits ressemblaient aux siens, se fit passer pour lui. Presque partout, le peuple, qui aime le merveilleux, se montrait disposé à embrasser sa cause. L'esclave soutint mal une entreprise si audacieuse; il se laissa vaincre et arrêter. On l'amena devant Tibère. « Et comment donc, lui dit l'empereur, êtes-vous » devenu Agrippa? » — « Comme vous êtes devenu » César, » répondit le rebelle. Tibère, craignant les dispositions favorables du peuple et de plusieurs patriciens pour cet imposteur, le fit tuer dans sa prison.

Dans ce même temps les Parthes, ayant assassiné deux de leurs rois, refusèrent le trône à un prince, fils de Phraate, que Tibère voulait y placer, et qui était resté en otage à Rome. Ils prirent les armes, et s'emparèrent de l'Arménie: Tibère crut pouvoir profiter de cette circonstance pour enlever Germanicus à ses légions et l'envoyer en Asie. Déguisant sa haine sous les apparences d'une trompeuse amitié, il lui écrivit qu'on lui avait décerné le triomphe, et qu'il devait venir à Rome jouir du fruit de ses travaux; il lui rappelait les campagnes qu'ils avaient faites autrefois ensemble, et lui montrait, en méditant sa perte, tous les sentimens d'un père pour son fils. Germanicus répondit que s'il avait acquis quelque gloire en Germanie, où les ordres d'Auguste l'avaient envoyé neuf fois, il attribuait la plus grande part de ses succès aux conseils et aux exemples de Tibère; il priait l'empereur de lui laisser encore un an le commandement de l'armée, pour soumettre entièrement cette vaste et belliqueuse contrée.

Tibère, décidé à l'éloigner des légions qui l'adoraient, le fit nommer consul : il revint, et entra en triomphe à Rome. Tout le peuple courut audevant de lui; sa grace, sa majesté, ses vertus, ses enfants assis sur un char, et la vue des drapeaux de Varus reconquis, remplirent Rome de joie et Tibère de courroux. On bâtit en faveur de Germanicus un temple à la Fortune. Chaque citoyen reçut une gratification de trois cents sesterces.

On ne peut jouer long-temps la vertu : Tibère se portait déjà quelquefois à des actes qui dévoilaient la perfidie et la violence de son caractère. Dans le temps où il vivait exilé à Rhodes, Archélaüs, roi de Cappadoce, lui avait montré peu d'égards : rien ne s'efface dans la mémoire des hommes vindicatifs ; Tibère, trompant ce malheureux monarque par des lettres amicales et par les plus flatteuses promesses, l'invite à venir à Rome : à peine y est-il arrivé, on l'arrête sous un faux prétexte ; on l'accuse, et on le jette dans une prison où il mourut de honte, de besoin et de chagrin.

La mort d'Antiochus, roi de Comagène, et celle de Philopator, roi de Cilicie, excitaient des troubles dans leurs états. Les concussions des gouverneurs de Syrie et de Judée portaient les peuples de ces contrées à la révolte : le sénat s'alarmait ; Tibère profita de ces mouvements pour lui faire sentir la nécessité d'envoyer en Asie Germanicus, seul capable, disait-il, de rendre la paix à l'Orient. En même temps qu'il lui donnait en apparence une si grande marque de confiance et d'estime, il ôta le gouvernement de la Syrie à Silanus, ami de ce prince, et nomma pour le remplacer Pison, ambitieux, violent, privé de toutes vertus, jaloux de tout mérite, et toujours prêt à braver le mépris public pour gagner, par une obéissance servile, la faveur de son maître.

Plancine, sa femme, était digne de lui ; Tibère et Livie les chargèrent tous deux secrètement, dit-on, de traverser Germanicus dans ses desseins, de soulever les légions et les peuples contre lui, et même de le faire périr, s'ils en trouvaient l'occasion et les moyens.

Germanicus obéit; il partit avec sa femme et ses enfants pour l'Asie; les efforts, les intrigues, les embûches et les prodigalités de Pison et de Plancine échouèrent d'abord contre la vertu, la sagesse, le courage et le génie de Germanicus. Il calma la fermentation des peuples en diminuant les impôts, conquit l'Arménie, défit les Parthes, les contraignit à poser les armes, à solliciter l'alliance de Rome, et réduisit la Comagène, ainsi que la Cappadoce, en provinces romaines.

Pison et Plancine envenimaient toutes ses actions; leurs rapports calomnieux irritaient sans cesse l'inquiétude et la jalousie de Tibère : Germanicus opposait à leurs noirceurs les seules armes des grands caractères, le mépris et la modération.

Dès qu'il vit l'Orient pacifié, sa curiosité le conduisit en Égypte; il parcourut ce pays, que son antiquité, ses lois et ses monuments rendaient également fameux. On lui fit un crime de ce voyage; Tibère lui écrivit pour lui reprocher d'avoir violé une loi d'Auguste, qui défendait à tout sénateur, patricien ou chevalier, d'aller en Égypte sans mission ou sans autorisation.

Pison, profitant de l'absence de ce prince, avait enfin réussi à répandre l'esprit de sédition dans les troupes. Germanicus surprit ce vil ennemi par un prompt retour, fit rentrer les légions dans le devoir; et, après avoir accablé Pison de sévères et justes reproches, il borna son ressentiment à le suspendre momentanément de ses fonctions.

Pison, trop méchant pour croire à la clémence, craignait un plus dur châtiment : dissimulant sa haine sous l'apparence d'une feinte soumission, il fit donner à Germanicus, par un esclave corrompu, un poison lent, et se retira dans une île peu éloignée pour en attendre l'effet. La plupart des historiens disent que Pison et Plancine avaient commis ce crime par l'ordre de l'empereur.

Tacite raconte ainsi ses derniers moments : Germanicus, sentant sa fin approcher, et ne pouvant se tromper sur la nature du mal qui minait ses jours, appelle près de lui ses amis consternés : « Si » je succombais sous les coups du sort, leur dit-il, » je pourrais reprocher aux dieux de m'enlever si » jeune à mes parents, à mes enfants; mais, péris- » sant par le crime de Pison et de Plancine, je dé- » pose dans vos cœurs mes derniers vœux. Appre- » nez à mon père et à mon frère les persécutions » dont je me suis vu l'objet, les piéges qui m'ont » environné, les tourments que je souffre, et la » funeste mort qui termine ma vie infortunée.

» Si mes brillantes espérances, mes succès et » l'élévation de ma famille m'ont attiré des envieux

» lorsque je vivais, ils verseront eux-mêmes des
» larmes en voyant les artifices d'une femme tran-
» cher les jours de celui qui avait joui d'un sort si
» brillant, et qui avait survécu à tant de combats.

» Portez vos plaintes au sénat, invoquez les lois;
» le devoir principal des amis n'est pas d'honorer
» les morts par de vains regrets, mais de se sou-
» venir de leurs volontés et de remplir leurs inten-
» tions. Ceux même qui ne connaissaient pas Ger-
» manicus le pleureront; et vous, vous le vengerez
» si vous êtes plus attachés à ma personne qu'à ma
» fortune.

» Montrez au peuple romain ma fille, nièce du
» divin Auguste; présentez à ses regards mes six
» enfants : la pitié, qui suit ordinairement les ac-
» cusés, protégera cette fois les accusateurs; et si
» les coupables prétendaient que ce crime a été
» ordonné, on ne voudra pas le croire, ou bien on
» ne le pardonnera pas. »

Tous ceux qui entouraient son lit, pressant sa main défaillante, jurèrent de le venger ou de périr : faisant approcher ensuite sa femme, il la conjura, par amour pour lui et pour ses enfants, d'abaisser sa fierté, de se résigner aux coups de la fortune, afin de ne pas exciter contre elle une jalousie puissante et redoutable. Lui ayant tenu publiquement ce discours, on assure qu'il lui parla en secret de la crainte et des soupçons que lui inspirait Tibère. Peu de moments après, il expira.

Sa mort répandit le deuil dans les provinces et chez les peuples voisins. Les nations et les rois le pleurèrent; nul ne se montra plus affable pour les alliés, plus humain pour les ennemis. Son regard et ses paroles imprimaient le respect, et attiraient l'affection. Il était populaire sans familiarité, noble et grave sans orgueil; le souvenir de ses vertus et des éloges sincères furent la seule pompe et les seules images qui décorèrent ses funérailles.

Le lieu dans lequel il périssait, sa beauté, son âge, le genre de sa mort, firent comparer son sort à celui d'Alexandre-le-Grand. L'un et l'autre, d'une race illustre, favorisés des dons de la fortune et de la nature, à l'âge de trente ans, avaient péri, dans une contrée étrangère, par la trahison de leurs concitoyens; mais Germanicus montrait plus de bonté pour ses amis et de modération dans ses plaisirs. Le lien du mariage ne s'était formé qu'une fois pour lui; aucun doute ne pouvait ternir la naissance de ses enfants : il était aussi vaillant qu'Alexandre et moins téméraire. Un pouvoir supérieur l'empêcha seul de subjuguer les Germains qu'il avait tant de fois vaincus; et, si le sort l'eût rendu le maître de l'empire et lui eût donné le titre et le pouvoir d'un roi, il aurait égalé promptement le héros macédonien en gloire militaire, comme il le surpassait en clémence, en tempérance et en vertus.

On voit dans cet éloge noble et touchant que Tacite partageait alors l'erreur commune, et pensait qu'Alexandre était mort par le poison comme son héros.

Germanicus laissa trois fils, Néron, Drusus et Caïus, surnommé Caligula; ce prince eut aussi trois filles : il périt l'an 771 de Rome et l'an 19 de l'ère chrétienne. Ce fut dans la même année que moururent Tite-Live, le plus orné des historiens romains, et Ovide, le plus tendre des poètes.

Les jouissances de la tyrannie et de la vengeance sont des jouissances honteuses qu'on n'ose avouer. Tibère, délivré, par le poison, du grand homme qu'il redoutait, se voyait forcé, par l'opinion publique, de renfermer dans le fond de son ame son horrible joie. Dès que la nouvelle de la mort du héros se répandit dans Rome, sans décrets, sans édits, les tribunaux furent abandonnés, les boutiques fermées, les rues désertes. On n'entendait que des sanglots et des gémissements : le peuple, voyant la vertu immolée au crime, ne crut plus à la justice des dieux; dans sa fureur, il brisa leurs images et renversa leurs autels : il ne se bornait pas aux imprécations contre Pison, il maudissait ouvertement l'empereur et Livie. L'arrivée d'Agrippine, portant les cendres de son époux, renouvela la douleur, aigrit les ressentiments : tous les vieux soldats qui avaient servi sous Germanicus faisaient son éloge, que tous les citoyens confirmaient par leurs larmes.

Le sénat en corps et tout le peuple reçurent aux portes de Rome la veuve de ce prince, et lui prodiguèrent les plus grands honneurs. Tibère lui-même se vit contraint de paraître affligé comme tous les Romains, et de payer un tribut éclatant de louanges et de regrets à sa victime.

On déposa les cendres de Germanicus dans le tombeau d'Auguste; elles y furent portées la nuit à la lueur de mille flambeaux. Le profond silence qui régnait dans cette cérémonie funèbre fut tout à coup troublé par un cri universel : la voix du peuple et celle des soldats, quoique étouffée par leurs gémissements, faisait entendre ces seules paroles : « La république est tombée avec Germanicus. »

Tibère, dissimulant le chagrin bien différent que lui causait ce deuil général, comblait d'éloges Agrippine, qu'il appela « l'honneur des dames ro- » maines. »

Quoique le peuple eût fait éclater aussi violemment sa haine contre Pison que son amour pour Germanicus, ce vil assassin, qui se croyait sûr de la protection de Tibère, osa venir à Rome; il s'aperçut bientôt que rien n'est moins solide pour le crime que l'appui de la tyrannie : Agrippine l'accusa devant le sénat de concussions, de révolte et d'empoisonnement. On écouta sa défense sans l'interrompre; mais il pouvait lire son arrêt dans les menaces du peuple et sur les traits des juges indignés : un jour il fut trouvé mort dans son lit. On lui avait vu tenir dans ses mains plusieurs lettres de Tibère; il voulait les produire pour se justifier; Séjan, favori de l'empereur, l'en dissuada, l'amusa de vaines espérances, le fit ensuite assassiner, et ensevelit ainsi dans sa tombe l'affreux secret de Tibère.

L'hypocrisie devenait inutile à l'empereur; il n'avait plus de rival à craindre, plus d'hommes puissants et vertueux qui le fissent rougir; son masque était déchiré; la douleur des Romains avait fait éclater leur haine contre lui. N'espérant plus les tromper, il résolut de les asservir : il méprisa et haït tous les hommes, comme il se voyait méprisé et détesté par eux.

Auguste avait toujours confondu ses intérêts avec l'intérêt public; Tibère sépara les siens de l'état : on ne jugea plus les actions par ce qu'elles pouvaient avoir de bon ou de mauvais; elles devenaient louables ou criminelles, selon qu'elles plaisaient ou déplaisaient à l'empereur. Il priva le sénat, non seulement de liberté, mais de dignité. Les sénateurs, conspirant à leur abaissement, semblaient disputer à qui porterait plus loin l'adulation. Tibère lui-même fatigué de leur bassesse, s'écria un jour au milieu du sénat : « O vile nation née pour » la servitude! » Sans suivre les anciennes formes, il se déclara consul, et se donna pour collègue Drusus son fils.

La mort de Germanicus avait rendu l'espoir et le courage aux barbares : Florus, Sacrovir excitèrent une révolte dans les Gaules. Leurs premiers succès effrayèrent Tibère, sa lâche vieillesse craignait d'être distraite des débauches par la guerre, et de se voir forcée de reprendre les armes. Caïus Silius vainquit les rebelles ; on le paya en éloges, et le jeune Drusus, qui n'avait pas quitté Rome, eut la récompense due au vainqueur ; il fut revêtu de la puissance tribunitienne. Tacfarinas prit les armes pour rendre à la Numidie son indépendance ; Blésus le défit en bataille rangée, et l'empereur, plus juste cette fois, permit aux légions de le saluer *imperator*.

Tibère courut, peu de temps après, un grand danger : une maison dans laquelle il se trouvait s'écroula ; Séjan, doué d'une force extraordinaire, couvrit le prince avec son corps ; d'une main vigoureuse il écarta et soutint une colonne qui tombait sur lui. Séjan, déjà cher à son maître, devint son favori, et domina quelque temps le dominateur du monde. Cet homme, audacieux et fourbe, cachait une ambition sans bornes sous le voile du zèle le plus servile. Tibère, qui lui voyait ses propres vices, aima son image en lui, le préféra ouvertement à sa famille, l'éleva aux plus hautes dignités, lui donna le commandement de sa garde, le loua en plein sénat comme le ministre le plus habile, comme le compagnon de tous ses travaux; il permit enfin qu'on lui élevât des statues dans Rome.

Séjan aspirait à l'empire; l'existence de Drusus, fils de Tibère, lui fermait le chemin du trône; ce jeune prince, impétueux et fier, ne pouvait supporter l'insolence du favori de son père; après une vive altercation, il l'avait insulté et frappé : Séjan, enflammé de vengeance et d'ambition, corrompit Liville, sœur de Germanicus et femme de Drusus. Parvenu à lui inspirer un amour criminel, il lui proposa de trancher les jours de son mari, afin de se mettre à l'abri de son ressentiment, et de monter tous deux sur le trône destiné à leur victime. Ce vil séducteur savait à quel degré d'infamie un premier pas dans le chemin du vice peut conduire, et qu'une femme passionnée devient capable de tous les crimes lorsqu'elle a violé le premier de ses devoirs. Liville, nièce d'Auguste, épouse de l'héritier de l'empire, et qui sentait couler dans ses veines le noble sang de Germanicus, consentit à se déshonorer par le plus exécrable des forfaits; elle promit à son amant la mort de son époux. Eudémus, son médecin, remplit ses coupables vœux; il donna un poison lent au prince, qui mourut peu de temps après.

L'affliction de Tibère fut courte et légère : le peuple ne se trompa pas sur l'auteur de ce meurtre·

Si la haine égare souvent, elle éclaire quelquefois. Le perfide Séjan travaillait sans cesse à aigrir le caractère de son maître, à flatter son penchant pour la débauche et pour la cruauté; chaque jour, effrayant sa vieillesse par des complots imaginaires, et offrant à ses désirs de nouvelles beautés et de nouvelles victimes, il le rendait odieux aux Romains et méprisable aux étrangers, minant ainsi la puissance qu'il voulait abattre, et à laquelle il espérait succéder.

L'empereur, livré à ses conseils, se montrait de plus en plus soupçonneux, capricieux et bizarre. L'âge, au lieu de calmer ses passions, ne faisait qu'échauffer et mûrir ses vices : jaloux de tout crédit, de toute opulence, de tout mérite, on devenait coupable à ses yeux dès qu'on était estimé. Il éloignait de Rome ceux qu'il n'osait frapper. Bientôt les emplois, qu'on donnait autrefois comme récompense, ne furent plus que des exils ; Tibère nommait des gouverneurs pour les bannir, des généraux pour les compromettre et pour les perdre.

Tacfarinas se révolta de nouveau; Dolabella le défit et le tua. Tibère lui refusa le triomphe, et, sans raison comme sans pudeur, le décerna à Séjan. Toutes les villes tributaires de l'empire lui avaient envoyé des députés pour le complimenter sur la mort de son fils; ceux d'Ilium arrivèrent un peu tard; l'empereur les reçut avec mépris, et répondit ironiquement à leurs condoléances, « qu'il » partageait aussi la douleur qu'avait dû leur causer » la mort d'Hector, qui était un excellent citoyen. »

Les enfants de Germanicus opposaient encore un obstacle à l'ambition de Séjan : les droits de leur naissance, la gloire de leur père et l'amour du peuple leur promettaient le trône. Séjan résolut de les faire périr; Agrippine les défendit long-temps par sa vigilance et par sa vertu. Quelque crédit que le favori eût acquis sur l'esprit abusé de son maître, il n'osait cependant frapper les restes de sa famille sous ses yeux. L'artificieux ministre, l'accablant journellement d'inquiétude et d'ennui, le dégoûta de Rome et des affaires, et parvint à lui persuader de chercher une retraite paisible où il pût verser à loisir du sang à l'abri de toute vengeance, s'abandonner aux plus honteuses voluptés en échappant à la malignité du peuple, et, loin des importunités du sénat, se livrer aux méditations qu'exigeait la sûreté de sa vie et de son pouvoir. Ainsi les favoris isolent leurs maîtres pour les gouverner; de sorte qu'ils ne voient plus que par leurs yeux et n'agissent que par leurs volontés.

Tibère, sous prétexte de bâtir deux temples à Capoue et à Nole, parcourut la Campanie, et se fixa enfin dans l'île de Caprée, séjour délicieux, que le souvenir de ses débauches et de ses cruautés rendit infâme.

Les bons princes cherchent la vérité; les faibles et les méchants n'aiment et n'écoutent que la délation : bientôt Tibère ne fut entouré que de dénonciateurs ; la conduite la plus pure ne mettait pas à l'abri de ses soupçons et de ses vengeances ; on empoisonnait les discours les plus simples ; on accusait même le silence : prononcer par hasard les noms de Brutus et de Cassius, c'était commettre un crime capital ; on était coupable en négligeant de sacrifier à Auguste ; on devenait suspect en le regrettant, comme s'il eût été à la fois ordonné de l'adorer et défendu de le louer. La tristesse passait pour un mécontentement dangereux, la joie pour une espérance criminelle.

Séjan répandait principalement son poison sur les actions des deux fils aînés de Germanicus, Néron et Drusus ; le sénat servile, loin d'oser lui résister, secondait lâchement ses fureurs. Ces jeunes princes et leur mère, devenus suspects à Tibère, furent déclarés ennemis de l'état. Agrippine, éclatant en reproches, se vit bannie, outragée ; elle périt dans l'exil et dans la misère. Ses fils moururent de faim dans leur prison.

Dans ce même temps Livie, âgée de quatre-vingt-six ans, termina ses jours : le mépris que son indigne fils lui témoigna la punit de son orgueil et de ses trahisons. Jaloux de sa mère, l'empereur s'était opposé à tout ce que le sénat avait voulu faire pour elle; il l'abandonna totalement dans sa dernière maladie, défendit de lui rendre aucun honneur, cassa son testament, et persécuta tous ses amis.

Il avait donné le gouvernement de Judée à Pontius Pilatus. L'an 33, ce gouverneur livra Jésus-Christ aux Juifs, qui le crucifièrent. Tertullien, en racontant cet événement, dit que Pilate, étonné des prodiges qui suivirent la mort du Sauveur, en rendit compte à Tibère, et que ce prince ayant proposé au sénat de mettre Jésus au rang des dieux, ce corps s'y opposa. Il ajoute que l'empereur menaça de mort tous ceux qui accuseraient les chrétiens; mais Tertullien est le seul historien qui rapporte ce fait. La religion n'a pas besoin de fables pour se défendre, et Tibère était le prince le moins digne de connaître et de protéger un culte si moral.

La délation, le plus funeste des fléaux, encouragée par le caractère avare, cruel et soupçonneux de l'empereur, traînait chaque jour au supplice les plus illustres citoyens. Séjan, qui avait mis en faveur ce poison, devint enfin lui-même sa victime. Tibère découvrit qu'il menaçait son trône et sa vie; effrayé de la puissance de l'ingrat qu'il avait élevé, il tremble en se décidant à le frapper: par ses ordres, plusieurs vaisseaux sont armés, afin de dérober sa tête à Séjan, si ce sujet redoutable l'emportait sur son maître. La terreur le force à prendre le langage de la bassesse; il s'adrese au sénat en suppliant, « et implore sa protection pour un » pauvre vieillard privé de sa famille et abandonné » de tout le monde. »

La haine long-temps comprimée éclate avec fureur. On arrête Séjan; il est condamné, étranglé par le bourreau, traîné par le peuple dans les rues. Plus on avait rampé lâchement devant lui, plus on le foule aux pieds avec rage. Quand les opprimés se relèvent, ils croient effacer leur propre honte par l'excès de leur vengeance, et surpassent souvent l'injustice qu'ils châtient. Toute la famille de Séjan périt; ses amis furent immolés; Plancine partagea leur sort. La veille, la faveur de Séjan était ambitionnée par tous les Romains; le lendemain elle fut un crime.

Tibère ne tarda pas à prouver que la mort de son ministre n'avait rien retranché de sa tyrannie; il accabla d'impôts les provinces, s'enrichit des dépouilles de tous les princes de la Gaule, de toutes les cités de l'Asie et de la Grèce. Il confisquait les biens des riches, décimait la noblesse, et n'épargnait pas même ses plus lâches courtisans. Son conseil était composé de vingt personnes; il en fit mourir dix-sept. Sa rigueur inflexible défendait de porter le deuil des condamnés. Loin de regretter les princes de sa maison, il disait « que Priam avait

» joui d'un grand bonheur, celui de survivre à sa
» race. » Un jour on osa lui parler des périls dont la
haine des Romains pouvait le menacer : « Qu'ils me
» haïssent, répondit-il, pourvu qu'ils me craignent. »

Son ingénieuse barbarie se plaisait à prolonger les supplices, à en inventer de nouveaux. Une mort volontaire était à ses yeux un larcin qu'on lui faisait. Apprenant que le sénateur Carnatius venait de se tuer, il s'écria : « Comment cet homme m'a-
» t-il échappé ? » Quelquefois il ajoutait la raillerie à la cruauté ; un condamné lui demandant pour unique grace de hâter sa mort, il lui dit : « Je ne
» suis pas assez de tes amis pour t'accorder cette
» faveur, »

Au milieu de ses fureurs, on voyait pourtant que les remords tourmentaient souvent son ame, et exerçaient sur lui cette vengeance secrète, profonde et terrible dont le pouvoir le plus absolu ne peut garantir. Un jour, demandant au sénat la grace d'un accusé : il s'exprima en ces termes : « Les dieux
» et les déesses m'ont mis dans un tel état de trou-
» ble et m'ont tellement affligé, qu'en vous écri-
» vant je ne sais ni pourquoi ni comment je fais. »

La débauche la plus excessive pouvait seule le distraire de ses cruels soucis et de ses terreurs sans cesse renaissantes. Tyran dans ses plaisirs comme dans ses supplices, il outrageait par ses violences la vertu des femmes les plus distinguées, immolait à ses caprices la pudeur des vierges, enlevait à leurs parents les jeunes gens dont on lui vantait la beauté, faisait prendre aux hommes le costume de faunes, aux filles celui de Nymphes, et jouissait du spectacle de leur honte dans des lieux publics de prostitution qu'il avait fait bâtir.

Quelquefois il conçut le projet de revenir à Rome, s'approcha même de la ville, mais n'osa jamais y rentrer. Usé par les vices, cassé par l'âge, il avait perdu le courage et l'habileté qui seuls, dans sa jeunesse, lui avaient tenu lieu de vertus. Les rênes de l'empire semblaient échapper à sa main défaillante et ensanglantée; sa stupeur réveilla les ennemis de Rome: les Daces s'emparèrent de la Mœsie, les Germains dévastèrent la Gaule; Artaban, roi des Parthes, méprisant sa faiblesse, lui enleva l'Arménie, lui reprocha ses crimes, sa lâche oisiveté, et lui conseilla d'expier la honte de son règne par une mort volontaire.

Tibère, tourmenté par la haine générale qu'il inspirait, détestait le genre humain : on l'entendit souhaiter « que l'univers finît avec lui. » Il avait eu le dessein de prendre pour successeur Claudius; mais il le trouva trop imbécile, et choisit pour héritier du trône Caïus Caligula; dont les vices avaient obtenu sa faveur. « J'ai, disait-il avec une affreuse
» joie, élevé en ce jeune prince un serpent qui sera
» le fléau de Rome, un Phaéton qui embrasera le

» monde. » Caligula s'était un jour permis en sa présence des plaisanteries sur l'abdication de Sylla; Tibère lui dit : « Tu auras tous les défauts de cet » homme célèbre, et pas une de ses vertus. »

La santé de l'empereur déclinait chaque jour; inaccessible aux conseils de la médecine comme à ceux de la raison, il ne voulut jamais emprunter les secours de l'art pour seconder les efforts de la nature. Sa maxime était « qu'un homme qui ne sait » pas à trente ans être son propre médcin, n'est qu'un » imbécile. » Ses forces l'abandonnaient rapidement: un jour il perd connaissance; on le croit mort, la joie publique éclate; il revient à lui, l'effroi s'empare de tout le monde. Caligula, et Macron, préfet du palais, redoutant son retour à la vie et à la vengeance, l'étouffent sous ses oreillers. Il mourut l'an 37, à soixante-dix-huit ans; il en avait régné vingt-deux. Le peuple furieux voulait le jeter dans le Tibre; les plus modérés demandaient qu'on l'enterrât dans le lieu destiné à la sépulture des brigands. Ce prince devait le jour à une famille illustre, dont seul il ternit la gloire. Il descendait d'Atta Claudius, originaire de Régille, dans le pays des Sabins : sa maison fut honorée de vingt-huit consulats, cinq dictatures, sept censures, sept triomphes et deux ovations; son nom, autrefois si respecté dans Rome, est devenu une injure même pour les tyrans.

CHAPITRE IV.

CAIUS CALIGULA.

(An de Rome 789. — De Jésus-Christ 57.)

Élévation de Caïus Caligula à l'empire. — Sa tyrannie. — Ses amours criminelles. — Ses extravagances, entre autres un pont volant sur la mer. — Ses proscriptions. — Son départ pour la Gaule. — Ses lâches triomphes. — Son retour à Rome. — Sa mort. — Mort de Cézonie.

Tous les princes de la famille de Tibère étaient morts; la plupart avaient péri victimes des soupçons de ce vieillard cruel, de la cupidité des délateurs, et de l'ambition de Séjan. Caligula, âgé de vingt ans lorsque l'empereur l'appela près de lui, sut échapper par sa dissimulation aux périls qui le menaçaient dans cette cour orageuse. Cachant avec soin les ressentiments que lui inspiraient les malheurs de sa famille, il montra dans sa jeunesse les vices d'un vieux courtisan; parut docile, soumis, dévoué, flatta les passions du prince, les caprices des favoris; et l'on dit de lui avec raison, « qu'on

» n'avait jamais vu de meilleur esclave et de plus
» mauvais maître. » Il trouvait dans la cour de Tibère des plaisirs conformes à ses penchants, assistait avec empressement au supplice des condamnés, et se déguisait la nuit pour parcourir les lieux de prostitution.

Le jeune Tibère, fils de Drusus et petit-fils de l'empereur, semblait devoir lui fermer le chemin du trône, Caligula, pour s'en approcher, séduisit la femme de Macron, préfet du palais, et lui promit de partager son pouvoir avec elle s'il régnait.

L'empereur, dans son testament, le nomma seulement cohéritier de son petit-fils. Lorsque ce prince était mourant, Caligula voulut lui arracher son anneau : le vieillard expirant ouvrit les yeux et se défendit; mais Caligula et Macron se jetèrent sur lui et l'étouffèrent. Ces crimes, ensevelis dans l'enceinte presque impénétrable de la cour de Caprée, ne furent connus que dans la suite.

Le nom sacré de Germanicus protégeait son fils; le peuple espérait voir revivre en lui les vertus de ce grand homme, et les soldats le chérissaient comme leur nourrisson. Les vœux unanimes du sénat, des patriciens, des chevaliers, des plébéiens et des légions le portèrent au trône.

La mort de Tibère et l'avénement de Caïus à l'empire excitèrent une joie universelle : toutes les villes rendirent aux dieux de solennelles actions de grace; on leur sacrifia cent soixante mille victimes, présage funeste de celles que la tyrannie devait bientôt immoler.

Tous les citoyens de Rome vinrent en foule au devant de Caïus Caligula; il parut au sénat, prononça l'éloge de Tibère, et accrut, par une feinte modestie, l'empressement qu'on lui montrait déjà pour l'élever au pouvoir suprême. Soit qu'un faible souvenir des leçons de Germanicus et d'Agrippine émût son ame dans les premiers instants, soit que son caractère féroce fût quelque temps amolli par l'amour qu'un grand peuple lui exprimait si vivement, soit enfin qu'il eût résolu de mettre d'abord en pratique cet art profond de la dissimulation qu'il avait étudié à Caprée, il ne montra dans les premiers moments de son règne que des vertus.

Après avoir célébré les obsèques de Tibère, le nouvel empereur se rendit à l'île de Pandataire, y recueillit les cendres de ses frères et de ses sœurs, et revint les déposer à Rome dans un magnifique tombeau. Les délateurs s'étaient empressés de lui dénoncer tous ceux qui s'étaient autrefois montrés ennemis de sa famille : il fit brûler toutes leurs dépositions sans les lire. On lui transmit les détails d'une conjuration tramée contre lui; il refusa d'y croire, disant qu'il n'avait rien fait qui pût mériter la haine.

Le testament de Tibère était cassé par le sénat,

et Caïus cependant en exécuta religieusement toutes les dispositions. Par son ordre, les exilés revinrent dans leur patrie et recouvrèrent leurs biens. Il rendit aux princes étrangers les états que leur avait enlevés Tibère. Antiochus, roi de Comagène, avec la restitution de son royaume, reçut quatorze millions d'indemnité. Caligula fit donner quatre-vingt mille sesterces à une affranchie; cette femme courageuse avait supporté les tourments de la question, sans vouloir révéler le secret de son maître.

Joignant la sévérité à la douceur, l'empereur punit les gouverneurs concussionnaires ou corrompus, exila dans les Gaules Ponce-Pilate, fit une réforme salutaire dans l'ordre des chevaliers, chassa de Rome les femmes les plus déréglées, et rendit leur ancienne force aux lois d'Auguste, tombées en désuétude : en même temps il promit au peuple de lui laisser élire ses magistrats; enfin, loin de paraître jaloux du jeune Tibère, son cohéritier il le nomma prince de la jeunesse. Ainsi le commencement du règne de ce tyran farouche n'annonça que celui d'un monarque sage, doux et vertueux; et les honneurs qu'on lui décernait alors lui furent accordés, non par l'adulation, mais par la reconnaissance.

Le sénat ordonna qu'une fois par an le collége des prêtres, suivi de tous les corps de l'état, porterait au Capitole un bouclier d'or; où serait gravée l'image de Caïus; et on donna au jour de son avénement le nom de *Pubitia*, pour faire entendre que cette époque était celle du rajeunissement de Rome.

Toutes ces espérances ne tardèrent pas à s'évanouir. Caligula ne put se contraindre long-temps à feindre des vertus étrangères à son ame. Au bout de huit mois son voile tomba; le tyran parut, et le reste de son règne ne fut plus qu'un tissu d'injustices, d'atrocités et de démence qu'il est aussi honteux qu'affligeant de rapporter, et qui forcent l'histoire à prendre le langage et les traits de la satire.

L'orgueil, le premier vice que manifesta Caïus, fut la source de tous les autres. Il s'arrogea le titre de *seigneur* que tous les Césars avaient refusé. Lorsque les souverains étrangers voulaient le prendre pour arbitre de leurs différends, il répondait par ce vers d'Homère : « Un roi suffit à l'uni- » vers. »

Peu content de prendre le nom de *maître des rois*, il osa s'attribuer ceux d'*Optimus* et de *Maximus*, qui n'appartenaient qu'à Jupiter. Prétendant qu'on ne pouvait pas plus l'assimiler au reste des hommes qu'un berger aux animaux qui lui étaient soumis, il s'asseyait dans les temples entre les images de Castor et de Pollux, se faisait adorer sous le nom de *Jupiter Latialis*, et prenait alternativement le costume de ce dieu, de Bacchus, d'Apollon, ou même celui de Diane et de Vénus. On lui éleva, dans la capitale, un temple : sur l'autel brillait sa statue en or; elle était chaque jour revêtue de l'habit que l'empereur portait. Ce qui paraît encore plus incroyable que cette démence, c'est qu'une telle idole trouva des ministres et des adorateurs : à la honte de l'humanité, on vit les plus illustres Romains briguer avec plus d'ardeur le sacerdoce de ce temple que le consulat, et sacrifier à cette bizarre divinité les paons, les faisans et les oiseaux les plus rares d'Asie. Caligula, joignant la folie au sacrilége, associa sa femme et son cheval au collége des prêtres. Ce cheval, nommé Incitatus, et qu'il estimait plus que les hommes, fut, dit-on, un jour désigné pour le consulat.

Bravant les dieux comme les mortels, il fit fabriquer une machine au moyen de laquelle il imitait le bruit du tonnerre, et lançait des pierres contre le ciel en s'écriant : « Jupiter, extermine-moi, ou je t'exterminerai. »

Il voulait qu'on le crût l'amant de Diane; et prétendait avoir des entretiens secrets avec cette déesse. Cet insensé, honteux de descendre d'Agrippa, plébéien qui ne devait sa gloire qu'à son mérite, publia que sa mère Agrippine était née de l'inceste d'Auguste avec Julie, préférant ainsi une origine criminelle à une naissance plébéienne.

Jaloux de toute renommée, il enleva aux plus nobles familles les symboles de la gloire de leurs ancêtres ; le collier aux Torquatus, le flocon de cheveux aux Cincinnatus, le titre de *grand* aux descendants de Pompée, et fit même périr un des derniers rejetons de cette famille. Enfin, sans respect pour la mémoire du fondateur de l'empire, il défendit qu'on célébrât la victoire d'Actium, trop funeste, disait-il, à la république.

La gloire littéraire n'était pas plus sacrée pour lui ; méprisant Homère, Virgile et Tite-Live, il voulait qu'on les regardât comme des rêveurs sans raison et des parleurs sans esprit.

Se croyant au-dessus de toutes les lois comme au-dessus de tous les hommes, il forçait les dames romaines à sacrifier leur pudeur à ses caprices. Ses propres sœurs furent les premières victimes de son impudicité. Après les avoir déshonorées, il prostitua Livie et Agrippine à ses compagnons de débauche, et il épousa la troisième, nommée Drusille, qu'il aimait passionnément. Il l'instiua héritière de l'empire, et il osa la placer au rang des dieux. Lorsque la mort de Drusille mit fin à cet amour incestueux, sa fureur barbare et capricieuse fit périr également ceux qui portèrent le deuil d'une immortelle et ceux qui ne prirent pas celui d'une impératrice.

Invité aux noces de Pison, et frappé des charmes de Livia Orestilla, au milieu du festin, il défendit au mari de parler à sa femme, lui déclarant qu'elle devenait dès cet instant l'épouse de César. Il enleva de même Lollia Paulina à Caïus Memmius, qui commandait une de ses armées. Cézonie lui succéda : cette femme, quoiqu'elle ne fût plus jeune, avait probablement des vices qui parurent des charmes à Caligula. Elle prit et conserva un empire absolu sur son cœur. Il la montrait aux troupes sous le costume de Minerve, et chargea, dit-on, cette divinité d'élever la fille qu'il en eut, et qu'on nommait Julie. Il prétendait n'avoir aucun doute sur la naissance de cette fille, parce qu'elle lui ressemblait, montrait dès le berceau son penchant à la cruauté, et déchirait les yeux des enfants qui jouaient avec elle.

Il croyait prouver la grandeur de son pouvoir par l'excès de ses dépenses : ses prodigalités n'avaient ni motifs ni bornes; il servait à ses convives de l'or et des perles, jetait au peuple, du haut d'une tour, des monceaux d'argent, construisait des vaisseaux de cèdre, dont les voiles et les cordages étaient de soie, la poupe dorée et enrichie de pierreries. Par ses ordres, on bâtit des tours dans la mer, on aplanit des montagnes, on éleva des coteaux dans les vallées. Ayant rassemblé une immense quantité de vaisseaux, il les attacha l'un à l'autre par des madriers, et en construisit sur la mer un pont qui allait de Baies à Putéole. On couvrit ce pont de terre, on y planta des arbres, on y éleva des maisons, et l'empereur, vêtu d'une robe d'or brodée de perles, la hache dans une main, le bouclier dans l'autre et la couronne sur la tête, traversa le pont en triomphateur, suivi de tous les grands de l'empire. Le lendemain, ayant invité le peuple à venir admirer cette merveille, il fit jeter impitoyablement dans la mer tous ceux qui étaient montés sur le pont. On prétend qu'il ne fit cette extravagante entreprise que pour se moquer de l'astrologue Thrasille, qui avait dit, pendant le règne de Tibère, « qu'il serait aussi difficile à Caïus de parvenir à l'empire que de courir à cheval dans la baie de Putéole. »

Caligula dissipa en peu de temps par ses folles dépenses cent trente millions que lui avait laissés Tibère. Le besoin d'argent est un des plus grands aiguillons de la tyrannie : pour remplir le vide du trésor, les mauvais princes remplissent les prisons de prétendus coupables ; quand les impôts ne peuvent suffire, les confiscations les remplacent, et l'opulence devient un crime d'état. Caligula employa d'abord, pour satisfaire sa cupidité, toutes les ressources de la fiscalité ; il écrasa le peuple de tributs, vendit la justice, força les commerçants à lui céder la plus grande part de leurs bénéfices, et partagea même ceux des artisans et des portefaix. Après avoir forcé tous les citoyens à lui donner des étrennes qu'il recevait lui-même, il établit dans son propre palais des jeux et des lieux de débauche, dont il percevait le profit. Bientôt les délations, les accusations et les condamnations arbitraires menacèrent la vie et la fortune de tous les Romains.

Quelques-uns crurent se mettre à l'abri du péril en instituant Caïus leur héritier; le tyran les fit empoisonner pour jouir plus promptement de la succession. Un jour, après le festin, quittant le jeu, il fit arrêter dans la cour de son palais deux riches patriciens, donna l'ordre de les tuer, et, retrouvant ses convives, il leur dit : « Votre jeu est trop petit » pour moi; je viens de jouer ailleurs, et de gagner » en un instant six cent mille sesterces. »

Dès qu'il eut commencé à verser du sang, il en devint insatiable; ses arrêts semblaient plus atroces encore par la frivolité des prétextes dont il les couvrait. Il fit mourir le jeune Tibère, parce qu'il le trouvait trop efféminé et trop parfumé. Ptolémée, son parent, reçut la mort, parce qu'il descendait de Marc-Antoine. Silanus périt pour avoir refusé de l'accompagner sur mer, étant malade; il ordonna le supplice de Macron, parce qu'il lui avait trop d'obligations, et ne pouvait supporter le fardeau de la reconnaissance.

Claude, son oncle, trouva seul grace à ses yeux;

son imbécillité l'amusait. Voyant un matin les premières places prises au Cirque, il fit chasser à coups de bâton ceux qui les occupaient; vingt chevaliers et plusieurs dames distinguées périrent dans ce tumulte. Les accusés qui remplissaient les prisons servirent, par son ordre, de nourriture aux bêtes sauvages. Un chevalier romain, condamné à combattre contre ces animaux, s'écria qu'il était innocent : l'empereur l'appela près de lui, lui fit couper la langue, et le renvoya sur l'arène. Il portait son mépris pour les hommes, au point de forcer les sénateurs à courir en toge devant son char. Un jour, dînant entre les deux consuls, il se mit à rire immodérément; et, comme ils lui en demandaient la raison, il répondit : « Je pensais que » d'un signe je peux vous faire couper la tête, si » je le veux. »

Son aïeule Antonia l'avertit qu'il excitait contre lui la haine générale; il lui imposa silence, en lui disant : « Souvenez-vous qu'aucune personne et » aucune loi ne sont au-dessus de ma volonté. » Il persécuta tellement cette princesse infortunée, qu'elle fut obligée de se donner la mort. Féroce jusque dans ses amours, il dit à Cézonie qu'il avait été souvent tenté de lui faire subir la question pour savoir par quel artifice elle le captivait. On prétend qu'un philtre que cette femme croyait propre à augmenter l'amour de Caligula, avait altéré sa raison; enfin, pour mettre le comble à son délire, dans un accès de colère contre les Romains, il souhaita « que le peuple n'eût qu'une » seule tête, pour pouvoir la trancher d'un seul » coup. » Les Romains durent sentir alors qu'une nation qui cède le pouvoir absolu à un homme, lui donne le droit de tout oser, et s'impose la nécessité de tout souffrir.

On conçoit difficilement par quelle illusion Rome ainsi dégradée pouvait inspirer encore assez de respect aux nations étrangères pour les empêcher de prendre les armes, et de secouer un joug autrefois pesant, désormais honteux; mais la corruption des mœurs n'avait pas détruit encore la discipline; les Romains, privés de toutes leurs autres vertus, gardaient pourtant leur courage; citoyens méprisés, mais soldats redoutables, on craignait toujours leurs armes. La tranquillité régnait dans tout l'empire; cependant on crut qu'elle allait être troublée, lorsque, au sein de la plus profonde paix, l'empereur déclara tout à coup qu'il partait pour combattre les Germains et les Bretons.

Il rassemble à la hâte ses légions, lève de nouvelles troupes, et marche si précipitamment que les cohortes prétoriennes ont peine à le suivre. Arrivé aux extrémités de la Gaule, il borne ses exploits à recevoir avec éclat, dans son camp,

Adminius, fils du roi des Bretons, qui fuyait le courroux de son père, et informe le sénat de cet événement comme d'une conquête. Se portant ensuite sur le Rhin, il ordonne à une troupe de Germains de sa garde de passer le fleuve, de se cacher dans un bois voisin, et de crier aux armes, comme s'ils voyaient l'ennemi. Ils obéissent; l'empereur, averti par leurs cris, s'avance avec quelques escadrons, s'enfonce dans le bois, y reste assez de temps pour faire croire qu'il s'y est battu, et rentre en vainqueur dans son camp, à la tête de ses soldats qui portaient des couronnes de chêne.

Quelques jours après, ayant fait évader secrètement des otages, il courut à leur poursuite, les ramena enchaînés, et écrivit au sénat pour lui reprocher de languir dans l'oisiveté, tandis que le chef de l'empire s'exposait chaque jour à de si grands périls. Revenu sur les côtes des Bataves, il rangea ses troupes en bataille au bord de la mer, fit sonner la charge, et commanda aux soldats de remplir leurs casques de coquillages qu'il appela *les dépouilles de l'Océan conquis.* On éleva dans ce lieu une tour pour servir de monument à ses triomphes.

Avant de quitter l'armée, un nouveau délire s'empara de son esprit : il voulut faire massacrer les légions qui s'étaient autrefois révoltées contre

Germanicus, son père; et l'on obtint, avec beaucoup de peine, qu'il se contentât de les décimer. Les victimes désignées parurent devant lui : il les fit envelopper par la cavalerie, et les harangua; mais comme il s'aperçut que plusieurs de ces malheureux s'échappaient et couraient aux armes, la terreur le saisit, et il s'enfuit honteusement. Reprenant la route d'Italie, il écrivit des lettres menaçantes au sénat. Ce corps, autrefois la terreur des rois, et tremblant alors aux pieds d'un insensé, lui envoya des ambassadeurs pour le conjurer de remplir les vœux du peuple, et de venir promptement à Rome. Il répondit, en portant la main sur son glaive : « J'irai, et celui-ci m'accompagnera. » Bientôt il annonça par un édit que le désir de revoir les chevaliers et le peuple était le motif de son retour, mais qu'il ne se conduirait à l'égard du sénat ni en prince ni en citoyen. Les sénateurs eurent défense de venir au-devant de lui; et comme il ne voulait pas avoir recours, suivant la forme, à leurs suffrages, il renonça au triomphe, et se contenta de l'ovation.

Le retour de ce furieux menaçait le sénat d'une destruction totale; ce corps, par une bassesse aussi atroce que lâche, apaisa momentanément le courroux du tyran : son ministre Protogène parut dans l'assemblée pour lui porter les ordres de son maître; tous les sénateurs le saluèrent avec la soumission dont une longue tyrannie avait fait contracter l'habitude. Scribonius Proculus surpassant les autres en adulation, Protogène lui dit insolemment : « Pourquoi affectez-vous de me témoigner plus » de respect que vos collègues, vous qui êtes un » ennemi de l'empereur? » A ce mot, tous les membres du sénat, quittant leurs places, se jettent sur Scribonius, et le mettent en pièces. De tels hommes méritaient un maître comme Caligula.

Ce monstre devenait de jour en jour plus féroce; irrité par la haine qu'il inspirait, il détestait Rome, et voulait transférer le siége de l'empire, d'abord à Antium, et ensuite à Alexandrie. Mais avant il comptait faire périr tous ceux dont les noms seuls rappelaient la gloire et la liberté romaine. Après sa mort on en eut la preuve, et on trouva dans son palais deux écrits de sa main, dont l'un s'appelait l'*épée* et l'autre le *poignard*; contenant les noms de ceux qu'il destinait au supplice.

Tout le monde conspirait en secret sa perte; mais la crainte qu'inspiraient ses soldats, et surtout sa garde germaine, arrêtaient les bras prêts à le frapper. Enfin Cassius Chéréa, tribun d'une cohorte prétorienne, résolut, avec quelques amis courageux, de braver tous les périls et de purger la terre de ce monstre.

Caligula revenait tous les jours du bain, dans

son palais, par une galerie souterraine; les conjurés l'y attendirent; Chéréa s'approcha de lui, sous prétexte de lui demander le mot d'ordre, et lui donna un coup d'épée dans la gorge; tous ses complices l'imitèrent; Caligula reçut avant d'expirer trente blessures; en tombant il s'écriait: « Scé-» lérats, je suis encore en vie! » Il mourut l'année 793 de Rome et 41 de Jésus-Christ, âgé de vingt-neuf ans, et à la fin de la quatrième année de son règne.

La vengeance la plus légitime porte malheureusement presque toujours le caractère de la passion, et ne se renferme ni dans les bornes de la nécessité ni dans celles de la justice. Un centurion massacra l'impératrice Cézonie qu'on jugeait capable de tous les crimes parce qu'elle était chère à Caligula, et on brisa contre les murs du palais la tête de sa fille unique. Le sénat, qui aurait voulu pouvoir effacer de la mémoire des hommes le règne de Caïus et sa propre honte, fit fondre toutes les monnaies marquées à l'effigie de Caligula.

On croirait profaner la majesté de l'histoire, en traçant le tableau dégoûtant de l'extravagant délire d'un tyran tel que Caligula, si l'on ne sentait pas combien il est utile de rappeler aux hommes jusqu'à quel point le premier peuple du monde parvint à s'avilir, en renonçant à ses droits et en abdiquant sa liberté.

Ce fut pendant le règne de ce monstre que les apôtres et les disciples de Jésus répandirent sa parole dans le monde. Saint Mathieu écrivit le premier évangile ; ceux qui embrassèrent ce nouveau culte prirent le nom de *chrétiens*. Nulle époque n'était plus favorable que celle de la tyrannie de Tibère et de Caligula pour faire sentir la nécessité d'une religion morale et consolatrice : c'est lorsque l'homme gémit sur la terre, qu'il tourne ses regards vers le ciel.

CHAPITRE V.

CLAUDE.

(An de Rome 795. — De Jésus-Christ 41.)

État de l'empire après la mort de Caligula. — Élévation de Claude à l'empire. — Son portrait. — Son gouvernement. — Rejet de la loi Cintia. — Maladie de Claude. — Dénombrement et travaux publics. — Descente en Bretagne. — Triomphe de Claude à Rome. — Son fils est surnommé *Britannicus*. — Premiers exploits de Vespasien et de son fils Titus. — Crimes de Claude et de Messaline. — Mort de Valérius Asiaticus. — Mort de Poppée, femme de Scipion. — Conspirations déjouées. — Désordres de Messaline. — Retour de Claude à Rome. — Mort de Messaline. — Union de Claude et d'Agrippine. — Adoption de Néron par Claude. — Guerre en Bretagne. — Guerre en Germanie. — Dissensions dans l'Orient. — Actes de perfidie et de férocité de Rhadamiste. — Crimes d'Agrippine. — Mort de dix-neuf mille prisonniers dans une naumachie. — Mort de Claude.

Les conjurés n'avaient eu qu'un seul but, celui de délivrer Rome d'un tyran sanguinaire. Lorsque la nouvelle de sa mort se répandit, on craignit, dans les premiers instants, que ce ne fût un faux bruit, et la peur fermait encore les cœurs à la joie :

mais, dès que les consuls furent certains que Caïus n'existait plus, ils convoquèrent le sénat ; la honte du joug ralluma quelques étincelles de l'antique amour pour la liberté; le consul Saturnius retraça vivement les malheurs dont Rome s'était vue la victime, depuis qu'elle avait reconnu des maîtres. Au tableau de la gloire et de la grandeur de la république, il opposa celui des affronts et des supplices qui venaient d'avilir, d'ensanglanter Rome sous le sceptre de Tibère et de Caïus. Comparant l'intrépide Chéréa à Brutus et à Cassius, il le déclara plus digne d'éloges que ces deux illustres Romains. Les uns n'avaient peut-être frappé un grand homme que par esprit de faction et de rivalité; l'autre, animé par de plus nobles sentiments, au péril de sa vie, délivrait la terre d'un monstre.

« Ne nous montrons pas indignes de lui, ajou-
» ta-t-il; imitons son généreux exemple; Chéréa
» brise nos chaînes, ressaisissons nos droits; il a
» détruit le tyran, détruisons la tyrannie. »

De telles paroles, qui depuis si long-temps n'avaient pas retenti dans l'enceinte du sénat, enflammaient tous les esprits ; le consul proposa l'abolition des titres d'empereur et de césar; le sénat adopta unanimement son avis. Il décréta le rétablissement du gouvernement républicain; et, soutenu par l'assentiment de quelques cohortes prétoriennes, il s'empara du Capitole.

Un esprit tout contraire animait les plébéiens : le peuple, trop loin du sceptre pour en craindre les coups, préférait la puissance d'un monarque à l'orgueil des grands; il jouissait, sous les empereurs, d'une licence conforme à ses mœurs; il trouvait son repos dans son obscurité; la politique des Césars le satisfaisait par des distributions fréquentes d'argent et de blé; la magnificence d'une cour lui prodiguait les fêtes et les combats de gladiateurs; enfin les supplices, qui n'épouvantaient que les patriciens, étaient encore des spectacles pour cette multitude envieuse et cruelle.

Le souvenir de la république ne lui rappelait que des guerres perpétuelles, des levées rigoureuses, des lois sévères, et la domination odieuse de la noblesse.

Les prétoriens étaient encore plus éloignés de tout sentiment républicain; ils regrettaient un trône dont ils se trouvaient les gardiens et presque les maîtres.

La garde étrangère voyait son existence inséparable de celle des tyrans, qui la payaient avec prodigalité pour dissiper leurs terreurs et pour exécuter leurs vengeances. La masse presque entière de l'empire préférait le repos, sous un chef, au renouvellement des guerres civiles, et aux tyrannies alternatives de plusieurs grands ambitieux : enfin toutes les passions basses, qui naissent de la faiblesse et de la corruption, précipitaient la majorité de la nation dans la servitude. La liberté n'avait pour elle que de nobles et faibles souvenirs, rappelés vainement par un petit nombre d'hommes courageux.

Cependant leur ardeur, la justice de leur cause et l'autorité du sénat auraient pu, dans une circonstance si favorable, lutter encore quelque temps pour la liberté; mais le hasard, qui souvent a plus d'influence que les combinaisons des hommes sur la destinée des états, décida en peu d'instants du sort de l'empire.

Quelques soldats, qui parcouraient le palais, aperçurent derrière une tapisserie Claude, frère de Germanicus et oncle de Caligula: ce faible prince, transi de frayeur, se cachait timidement pour éviter le sort de sa famille immolée; ils le saisissent, le portent tout tremblant sur leurs épaules, le montrent à leurs compagnons, le proclament empereur; et ce prince, qui leur demandait la vie, reçoit le sceptre de ces mêmes mains dont il attendait la mort.

Le sénat, informé de cet événement, chargea un tribun du peuple d'ordonner à Claude d'attendre le résultat de ses délibérations. Le prince répondit qu'il n'était plus le maître de ses volontés, et que son ami Hérode-Agrippa, tétrarque de Judée, qui se trouvait alors à Rome, lui conseillait de ne pas se rendre aux ordres du sénat. Le peuple agité se déclarait en faveur de Claude ; les soldats menaçaient; le sénat se divisa. Dès qu'on délibère entre la liberté et la servitude, on mérite d'être esclave. Le sénat céda et proclama Claude empereur.

Claude, pour s'assurer l'appui de l'armée, promit quinze mille sesterces à chaque légionnaire : achetant ainsi le trône qu'on lui donnait, il fonda le gouvernement militaire, gouvernement qui réunit en lui seul tous les vices du despotisme et tous les dangers de l'anarchie.

Lorsque Claude fut élevé à l'empire, il était âgé de cinquante ans [1] ; il avait vécu dans l'obscurité sur les marches du trône ; il n'était pas dépourvu d'esprit, mais de caractère ; il ne manquait pas de lumières, mais d'action ; sa faiblesse approchait souvent de l'imbécilité. Cependant, livré dans sa jeunesse à l'étude des lettres, il écrivit, par le conseil de Tite-Live, une histoire de Carthage. Auguste avait augmenté l'alphabet de la lettre x ; Claude y ajouta trois lettres qui ne furent en usage que sous son règne.

On citait de lui plusieurs pensées ingénieuses, plusieurs mots remarquables ; il voulait le bien et fit le mal ; il avait l'esprit juste, mais ses infirmités corporelles et ses excès dans tous les genres de

---

[1] An de Jésus-Christ 41.

débauches l'abrutirent. Sa figure était belle; mais ses genoux étaient tremblants et sa démarche incertaine. Sa vie privée fut honteuse; ses femmes et ses favoris immolèrent un grand nombre de victimes à leur cupidité ou à leurs jalousies. Néanmoins, comme ses ministres ne manquaient pas d'habileté, l'empire ne perdit sous son règne ni sa force ni sa grandeur; il étendit même ses limites.

Dans les premiers moments de son administration, s'efforçant de vaincre sa faiblesse, il fit des actes sages et dignes d'éloges. Les édits cruels de Caïus furent abrogés, les portes des prisons ouvertes; les bannis rentrèrent dans leurs foyers, et les ministres du prince obtinrent même difficilement de lui, pour sa propre sûreté, la condamnation de Chéréa et de ses complices.

La fin de Chéréa fut digne de sa vie; il ne montra ni faiblesse ni repentir, soutint qu'il avait défendu l'humanité, la justice, la patrie, la liberté, et demanda, pour toute grace, l'honneur de mourir percé du même glaive qui avait frappé le tyran.

Claude ne voulut accepter aucun des titres fastueux donnés à ses prédécesseurs; il défendit qu'on lui rendît aucun des honneurs réservés aux dieux, ne prit aucune décision sans l'avis des consuls, et montra en toute occasion une grande déférence pour le sénat. Loin d'accueillir les délateurs, il les fit poursuivre, et condamna ceux qui étaient convaincus de calomnie à combattre contre les bêtes féroces, leurs semblables. Il assistait régulièrement aux audiences des juges; les arrêts qu'il rendait lui-même étaient dictés par l'équité. Une mère désavouait son fils; il la condamna à l'épouser, et l'obligea ainsi à le reconnaître.

Dans ce temps une grande cause occupa les esprits. Le consul Silius provoqua le renouvellement de la loi Cintia, qui défendait aux avocats de recevoir de l'argent. Il rappelait à l'appui de son opinion les antiques mœurs et les exemples glorieux de tous ces grands hommes, ornements de la république, qui donnaient et ne recevaient pas, qui consacraient leur éloquence à la défense des innocents, et qui, ambitionnant avec autant d'ardeur la gloire de la tribune que celle des armes, et l'honneur de protéger le pauvre opprimé que celui de triompher d'un ennemi redoutable, ne voulaient d'autre salaire que la reconnaissance publique.

Les avocats, s'opposant à son avis, représentèrent, à l'appui de l'usage, la pauvreté actuelle de la plupart des sénateurs, les dépenses que coûtaient de longues études, la nécessité de s'indemniser de tant de frais, et ils ne rougirent pas de citer en leur faveur les exemples honteusement fameux de Clodius et de Curion.

Quand la cupidité lutte contre la vertu, son succès est rarement douteux : les avocats gagnèrent leur procès; mais l'empereur, mettant un frein à leur avidité, réduisit et fixa leur salaire à cent cinquante livres par cause.

La douceur et la modestie de ce prince, pendant les premiers temps, le faisaient chérir. Étant arrivé à Ostie, il tomba malade : on fit courir le bruit de sa mort, et le peuple, le croyant assassiné, se souleva, menaça les sénateurs, et ne s'apaisa qu'en apprenant que l'empereur existait. Une disette, survenue quelque temps après, donna une nouvelle preuve de l'inconstance de la multitude : elle passa de l'amour à la haine, et insulta publiquement l'empereur, qui, depuis ce moment, eut soin d'équiper toujours un grand nombre de vaisseaux chargés de l'approvisionnement de Rome.

Le dénombrement ordonné par Claude produisit six millions huit cent quarante mille citoyens. Les hommes habiles qu'il employait signalèrent leur administration par de magnifiques ouvrages; on construisit un aqueduc qui portait une eau salubre jusqu'à la plus haute des sept montagnes; on finit le port d'Ostie; enfin les canaux ouverts pour dessécher le lac Fucin grossirent les ondes du Tibre et le rendirent plus navigable.

Claude, voulant prouver sa reconnaissance au tétrarque Hérode-Agrippa, joignit Samarie à ses états. Ce prince usa mal de ses bienfaits : ce fut lui qui commença la persécution des chrétiens, et qui fit emprisonner saint Pierre, le premier des apôtres.

Les armes romaines rétablirent Mithridate dans le royaume d'Ibérie, un autre prince du même nom dans la Cilicie, et Antiochus dans la Comagène. En ce temps la Bretagne, aujourd'hui l'Angleterre, était divisée en plusieurs principautés : un des princes qui régnaient dans ce pays espérait s'agrandir avec l'appui de Rome; il se soumit à Claude, et l'invita à faire passer des légions dans cette île, pour y établir sa domination. Plautius, chargé par l'empereur d'exécuter cette entreprise, éprouva beaucoup de résistance de la part de ses propres soldats. Ils avaient oublié les exploits de César, et se plaignaient qu'on voulût les conduire au-delà des bornes du monde; enfin ils obéirent. Plautius défit plusieurs fois les fils du roi Cynobélinus; et Claude, voulant recueillir personnellement la gloire de ces succès, partit de Rome, traversa la Gaule, et descendit en Bretagne.

L'histoire ne donne aucun détail de ses actions; on sait seulement qu'il soumit une grande partie du pays, et que les légions lui donnèrent le titre d'*imperator*. Pompée et Silanus, ses gendres, le précédèrent en Italie; il rentra dans Rome en triomphe; Messaline, sa femme, le suivait sur un char. Le sénat donna à son fils le surnom de *Britannicus*. Ce fut dans cette guerre que Vespasien, lieutenant de Plautius, fonda sa brillante renommée qui, plus tard, lui valut l'empire. Il se couvrit de gloire dans quarante combats, prit vingt villes, et s'empara de l'île de Wight. Titus son fils se distingua par sa valeur et par sa modestie. Le sénat accorda l'ovation à Plautius, et les ornements triomphaux ainsi que le consulat à Vespasien.

Claude ne put lutter plus long-temps contre la nature : ses efforts pour vaincre son caractère avaient épuisé ses forces; il retomba dans son indolence, et livra l'empire, comme sa personne, aux caprices de l'impudique Messaline et à la cupidité de ses affranchis, Pallas et Narcisse, qui régnèrent sous son nom, et changèrent un prince naturellement juste et doux en tyran avare et sanguinaire.

Les gendres de l'empereur, Pompée et Silanus, furent leurs premières victimes; ils immolèrent à la jalousie de Messaline deux princesses, filles de Drusus et de Germanicus. Un sénateur généralement estimé, Valérius Asiaticus, possédait les jardins magnifiques de Lucullus; Messaline lui enviait cette propriété : elle le fait arrêter, l'accuse de conspiration, et lui reproche d'avoir commis un adultère avec Poppée, femme de Scipion. Valérius se défend avec courage, rappelle ses exploits, ses services, et prouve son innocence[1]. Claude, touché de sa justification, se montrait prêt à l'absou-

---

[1] An de Jésus-Christ 48.

dre, lorsque Vitellius, se prétendant ami de l'accusé, mais lâchement dévoué à l'impératrice, prend la parole, et, feignant le plus tendre intérêt pour un ancien compagnon d'armes, convient, en pleurant, d'un crime qui n'existait pas, implore hypocritement la clémence de l'empereur, et demande pour grace qu'on laisse à Valérius le choix du genre de sa mort.

Valérius indigné se tut : las des tyrans et de la vie, il rentra dans ses foyers, se fit ouvrir les veines, et ordonna froidement qu'on plaçât son bûcher assez loin pour que la flamme ne pût pas endommager les arbres de son jardin.

Poppée, recevant son arrêt, se donna la mort. L'empereur, livré aux débauches, ignorait tellement les condamnations cruelles prononcées en son nom, que, peu de jours après, voyant à sa table Scipion, il lui demanda pourquoi il n'avait pas amené avec lui sa femme Poppée : « Le sort en a » disposé, » répondit celui-ci.

Les biens que les confiscations enlevaient aux condamnés tombaient dans les mains des affranchis : ils acquéraient d'immenses richesses en trouvant des crimes à l'innocence et en vendant l'impunité aux coupables. L'empereur, gouverné par eux, les élevait aux premières dignités de l'état; et, tandis que Rome gémissait de leurs rapines, il vantait leur désintéressement et louait en plein sénat la modération de Narcisse, qu'on savait possesseur de plus de cinquante millions de sesterces. Ces désordres et la faiblesse du monarque excitaient l'indignation publique; le peuple manifestait ouvertement son mépris pour Claude. Un jour, en rendant la justice, il se plaignait de sa pauvreté; on lui répondit qu'il pouvait facilement remplir son trésor avec les seules dépouilles de ses affranchis.

Statius Corvinus et Gallus Asinius, patriciens illustres, ne pouvant supporter la honte de voir Rome opprimée par deux esclaves et par un imbécile, formèrent une conspiration; elle fut découverte et punie par de nombreux supplices. Bientôt une conjuration plus redoutable éclata. Furius Camillus, qui commandait en Dalmatie, prit le nom d'empereur, se fit reconnaître par ses légions, et envoya l'ordre à Claude de lui céder l'empire.

Ce lâche prince voulait obéir, pourvu qu'on lui permît de vivre : ses favoris le forcèrent à régner. Les légions, inconstantes comme le peuple, ne persistèrent que cinq jours dans leur révolte, et livrèrent le chef qu'elles avaient nommé. Mais, depuis ce moment, rien ne put calmer les terreurs de Claude : on fouillait tous ceux qui l'approchaient; sa garde visitait avec soin toutes les maisons où il devait entrer; et comme il vit un jour dans le temple une épée qu'un soldat avait laissé tomber, il sortit avec précipitation, convoqua le sénat, et se plaignit amèrement des dangers auxquels il se voyait sans cesse exposé.

Dès que le prince se livre à la terreur, il ouvre à la méchanceté les moyens les plus faciles de fortune et de puissance. Sous prétexte de veiller à la sûreté de l'empereur, ses favoris faisaient mourir tous ceux dont ils convoitaient les richesses. Ce règne honteux coûta la vie à trente sénateurs et à trois cents chevaliers. Claude assistait quelquefois à ces supplices comme au spectacle; plus souvent il les ignorait. Un tribun étant venu lui annoncer qu'on venait d'exécuter sa volonté et d'égorger un consulaire, il répondit : « Je n'avais pas donné » l'ordre; mais, puisque c'est fait, je l'approuve. »

Messaline, déjà déshonorée par un grand nombre de faiblesses, et encouragée par l'adulation, porta enfin l'impudicité à tel point qu'on ne pourrait écrire sans honte l'histoire de ses désordres[1]. Elle se rendait publiquement dans les lieux de débauche, dont le libertinage n'approche qu'en secret; elle forçait les dames romaines à se prostituer en présence de leurs époux; elle jouissait de l'opprobre dont elle couvrait l'empereur, et se livrait sans rougir à des histrions, à des affranchis et même à des esclaves.

Claude seul, dans l'empire, ignorait sa honte.

---

[1] An de Jésus-Christ 48.

Catonius Justus, préfet des gardes, voulut dessiller ses yeux; Messaline le fit périr. Enfin cette femme, dont le nom est devenu un opprobre, égarée jusqu'au délire, conçut une passion tellement violente pour Caïus Silius, consul désigné, dont on admirait la rare beauté, qu'elle le força de répudier Julia Silana, sa femme, citée dans Rome comme un modèle de grâces et de vertus.

Messaline, sans frein dans ses passions, sans voile dans ses plaisirs, se montrait partout publiquement avec l'objet de son amour; et, comme le dit Tacite, ce qui paraîtrait une fable si toute la cour et toute la ville n'en avaient pas été témoins, bravant à la fois les lois, la décence, la raison, l'empereur et l'empire, elle épousa Silius, mêla son contrat avec d'autres actes, le fit signer à Claude sans qu'il s'en doutât; et, tandis que ce prince faisait un voyage à Ostie, trouvant l'adultère un crime trop commun, elle célébra solennellement son infâme mariage en présence du sénat, des soldats et du peuple.

Ces noces sacriléges, cet outrage public à la pudeur, ce mépris insolent pour l'empereur et pour Rome, excitaient l'indignation universelle; mais la crainte la forçait au silence. Chacun condamnait Messaline, personne n'osait l'accuser; et comme dans cette cour infâme il n'existait d'hommes libres que des affranchis, et que leur crédit pouvait seul balancer celui de l'impératrice, Caliste, Narcisse et Pallas osèrent seuls se concerter pour informer leur maître de son déshonneur.

Cependant trop d'exemples récents faisaient redouter la mort, que dictait un mot, un soupir, une caresse, un sourire de Messaline. Caliste et Pallas manquèrent de courage pour exécuter leur résolution : Narcisse y persista; mais, n'osant parler lui-même, il fit tout découvrir à l'empereur par deux courtisanes, Calpurnie et Cléopâtre. Lorsque, prosternées à ses pieds, elles lui annoncèrent le mariage de Messaline avec Silius, Claude, irrité, était plus disposé à les punir qu'à les croire.

Cléopâtre, effrayée, demanda qu'on fit venir Narcisse : cet affranchi confirma son rapport. « Il » était trop dangereux, dit-il, de vous ouvrir les » yeux; je ne vous aurais point parlé des faiblesses » de l'impératrice pour Titius, pour Vectius, pour » Plautius, ni même de son adultère avec Silius, » des richesses qu'il vous a enlevées, des esclaves » qu'il vous a pris, de vos trésors qu'il prodigue » pour orner son palais; mais son dernier crime ». est trop éclatant pour le taire. Apprenez enfin » que vous êtes répudié; Silius a osé prendre pour » témoins de ses noces criminelles le peuple, le sé- » nat et l'armée. Si vous balancez à frapper, Rome » sera la dot de ce nouvel époux. »

Claude, moins indigné qu'effrayé, demande alors

en tremblant s'il est encore empereur, et si l'on n'a pas proclamé Silius ; il fait interroger Turannius, préfet de l'annone ; Géta, commandant du prétoire : leurs dépositions ne lui laissant plus de doute, il court au camp pour s'assurer des cohortes prétoriennes, plus occupé de sa sûreté que de sa vengeance. Sa harangue fut courte ; la nature du crime et un reste de pudeur l'empêchaient de s'étendre sur l'énormité du forfait.

Pendant ce temps Messaline, ivre de crimes et de voluptés, célébrait à la campagne la fête des vendanges : Silius, couronné de lierre, se montrait insolemment près d'elle ; une foule de femmes sans pudeur, déguisées en ménades, dansaient autour d'eux. Valens, un des acteurs de la fête, était monté sur un arbre. On lui demanda en riant ce qu'il découvrait ; prophétisant alors sans le savoir, il dit qu'il voyait un orage menaçant se former du côté d'Ostie.

Peu d'instants après on apprend que Claude sait tout, que les prétoriens partagent sa colère, et qu'il revient à Rome pour se venger. Les jeux cessent, la fête finit ; le vice et la honte commencent à connaître la crainte, l'effroi prend l'apparence du remords ; tout fuit, tout se disperse : Messaline, comptant encore sur le prestige de ses charmes et sur la faiblesse de son époux, espère fermer ses yeux à l'évidence, et rouvrir son cœur à la tendresse.

Avant de risquer une entrevue, elle charge ses enfants, Britannicus et Octavie, de se rendre auprès de son époux avec Vibidie, la plus ancienne des vestales, pour implorer sa clémence. Elle-même traverse enfin la ville pour aller audevant de lui. Ses vices, pendant sa faveur, ne l'empêchaient pas d'être entourée de la foule des grands; au moment de sa disgrâce, sa cour se trouva réduite à trois personnes; esclaves et favoris, tous l'avaient abandonnée. Ne trouvant point de char pour la porter, elle monta dans un tombereau d'immondices, et continua sa route.

Narcisse et ses amis l'écartèrent ainsi que ses enfants, et les empêchèrent d'approcher de l'empereur; mais ils n'osèrent arrêter la vestale.

Vibidie conjura Claude de ne point condamner sa femme sans l'entendre; il ne répondit rien : Narcisse dit qu'on l'écouterait un autre jour.

Messaline retourna dans les jardins de Lucullus, qu'elle avait achetés du sang d'Asiaticus; et, connaissant son époux, elle se flattait de régner encore s'il la voyait. En effet, déjà ce lâche prince s'attendrissait; il lui échappa de dire : « Quand cette malheureuse Messaline viendra-t-elle donc me faire entendre sa justification? » Narcisse prévint audacieusement l'entrevue; il prononça lui-même l'arrêt au nom de l'empereur, et chargea un tribun, avec quelques soldats, de l'exécuter.

Ils trouvèrent Messaline, sans courage, étendue sur la terre; Lépida, sa mère, qui s'était éloignée d'elle pendant ses égarements et dans les jours de son pouvoir, était venue l'assister au moment de sa mort. Elle la pressait d'échapper aux bourreaux par un trépas volontaire; un soldat lui offrit son épée : cette femme pusillanime, et qui n'avait de hardiesse que pour le vice, approcha plusieurs fois la pointe du fer de son sein palpitant, sans oser l'effleurer; enfin le soldat, plus par pitié peut-être que par barbarie, poussant sa main timide, enfonça le glaive dans son cœur.

L'imbécile Claude, qui, en la revoyant lui aurait probablement sacrifié l'honneur et l'empire, fut si peu ému de la nouvelle de sa mort, qu'il n'interrompit point son repas. Suétone rapporte même que, quelques jours après, il demanda, par habitude, pourquoi Messaline ne venait pas reprendre sa place près de lui.

La première fois qu'il parut au sénat, il déclara qu'il avait été trop malheureux dans ses liens pour en contracter d'autres; mais ses affranchis en décidèrent autrement. Leur intérêt voulait qu'il se remariât : les uns lui proposèrent une descendante du dictateur Camille, d'autres Lollia, déjà fameuse par l'amour de Caïus : une troisième l'emporta; ce fut Agrippine, sa nièce, fille de Germanicus, veuve de Domitius Énobarbus, et mère du jeune Domitius, qui depuis épouvanta le monde sous le nom de Néron.

Cette princesse ambitieuse employa pour séduire son oncle tous les artifices d'une femme, toutes les caresses d'une courtisane. Suivant les lois romaines, un pareil lien était interdit et réputé incestueux; mais, dès que le pouvoir montra ses désirs, le sénat approuva l'inceste; la flatterie même prétendit que le peuple forcerait l'empereur à cet hymen, s'il hésitait à satisfaire ses vœux. Cependant l'opinion publique désapprouvait tellement ce nœud, que l'empereur et l'impératrice, voulant engager plusieurs personnes à contracter de semblables mariages pour s'appuyer de leurs exemples, deux courtisans seuls obéirent.

Dès qu'Agrippine régna, tout changea de face à la cour: la mollesse fit place à l'activité, la licence à la sévérité, la volupté à l'intrigue. L'empire n'était plus gouverné par l'efféminée Messaline, par ses frivoles amants, mais par des ministres graves, par une femme impérieuse, d'un esprit élevé, capable de toutes les grandes actions et de tous les grands crimes. Audacieuse, ardente, ambitieuse et indifférente sur tous les moyens d'arriver à la domination, comme elle voulait s'assurer le pouvoir par plusieurs liens, elle maria son fils Domitius à Octavie, fille de Claude; et, s'autorisant de l'exemple d'Auguste qui avait placé Tibère dans sa famille, quoiqu'il eût un petit-fils, elle força le faible Claude d'adopter Domitius.

Cet acte, qui commençait la ruine de Britannicus, reçut des éloges peu sincères du sénat, et fut accueilli avec transport par le peuple, qui chérissait Domitius, comme le seul descendant mâle de Germanicus. Ce jeune prince, en approchant du trône, prit le nom de Claudius Néron.

A cette époque, les chrétiens qui se trouvaient à Rome, commençant leurs combats pour la vérité contre l'erreur, attaquèrent l'ancien culte avec le zèle ardent que montre toute religion nouvelle [1]. Leurs tentatives excitèrent des troubles; pour en prévenir la suite, Claude bannit les juifs et les chrétiens.

Dans ce même temps, les Romains firent la conquête de la Mauritanie : le proconsul Ostorius se couvrit de gloire en Bretagne; il subjugua les Isséniens, peuples qui habitaient le pays de Suffolk, Cambridge, Norfolk, et porta ses armes jusqu'à la mer d'Irlande. Il soumit, au nord de l'Angleterre, ceux de Northumberland, nommés les Brigantes : il rencontra plus d'obstacles en combattant les Silures, habitants de Colchester; le roi Caractacus les commandait. Ce prince, habile et vaillant, enflammait les esprits de son amour ardent pour

---

[1] An de Jésus-Christ 48.

l'indépendance, et transformait en héros ses sauvages sujets par son éloquence, par ses conseils et par son exemple. Sa valeur lutta quelque temps avec succès contre la tactique romaine; mais enfin, après des prodiges de courage, vaincu en bataille rangée, il fut trahi par Cartismandua, reine des Brigantes, chez laquelle il chercha un asile, et qui le livra aux Romains.

On le conduisit à Rome. Lorsqu'il parut devant le sénat, au lieu d'avilir son malheur par une basse soumission, il l'ennoblit par son intrépidité. « Ro-
» mains, dit-il, si, trop fier de ma naissance et de
» mes succès, j'avais su conserver plus de modéra-
» tion dans la prospérité, je serais peut-être venu
» ici comme votre ami et non comme votre captif;
» vous n'auriez point sans doute dédaigné l'alliance
» d'un monarque vainqueur, issu d'aïeux illustres,
» et souverain de plusieurs nations belliqueuses;
» j'ai voulu tenter trop souvent la fortune, son
» inconstance m'a trahi; aujourd'hui le sort m'a-
» baisse autant qu'il vous élève : je possédais d'im-
» menses richesses, des soldats nombreux, une
» grande quantité d'armes et de chevaux. Quel
» homme n'aurait pas voulu combattre pour con-
» server ces biens ? Votre ambition veut enchaîner
» tous les peuples; doivent-ils être assez lâches
» pour venir au-devant de vos fers ? Ma résistance
» vous honore autant que moi; une soumission

» prompte n'eût illustré ni mon nom ni votre vic-
» toire; si vous ordonnez mon supplice on m'ou-
» bliera bientôt; si vous me laissez le jour, ma vie
» rappellera sans cesse votre justice. »

Son noble langage lui attira le respect de ses ennemis; il conserva la vie et la liberté.

Son vainqueur, Ostorius, connut bientôt à son tour les caprices de la fortune; il éprouva des revers, se vit remplacé par Didius Gallus, et mourut de chagrin.

Les Germains, divisés en factions, demandèrent à Rome un roi; Claude leur envoya un de leurs princes qu'on avait élevé dans la capitale, et qui prit le nom d'Italicus. Ses sujets ne purent souffrir long-temps la dépendance d'un élève de Rome qui leur apportait des mœurs étrangères; ils le détrônèrent. Pompilius entra en Germanie avec ses légions, remporta plusieurs victoires, et soumit plusieurs peuples. La guerre se prolongea; Corbulon s'y fit remarquer par son habileté, par son courage, et surtout par sa fermeté : il rétablit la discipline dans l'armée, et fut comparé par ses vertus sévères aux plus illustres généraux de la république.

L'Orient devint aussi le théâtre de grandes dissensions civiles : Cotys, Mithridate, Gotarse, Bardane, Méhardate se disputèrent, les armes à la main, les couronnes des Parthes, de l'Arménie et du Bosphore. Tantôt vainqueurs, tantôt vaincus, ils se détrônèrent tour à tour. Rome prit part à leurs querelles, et profita de leurs divisions. Le plus malheureux de ces princes, fut celui dont les prétentions avaient pour appui les plus antiques droits. Mithridate, roi du Bosphore, descendant de Cyrus, se voyant chassé de son royaume, trahi par ses alliés, vaincu par ses ennemis, céda aux conseils qu'on lui donnait, et se rendit à Rome. Le faible Claude voulait d'abord l'assujettir à l'ignominie du triomphe; le fier Mithridate ne lui répondit que ces mots : « On ne m'a point amené, je » suis venu; si tu en doutes, laisse-moi partir, et » fais-moi chercher. » On respecta son malheur, et on le traita en allié.

Ce fut pendant le règne de Claude que Rhadamiste, en Orient, se rendit trop célèbre par un de ces actes de férocité qui déshonoraient si souvent les princes d'Asie. Vologèse régnait sur les Parthes; Pharasmane, un de ses frères, possédait l'Ibérie; le troisième, nommé Mithridate, devait le trône d'Arménie à la protection de Rome. Rhadamiste, fils de Pharasmane, se faisait remarquer par sa taille majestueuse, par sa force singulière et par son adresse dans tous les exercices. Son ambition, et l'estime que lui portaient les peuples, excitèrent l'inquiétude de son père. Ce vieux monarque, craignant pour son trône, résolut de l'éloigner et de tourner vers un autre but son désir impatient de régner. Rhadamiste, suivant ses perfides conseils, feint d'être disgracié, et demande un asile en Arménie, chez Mithridate son oncle, qui l'accueille avec bonté[1]. L'ingrat, abusant de sa tendresse, excite à la révolte les grands de son royaume. Lorsqu'il vit les esprits disposés selon ses vœux, il revint chez son père. Pharasmane alors, sous un prétexte frivole, déclare la guerre à son frère, et donne à Rhadamiste le commandement de l'armée. Bientôt Mithridate, mal défendu par des sujets infidèles, se vit obligé de se renfermer dans le château de Gornéas, entre l'Araxe et l'Euphrate. Les Romains auraient dû le soutenir sur un trône qu'il tenait d'eux; mais un préfet, corrompu par l'or de Pharasmane, ne leur en laissa pas le temps: soulevant par ses intrigues les soldats du roi, il leur persuada de demander la paix, et Mithridate fut contraint de capituler.

Rhadamiste, joignant la perfidie à la cruauté, le trompa pour le perdre, lui prodigua des protestations de tendresse, et s'engagea, par serment, de ne jamais attenter à ses jours par le fer ou par le poison; mais, au moment où ce malheureux monarque parut devant lui pour signer le traité, les soldats de Rhadamiste se jetèrent sur lui et l'étouf-

---

[1] An de Jésus-Christ 49.

fèrent. Quadratus, commandant de Syrie, instruit de cet événement, somma, pour la forme, Pharasmane de sortir d'Arménie; mais, persuadé qu'il était utile aux Romains de perpétuer les troubles de cette contrée, en la laissant sous la domination d'un prince odieux, il favorisa secrètement Rhadamiste. Pélignus, son lieutenant, pressa cet ambitieux de monter sur le trône, et il assista même à son couronnement.

Cette lâcheté divulguée couvrait Rome de honte: on chargea Helvidius de la réparer; la crainte d'une guerre avec les Parthes ralentit les efforts de ce nouveau général. Vologèse entra en Arménie; effrayés de la marche de Parthes, les Ibères abandonnèrent d'abord Artaxate et Tigranocerte; mais Rhadamiste les en chassa bientôt, et se montra plus terrible que jamais après la victoire. Il ne gouverna que par des supplices. Ses peuples, quoique accoutumés au despotisme, ne pouvaient supporter long-temps cet excès de tyrannie. Ils se révoltent; tous courent aux armes, investissent le palais: Rhadamiste, monté sur un coursier rapide, s'échappe seul avec sa femme, l'infortunée Zénobie. Cette princesse était enceinte; son courage et l'amour lui prêtaient des forces; mais, les secousses continuelles qu'elle éprouvait déchirant ses entrailles, elle conjure son époux de la sauver par une mort honorable des affronts de la captivité.

Rhadamiste, touché de sa vertu, jaloux de ses charmes, tourmenté par la crainte et par l'amour, cède enfin à la plus violente de ses passions, à la jalousie; il tire son glaive, frappe sa victime, la traîne au bord de l'Araxe, et la précipite dans le fleuve. Il fuit ensuite en Ibérie, seul avec le poids de son crime.

Zénobie, expirante, mais soutenue sur l'onde par ses vêtements, fut portée doucement sur la rive du fleuve. Des bergers l'aperçurent, elle respirait encore, ils pansèrent sa plaie, la guérirent, et, lorsqu'elle leur eut appris son nom et ses malheurs, ils la conduisirent à Artaxate, où le nouveau roi d'Arménie, Tiridate, frère de Vologèse, la reçut et la traita en reine.

L'ambition qui ensanglantait l'Asie produisait dans l'Occident d'autres crimes. L'implacable Agrippine fit périr toutes ses rivales : Lollia, celle qu'elle redoutait le plus, fut accusée de sortilége; et, lorsque le bourreau eut tranché ses jours, la cruelle impératrice, pour se rassasier de vengeance, voulut qu'on lui apportât sa tête. Elle ne laissait à Claude que le titre d'empereur; exerçant sa puissance même au delà de l'Italie, elle fonda, dans le pays des Ubiens, une colonie qui porta son nom, et qui depuis fut appelée Cologne.

Le but de tous ses vœux était d'assurer l'empire à Néron; et, tandis que le désir d'obtenir sa faveur et la crainte d'exciter sa haine éloignaient du fils de Claude tous les hommes qui avaient un rang et une fortune à conserver, elle attirait autour du jeune Néron les personnages les plus distingués de l'empire. Elle rappela de l'exil le célèbre philosophe Sénèque, l'éleva à la préture, et le chargea de l'éducation de son fils.

Rien ne pouvait modérer son désir effréné de placer cet enfant sur le trône. Un augure lui ayant annoncé que ce jeune homme, s'il était empereur serait peut-être cause de sa mort : « Eh bien, ré- » pondit-elle, que je meure, pourvu qu'il règne ! »

La surveillance active de Géta et de Crispinus, qui commandaient la garde prétorienne, et se montraient dévoués à Britannicus, la força quelque temps de dissimuler ses desseins ambitieux; mais elle trouva enfin le moyen de faire destituer ces deux chefs, et de réunir leurs charges sur la tête d'Affranius Burrhus, général habile, expérimenté. Burrhus fit briller une vertu sévère au milieu d'une cour corrompue; sa reconnaissance trop vive pour Agrippine fut sa seule faiblesse.

On était toujours obligé de distraire par des jeux le peuple romain pour lui faire oublier sa servitude. Claude lui donna le spectacle de la plus magnifique naumachie : le lac Fucin fut le théâtre d'un combat naval, ou dix-neuf mille captifs reçurent ordre de verser leur sang pour amuser l'oisiveté romaine. On y accourut de toutes les parties de l'empire. Claude, Agrippine et Néron présidaient à cette fête sanglante. Lorsqu'ils parurent sur leur trône, les combattants s'écrièrent : « Généreux » empereur, ceux qui vont mourir vous saluent. » Claude leur répondit, avec sa simplicité ordinaire, par des vœux pour leur conservation. Les infortunés regardèrent comme clémence ce qui n'était qu'ineptie; ils se crurent libres et voulurent se séparer : on parvint difficilement à les faire combattre; ils obéirent enfin. Cette bataille meurtrière dura un jour tout entier, et très-peu d'entre eux survécurent à ce combat.

L'impératrice donna bientôt après un autre spectacle aux Romains : dans le dessein d'augmenter la popularité du jeune Néron, elle lui fit plaider dans le sénat la cause des Troyens. L'éloquence de Sénèque et l'orgueil national rendaient peu douteux le succès de ce plaidoyer; et Troie, antique berceau des Romains, fut affranchie de tout tribut par un décret.

Cependant la solitude où Britannicus vivait relégué, ses droits, son innocence, son isolement, l'orgueil de Néron, les hauteurs d'Agrippine, excitaient l'aversion des favoris de Claude contre l'impératrice. Ils cherchaient à réveiller l'empereur de sa honteuse léthargie, et à l'empêcher de sacrifier son fils à un étranger. Pallas seul soutenait constamment Agrippine; elle avait acheté son appui par de criminelles complaisances. L'empereur, continuellement attaqué par les autres affranchis, ouvrait déjà l'oreille à leurs avis; bientôt il se repentit d'avoir adopté Néron, et sa tendresse se réveilla pour Britannicus. Enfin, dans l'ivresse, il lui échappa de dire « qu'il était destiné à trouver des » épouses infidèles et à les punir. »

Agrippine, informée de ses desseins, résolut sa perte; elle lui fit servir des champignons, auxquels la trop fameuse Locuste avait mêlé un poison subtil; mais son effet paraissant trop lent à son impatience, Xénophon, médecin de l'empereur, sous prétexte de faire vomir ce misérable prince, lui passa dans la gorge une plume empoisonnée. Il expira l'an 55 de notre ère, dans sa soixante-quatrième année. Il avait régné ou plutôt végété pendant l'espace de treize ans. Le nom de Claude, illustré par ses aïeux, est devenu, par l'imbécilité de ce prince, une insulte populaire.

CHAPITRE VI.

NÉRON.

(An de Rome 807. — De Jésus-Christ 55.)

Élévation de Néron à l'empire. — Son gouvernement. — Crimes d'Agrippine. — Mort de Britannicus. — Conspiration d'Agrippine contre Néron. — Sa disgrace. — Débauches de Néron. — Guerre avec les Parthes. — Amour de Néron pour Poppéa Sabina, femme d'Othon. — Mort d'Agrippine. — Remords de Néron pour son parricide. — Guerre en Bretagne. — Victoires des Romains. — Mort de Burrhus. — Retraite de Sénèque. — Nouveaux crimes de Néron. — Son union avec Poppée après la répudiation de sa femme Octavie. — Mort de Traséas. — Victoires de Corbulon. — Départ de Néron pour la Grèce. — Son retour à Rome. — Mort de sa femme Poppée. — Incendie à Rome ordonné par Néron. — Massacre des chrétiens. — Prodigalité de Néron. — Conspiration contre lui. — Mort d'Épicharis et d'autres conjurés. — Révolte des Juifs. — Commandement et victoire de Vespasien en Orient. — Révolte dans les Gaules. — Élévation de Galba à l'empire. — Lâcheté de Néron. — Ses nouveaux crimes. — Révolte contre lui. — Sa fuite. — Sa mort.

Au moment où Claude expirait, l'artificieuse Agrippine, feignant une vive douleur, serrait le jeune Britannicus entre ses bras, l'assurait qu'elle voyait en lui le vrai portrait de son père, et l'accablait de perfides caresses, ainsi qu'Octavie et Antonia ses sœurs. Par ses ordres, la garde empêchait toute communication au dehors; ses émissaires répandaient dans la ville de fausses nouvelles de la santé de l'empereur, et l'encens fumait dans les temples, pour remercier les dieux de la convalescence d'un monarque qui n'existait plus.

Pendant ce temps Néron, conduit par Burrhus, et environné de soldats dévoués, se rend au camp, harangue les prétoriens, leur distribue de l'argent, les anime par des promesses; ils le proclament empereur. Le but d'Agrippine étant alors atteint, elle ouvre les portes du palais, publie la mort de Claude et le choix de l'armée que le sénat confirme par crainte, et le peuple par attachement pour la famille de Germanicus.

Néron, après avoir rendu les derniers devoirs à son père adoptif, prononça dans le sénat son oraison funèbre composée par Sénèque. On l'écouta patiemment lorsqu'il parla des aïeux de Claude, de leur gloire et des victoires que les armes romaines avaient remportées sous son règne; mais quand on l'entendit vanter les lumières et la prudence de ce prince imbécile, le sénat, perdant sa gravité, l'interrompit par un rire général; cependant, par une déplorable inconséquence, cette servile assemblée, adoptant les conclusions de l'orateur, plaça Claude au rang des dieux; et le même Sénèque qui, dans cette apologie, divinisait cet empereur stupide, publia une satire appelée *Apocoloquinte*, dans laquelle, avec plus de raison et non moins d'inconvenance, il le comparait aux plus lourds et aux plus vils animaux.

Au reste, dans les autres parties de sa harangue, Néron donna aux Romains les plus douces espérances ; il promit de laisser un libre cours à la justice, de ne jamais exposer la vie et la fortune des citoyens aux rigueurs d'un tribunal secret, de fermer l'oreille aux délateurs, de sacrifier l'intérêt privé du prince à l'intérêt public, de donner au mérite seul les emplois si long-temps prodigués à la faveur et à la fortune. Enfin il invita le sénat à reprendre ses antiques droits, se réservant seulement le commandement et l'administration de l'armée.

Tous les historiens s'accordent à dire que, pendant cinq ans, Néron tint fidèlement ses promesses : depuis même, un de ses successeurs, Trajan, dit que ces cinq premières années pouvaient être comparées aux règnes des meilleurs princes. Ce fut pourtant dans ces années, qu'on regarde comme une époque si heureuse, que ce jeune monstre empoisonna son frère Britannicus, et fit assassiner sa mère. Alors ses vices et ses forfaits ne sortaient pas de l'enceinte du palais ; Néron était un tyran dans sa famille, mais il laissait Sénèque, Burrhus et le sénat gouverner l'empire.

Au commencement, Néron, né loin du trône, parut sentir qu'il devait le sceptre comme le jour à Agrippine : lorsque le commandant de la garde vint lui demander le mot d'ordre, il répondit : « La meilleure des mères. » Déférant pour ses avis, soumis à ses ordres, il l'entourait de sa garde, lui prodiguait les honneurs décernés à Livie, suivait sa litière à pied; et cette ambitieuse princesse, au comble de ses vœux, se flattait de l'espérance de régner toujours sous le nom de son fils.

Néron, éclairé par Sénèque, dirigé par Burrhus, diminua les impôts qui pesaient sur les provinces, rétablit par des pensions la fortune de plusieurs sénateurs pauvres et vertueux : encore imbu des principes de philosophie qu'on s'efforçait de graver dans son cœur, et que ses passions fougueuses effacèrent bientôt, il se montra quelque temps humain et même sensible.

Un jour on présentait à sa signature un arrêt de mort. « Je voudrais, s'écria-t-il, ne savoir point » écrire. »

Le sénat, accoutumé à la flatterie, lui prodiguait des éloges exagérés ; il répondit : « Attendez pour » me louer que je l'aie mérité. » Loin de se rendre inaccessible, comme ses prédécesseurs, il se montrait affable et populaire, admettait indifféremment tout le monde à ses jeux; et Rome, trompée, regardait alors ce fléau du monde comme un présent du ciel. Elle oubliait que le cruel Tibère, que l'insensé Caligula et l'imbécile Claude avaient ainsi commencé. Ces premiers Césars, qu'une basse flatterie divinisa, auraient au moins dû être placés par elle parmi les sirènes, dont la voix flatte ceux qu'elles veulent dévorer; elles offrent d'abord à l'œil enchanté les formes séduisantes d'un corps, dont les extrémités se terminent en monstres effroyables.

L'orgueil d'Agrippine fut la première cause des égarements de son fils; elle aigrit son amour propre, et lassa sa patience en voulant prolonger son enfance et son asservissement. Jalouse du crédit des ministres de Néron, elle détruisait l'effet de leurs sages conseils par ses railleries, et corrompait le cœur du jeune prince par son exemple. Livrée à ses affranchis, implacable dans ses vengeances, elle fit périr Julius Silanus, proconsul, premier époux d'Octavie. Narcisse reçut la mort par ses ordres: cet ancien favori du dernier empereur ne méritait pas de regrets; cependant, en mourant, il fit une action digne d'éloges; il brûla tous les papiers de Claude qui pouvaient compromettre et exposer au ressentiment d'Agrippine un grand nombre de personnes attachées à Britannicus.

De jour en jour l'impératrice augmentait ses prétentions; elle recevait avec Néron les ambassadeurs, et forçait le sénat à tenir ses séances dans le cabinet de l'empereur, afin que, cachée derrière un rideau léger, elle pût assister aux délibérations. Elle aspirait ouvertement à l'empire, et semblait vouloir tenir son fils en minorité perpétuelle. D'un autre côté, Sénèque et Burrhus, qui connaissaient le caractère impétueux de leur élève, favorisèrent son penchant pour les plaisirs, dans l'espoir qu'ils amolliraient son ame farouche : ils aimaient mieux voir régner le désordre dans ses mœurs que dans l'empire. Ils se trompèrent. Lorsqu'on ouvre le cœur humain à une passion, les autres y pénètrent : Sénèque et Burrhus permirent la volupté à Néron, la cruauté la suivit.

Néron devint épris d'une affranchie nommée Acté; Agrippine, jalouse de tout empire, voulait renverser cette obscure rivale : dans une ame immorale, une mère lutte sans succès contre une maîtresse; Néron, entraîné par sa passion, aigri par ses jeunes favoris Othon et Sénécion, dont les penchants étaient sans cesse contrariés par l'impératrice, secoua le joug d'Agrippine. Sa vengeance commença par la destitution de Pallas, son amant. Déjà dissimulé, quoique jeune, il continue à rendre des hommages apparents à celle dont il renverse le crédit; il lui envoie de magnifiques présents. Agrippine, furieuse, s'écrie « qu'on la pare en la » dépouillant. » Imprudente dans son courroux, elle ne se borne pas à des plaintes touchantes; elle éclate en reproches, ajoute la menace aux injures, et, sans mesure dans sa douleur, comme sans frein dans son ambition, elle annonce le dessein de rendre le trône à son légitime possesseur, de couronner Britannicus, et de révéler aux prétoriens ses artifices, même ses crimes.

Inspirer la crainte à Néron, c'était prononcer l'arrêt de Britannicus, c'était briser la faible barrière qui retenait le jeune tyran sur les bords du crime. Néron, décidé à faire périr son frère, commet ce premier forfait avec le sang-froid d'un scélérat consommé. Il invite le jeune Britannicus à un festin : à peine l'infortuné prince a touché de ses lèvres la coupe fatale, le poison subtil, apprêté par Locuste, saisit et glace ses sens; il tombe renversé sur son lit, et expire. Tous les spectateurs consternés fixent leurs yeux incertains sur l'empereur, cherchant dans ses regards la règle de leur conduite. Néron, sans changer de visage, dit : « Cet accident » ne doit causer aucune inquiétude; ce n'est qu'un » accès d'épilepsie; le prince y est sujet depuis son » enfance. » On emporte la victime; ses funérailles sont faites à la hâte et sans pompe; son corps exposé était couvert d'un enduit préparé pour cacher les effets du poison. Une pluie, tombée du ciel par torrents, rendit l'artifice inutile, et dévoila le crime.

Les sœurs de ce malheureux prince, Octavie et Antonia, présentes à sa mort, avaient laissé éclater une douleur qui prouva leur innocence. Burrhus et

MORT DE BRITANNICUS.

Sénèque, éclairés, mais effrayés, n'osèrent adresser à leur élève des reproches que la vertu devait leur dicter, mais dont leur expérience ne prévoyait que trop l'inutilité.

Néron donna de perfides larmes au prince qu'il avait empoisonné; il implora le secours du sénat, prétendant qu'il avait plus que jamais besoin de son appui, étant privé de celui de son frère. Mais ses passions venaient de rompre la digue qui les retenait; la mort de Britannicus lui ôtait son frein : jusque-là les droits de ce prince, et l'estime qu'il inspirait, l'avaient forcé de feindre la vertu, pour combattre dans l'opinion le mérite de son rival.

Agrippine, épouvantée du crime de son fils, prévit le sort qui la menaçait; et, ne pouvant se décider à la retraite, elle voulut se faire un parti, former une ligue contre Néron, gagner par des largesses les tribuns, les centurions, et exciter l'ambition des personnages les plus puissants.

Néron lui retire sa garde, la prive des honneurs de son rang, et la renvoie de son palais. Conservant à peine quelque apparence de respect, il la visite rarement, et accompagné de soldats dévoués.

Si l'affreux caractère de ce prince fut alors entièrement dévoilé aux yeux de sa mère, elle ne tarda pas à connaître la bassesse de sa cour et la lâcheté des Romains. A peine la nouvelle de sa disgrace se répand, les courtisans l'abandonnent, la foule s'éloigne, les hommages cessent; ses amis mêmes la fuient; l'adulation ne se fait plus entendre, la délation lui succède.

Julia Silana, veuve de Silius, et l'histrion Pâris, l'accusent de conspirer contre l'empereur, et de vouloir donner son sceptre à Rubellius Plautus, descendant d'Auguste par sa mère. Agrippine répondit à l'accusation « que les soupçons de Silana » ne l'étonnaient point, puisque cette femme n'avait » jamais eu de fils. » Burrhus plaida courageusement la cause de l'accusée; la plainte fut déclarée calomnieuse; on bannit Silana et Pâris. Un froid rapprochement fut la suite de cette justification.

Burrhus et Sénèque voyaient sans peine Agrippine éloignée; et même, avant sa disgrace, comme elle voulait un jour s'asseoir sur le trône à côté de Néron, qui donnait une audience solennelle aux ambassadeurs, par leur conseil, ce prince, sous prétexte d'aller au devant de sa mère, descendit du trône et l'empêcha d'y monter.

Néron, à l'abri des reproches d'Agrippine, et livré aux courtisanes et aux affranchis par des ministres qui voulaient régner, ne garda plus aucune décence dans ses débauches : il passait les nuits dans les rues et les tavernes, déguisé en esclave et entouré d'une foule de jeunes libertins, avec lesquels il attaquait et dépouillait les passants. Il revint souvent de ses orgies battu et couvert de sang. Ayant une nuit rencontré et insulté la femme du sénateur Montanus, celui-ci vengea son outrage et le blessa. Néron ne se croyait pas reconnu; mais, Montanus ayant commis l'imprudence de lui écrire pour s'excuser, Néron dit : « Quoi ! cet homme m'a frappé, et il vit » encore ! » Et, en même temps, il lui envoya l'ordre de mourir.

Pour éviter de semblables accidents, Néron, dans ses courses nocturnes, se fit accompagner par des soldats. Toute la jeunesse patricienne imita un exemple si contagieux ; et dès que le jour n'éclairait plus la capitale du monde, elle se trouvait exposée à tous les désordres d'une ville prise d'assaut.

Cependant, malgré la honte de ses débauches et l'horreur qu'inspiraient aux honnêtes gens les crimes du palais, le peuple était content : Néron lui prodiguait les jeux, les fêtes, satisfaisait ses besoins par de grandes libéralités; le sénat jouissait d'une pleine liberté dans ses délibérations; la justice était bien rendue, l'ordre régnait dans les provinces, on confiait leur administration à des gouverneurs justes et modérés; les étrangers respectaient les limites de l'empire : l'esprit turbulent des Parthes troublait seul alors la tranquillité générale.

Néron, docile encore à l'avis de ses sages conseillers, nomma Corbulon pour les combattre. Ce général soutint dans cette contrée l'honneur des armes romaines, reprit l'Arménie sur les Parthes, et s'empara d'Artaxate.

L'empereur s'était dégoûté d'Octavie, ses douces vertus ne pouvaient retenir long-temps un cœur corrompu qui ne trouvait d'attrait qu'au vice. Il devint éperdument amoureux de Poppée Sabina, épouse d'Othon, son favori, qui, par imprudence ou immoralité, lui vantait sans cesse les charmes de sa femme. Elle joignait les agréments de l'esprit à ceux de la figure, toutes les qualités qui excitent l'amour, aucune de celles qui inspirent l'estime. Elle se montrait toujours à demi voilée, non pour écarter la curiosité, mais pour l'irriter. Elle écoutait indifféremment les vœux légitimes ou coupables, et ne cédait qu'à ceux qui pouvaient être utiles à son ambition. L'intérêt fut toujours le seul but et la seule règle de ses sentiments ; elle attira Néron par ses artifices, et l'enflamma par sa résistance.

L'empereur, pour se délivrer d'un obstacle redoutable, éloigna Othon, et lui donna le commandement de la Lusitanie. Othon, voluptueux dans une cour corrompue, parut un autre homme dans sa province ; il sut l'administrer avec justice, douceur et fermeté. Poppée, trop orgueilleuse pour se contenter d'être maîtresse de Néron, voulut partager son trône et faire répudier Octavie. Ce prince, entraîné par sa passion, craignait cependant les reproches de Burrhus et de Sénèque, le ressentiment d'Agrippine, et l'estime que les vertus de la sœur de Britannicus inspiraient aux Romains. Les larmes et les artifices de Poppée l'emportèrent : « Pourquoi différer de m'épouser? disait-elle; me » trouvez-vous trop peu de charmes, ou craint-on » que je ne vous découvre le mécontentement du » peuple qui s'indigne de voir César tenu en tutelle » par sa mère, et traité comme un enfant par ses » précepteurs? Si vous n'osez former nos nœuds, » rendez-moi à Othon; j'aurai la consolation de » n'apprendre que de loin, et par le bruit public, » la servitude honteuse où vit l'empereur. »

Agrippine voulut vainement lutter contre le pouvoir de Poppée; on prétend même qu'accoutumée au crime, et connaissant les vices de Néron, elle essaya de lui inspirer un amour incestueux; ses séductions n'eurent pas plus de succès que ses reproches. Trop violente pour se contenir, elle renouvela ses menaces; et Néron, qu'aucun forfait ne pouvait effrayer, jura la mort de sa mère.

Après avoir employé inutilement trois fois le poison contre lequel elle s'était prémunie par des antidotes, il feignit de se réconcilier avec elle, trompa sa défiance par de fausses confidences, par de feintes caresses, et lui persuada de faire un voyage sur les côtes de Calabre, pour assister à une solennité qu'il voulait, disait-il, présider. Ce monstre lui avait fait préparer un vaisseau qui devait, à un signal convenu, s'ouvrir par le milieu. Agrippine revenait de Baïes sur le navire que commandait Anycétus ; elle était accompagnée de Crespérius Gallus et d'Ascéronia Polla ; tout à coup le plancher de la chambre, chargé de plomb, s'enfonce et tombe. Crespérius est écrasé ; la poutre qui portait Agrippine la soutient. Le tumulte produit par cet accident empêche les agents du complot de faire jouer les ressorts qui devaient ouvrir le bâtiment ; mais bientôt, excités par leur perfide chef, ils se jettent tous du même côté, et renversent le navire. Tous ceux qu'il portait tombent dans la mer ; Ascéronia, dans l'espoir d'être secourue, s'écrie : « Je suis » l'impératrice ; » on l'assomme à coups de rames. Agrippine, gardant le silence, ne reçoit qu'un coup d'aviron sur l'épaule, se sauve à la nage, et regagne les barques du rivage, qui la ramènent près du lieu où se trouvait Néron. Feignant de tout ignorer, elle charge un affranchi d'instruire son fils du danger qu'elle avait couru.

L'empereur ne daignait plus voiler aux yeux de ses ministres ses exécrables projets, il consulte Burrhus et Sénèque sur les moyens de consommer son crime. Consternés, ils gardent d'abord un profond silence ; toutes les lois divines et humaines étaient violées ; les liens de la nature étaient rompus ; une lâche peur triomphe du devoir et de la vertu. Sénèque interroge par un signe Burrhus pour savoir si ses soldats obéiraient à un parricide; Burrhus répond que les prétoriens respectaient trop la fille de Germanicus pour la frapper, et qu'Anycétus était seul capable d'exécuter cet ordre barbare. Dans cet instant on annonce l'envoyé d'Agrippine; il entre. Néron fait jeter un poignard entre ses jambes, ordonne qu'on l'arrête, l'accuse d'avoir attenté à ses jours, commande son supplice, et prononce l'arrêt de sa mère.

Anycétus, avec quelques soldats de la marine, se rend chez Agrippine; elle était couchée; la seule femme qui se trouvait près d'elle prend la fuite: un centurion frappe de son bâton la tête de l'impératrice; cette princesse, découvrant alors sa poitrine, la présente au meurtrier : « Percez mon sein, » dit-elle; il le mérite, il a porté Néron. » A ces mots elle expire sous leurs coups. Néron arrive peu d'instants après, examine son corps dépouillé, et dit froidement : « Je ne croyais pas qu'elle fût si » belle. » Il écrivit ensuite au sénat pour se justifier, accusa sa mère, et soutint qu'il avait été forcé à cette action pour sauver sa propre vie.

Sénèque se couvrit d'une tache ineffaçable en composant cette apologie. Le sénat se rendit complice du crime en l'approuvant. On décerna des prières solennelles pour remercier les dieux d'avoir garanti le prince des fureurs de sa mère; et le peuple, digne par sa bassesse d'avoir Néron pour maître, vint en foule au devant du parricide, et le reçut en triomphe.

Mais quand la lâcheté des hommes trompe le crime et rassure le coupable par de perfides hommages, le ciel place dans l'ame du criminel un juge pour le condamner, un bourreau pour le punir. Néron, dévoré de remords, s'entoure vainement de vils esclaves qui s'efforcent de dissiper ses terreurs; il craint l'éclat du jour, et ne peut supporter les ombres de la nuit; les voûtes de son palais retentissent de ses gémissements; à toute heure on l'entend s'écrier qu'il voit sa mère couverte de sang, et qu'il est poursuivi et déchiré par le fouet des furies.

Depuis ce moment, le reste de sa vie ne fut qu'un affreux délire, et les excès d'orgueil, de fureur, de crime et de débauche auxquels il se livra, ne firent qu'abrutir son esprit sans étourdir son cœur.

Ne pouvant plus se soustraire au jugement des hommes pour ses actions, il se flattait follement de conquérir leur admiration par ses talents. Cet insensé, oubliant la dignité de son rang, montait publiquement sur le théâtre, jouait de la lyre, chantait; et, tyran jusque dans ses plaisirs, il défendait à tout assistant de sortir. On vit de malheureuses femmes enceintes accoucher au spectacle: ses gardes épiaient le maintien et les regards des spectateurs; il fallait applaudir sous peine de mort.

Le colosse romain, miné au-dedans par ses vices et par sa corruption, se faisait encore craindre au dehors par sa grandeur imposante. La bravoure fut la dernière vertu que conserva Rome; et, dans les camps, on retrouvait encore les Romains : ils ne s'attiraient plus l'estime par leur justice, mais ils se faisaient craindre et respecter par leurs armes.

Suétonius Paulinus, envoyé contre les Bretons révoltés, s'empara de l'île de Mona (Anglesey), plus défendue par la superstition que par le courage : les Romains reculèrent d'abord devant les druides; mais, triomphant enfin de la crainte que leur inspiraient les idoles, les pierres des sacrifices et les bois sacrés, ils portèrent la flamme dans ces sombres forêts, et détruisirent à la fois la liberté et la religion de ces peuples infortunés.

Quelques centurions romains, méprisant trop les Barbares pour respecter à leur égard le droit des gens, insultèrent Boadicée, reine des Isséniens, et outragèrent ses filles. La honte réveilla le courage; les peuples bretons, qui avaient supporté d'énormes impôts, ne purent souffrir d'être humiliés; ils se lèvent, s'arment, et se révoltent tous à la fois.

Ils chassent le gouverneur Calpus; soixante-dix mille Romains sont égorgés; Suétonius accourt avec dix mille hommes, et s'empare de Londres. Une population immense, armée, l'enveloppe, et lui coupe les vivres : craignant de périr par la disette, il risque une bataille, malgré l'inégalité du nombre, et rassure ses guerriers en leur rappelant les avantages que la tactique et la discipline donnaient aux légions sur une multitude sans ordre.

Boadicée, enflammée du désir de la vengeance, harangue les Bretons : « Les lois divines et humaines, dit-elle, m'autoriseraient, quand je ne serais » qu'une personne privée, à laver dans le sang mes » affronts et ceux de mes filles; mais je combats » aujourd'hui pour venger vos injures comme les » miennes : exterminons nos tyrans, ou sortons » glorieusement de la vie; il vaut mieux mourir que » de vivre esclave et déshonoré. »

A ces mots, elle donna le signal; la bataille fut longue, meurtrière et disputée. La reine commandait en habile général, et combattait comme un soldat : la bravoure régulière des Romains triompha enfin du courage désespéré de ces peuples sauvages. Ils furent battus; quatre-vingt mille périrent; Boadicée s'empoisonna. Suétonius, faisant succéder la modération à la victoire, rétablit la tranquillité en Bretagne.

Les malheurs de Rome s'aggravèrent bientôt. Burrhus mourut; on le crut empoisonné. Il fut remplacé dans e commandement de la garde par

Fennius Rufus, homme de bien, mais sans courage, et par Sophonius Tigellinus, lâche courtisan, scélérat effronté, compagnon de débauche de Néron, et ministre de ses cruautés.

Sénèque n'avait pu, par sa honteuse faiblesse, conserver son crédit. Dans l'espoir de trouver un port pour échapper aux orages, il demanda sa retraite, et offrit à Néron de lui abandonner tous les trésors qu'il devait à ses anciennes libéralités.

Son perfide élève, employant pour le tromper les armes qu'il lui devait, s'efforça par un discours éloquent de dissiper ses craintes et de le persuader de son affection et de sa reconnaissance. Sénèque ne pouvait plus se faire illusion sur cet affreux caractère et sur le sort qu'il lui destinait. Voulant au moins rendre la fin de ses jours digne de la philosophie qu'il professait, et que la politique avait paru lui faire oublier, il renonça aux affaires, à la cour, au luxe, vécut solitaire, se nourrit de pain et d'eau, soit par austérité, soit par crainte du poison, et se livra exclusivement à l'étude de la sagesse. Le temps nous a conservé les fruits de sa retraite : les traités de ce philosophe sur la vieillesse, sur le mépris des richesses, sur la solitude, sur les bienfaits, forment un code de morale aussi agréable à lire qu'utile à méditer; mais il paraît plus dicté par l'esprit que par le sentiment. Le style montre trop le travail et l'affectation; Sénèque brille plus par son talent que par son génie. Souvent ses ornements trop recherchés affaiblissent les nobles et simples pensées de Platon et de Cicéron, et, quoiqu'il fût cité dans son siècle comme le plus beau génie de Rome, la postérité, l'accusant d'avoir corrompu le goût et le style, ne l'a placé que dans le second ordre des grands écrivains.

Privé de ses conseils, Néron se livra plus que jamais aux délateurs. Il fit périr Plautius, descendant de Jules, qu'il soupçonnait d'aspirer à l'empire ; il ordonna la mort de Pallas pour s'emparer de ses richesses. Après avoir répudié Octavie pour cause de stérilité, il la relégua dans l'île de Pandataire ; et, comme le peuple osait la plaindre, il l'accusa d'adultère, et la fit mourir. Dégagé de tous liens légitimes, il épousa l'artificieuse Poppée.

A cette honteuse époque, un seul Romain montra une vertu inflexible : Traséas ne voulut se prêter à aucune des basses complaisances du sénat pour le tyran ; et il sortit avec indignation de l'assemblée, après y avoir entendu lire l'apologie du parricide. Accusé par Néron, il dédaigna de se défendre, sachant trop que sa vertu était le seul crime qu'on lui imputait ; il reçut avec calme son arrêt, fortifia le courage des amis qui l'entouraient, et dit au jeune officier chargé de l'ordre fatal : « Regardez-moi mourir ; la vue du trépas d'un homme de bien offre à la jeunesse, dans le temps où nous

» vivons, un exemple utile, une leçon salutaire. »

Si la peur et la flatterie entouraient le trône du tyran d'hommages publics, l'opinion générale s'en dédommageait quelquefois par des reproches secrets : on exposa dans la rue un enfant, sur lequel on avait attaché un écrit qui contenait ces mots : « Je ne t'élève pas, de peur que tu n'assassines un » jour ta mère. »

Plus heureux que les habitants de Rome, Corbulon couvrait de lauriers les taches de l'empire. Pendant son absence momentanée, Pétus s'était laissé vaincre en Arménie, et avait conclu un traité honteux. Corbulon rentra dans cette contrée en vainqueur, et força Vologèse, roi des Parthes, à consentir que Tiridate, son frère, vînt déposer sa couronne au pied de la statue de Néron, en promettant de ne la reprendre que par ses ordres.

L'orgueilleux Néron exigea plus; il lui commanda de venir à Rome; Tiridate obéit : l'empereur, placé sur un trône magnifique qu'entouraient les prétoriens, le sénat et le peuple, reçut ce prince humilié qui se prosterna devant lui. Néron le releva, lui posa la couronne sur la tête, et crut le dédommager de sa honte par des fêtes superbes et des présents magnifiques. Usurpant la gloire de son général, il se fit saluer *imperator*, comme s'il avait combattu, porta une couronne d'or au Capitole, et ferma le temple de Janus.

Aspirant à une gloire qu'il pouvait au moins se flatter d'acquérir personnellement, il alla dans la Grèce, sous le prétexte de couper l'isthme du Péloponèse, et dans le dessein réel de disputer le prix aux jeux olympiques. Il excellait dans l'art de conduire des chevaux ; cependant la fortune trompa son talent : le char se rompit au milieu de sa course ; l'adulation seule de Grecs lui décerna le prix. Dans l'ivresse de sa joie, il déclara la Grèce libre ; mais il dédaigna de voir Lacédémone et Athènes, qui n'auraient offert à ses regards que le souvenir des vertus qu'il détestait. La crainte des châtiments réservés aux parricides l'empêcha d'oser se faire initier aux mystères redoutables d'Éleusis, et, satisfait de s'être vu couronner dans l'Élide, il revint à Rome en triomphe, escorté d'une foule de musiciens et d'histrions.

Dégoûté d'un amour qui n'avait plus pour lui l'attrait du crime, il accabla Poppée d'outrages, de mépris, et, dans un accès d'emportement, il lui donna la mort. Enfin, ennuyé des scandales vulgaires, et poussant l'excès du vice jusqu'à la démence, il se vêtit en femme, se couvrit d'un voile jaune, comme les jeunes vierges qu'on mène à l'autel, se maria solennellement avec Pythagore et Doriphore, ses affranchis. Reprenant ensuite les habits de son sexe, il épousa l'eunuque Sporus, qu'il fit vêtir comme une impératrice.

La soif qu'il avait du sang s'irritait plus qu'elle ne se satisfaisait par les supplices. Sa cruauté fit périr des milliers de victimes. Tirant vanité de ses forfaits, il disait que « ses prédécesseurs trop ti- » mides, n'avaient point goûté tout le charme du » pouvoir absolu. J'aime mieux, ajoutait-il, être » haï qu'aimé : il me faudrait le secours de beau- » coup de personnes pour mériter l'amour; je n'ai » besoin que de moi seul pour inspirer la haine. » Caligula désirait que le monde pérît après lui; » moi, je voudrais qu'il brûlât tout entier, et en » être témoin. »

Plusieurs historiens rapportent qu'à la suite d'une débauche que la pudeur défend de décrire, il fit mettre le feu dans plusieurs quartiers de Rome. Montant sur une tour, habillé en joueur de lyre, il rassasia ses regards de cet affreux spectacle, et, à la lueur des flammes, récita un poëme qu'il avait composé sur l'embrasement de Troie.

L'incendie dura six jours, détruisit trois quartiers de Rome, et consuma d'immenses richesses. L'empereur, revenu de son ivresse, se repentit de son crime, rebâtit à ses dépens la ville, et l'embellit de superbes portiques. Comme il voulait rejeter sur d'autres l'odieux de ce désastre, il en accusa les chrétiens qui s'étaient déjà fort multipliés à Rome, et les condamna aux plus affreux supplices[1].

[1] An de Jésus-Christ 66.

On ne peut expliquer comment dans la capitale, au centre des lumières, on pouvait alors se faire une idée aussi fausse du culte et de la morale des chrétiens, qui ne prêchaient que la vertu, la charité, l'amour de Dieu et du prochain.

« On accusa, dit Tacite, de l'incendie de Rome,
» une secte d'hommes détestés pour leurs crimes,
» et que le vulgaire appelle *chrétiens*. L'auteur de
» cette secte est *Christus*, qui, sous l'empire de
» Tibère, avait été condamné au dernier supplice
» par Pontius Pilatus. Cette superstition exécrable,
» d'abord réprimée, s'était relevée de nouveau, et
» se répandait, non-seulement dans la Judée, ber-
» ceau du mal, mais dans la capitale même, où
» tout ce qui existe de plus atroce et de plus hon-
» teux abonde et est accueilli avec faveur. On en
» saisit quelques-uns qui avouèrent le fait ; et, sur
» leur dénonciation, on en arrêta une grande mul-
» titude. Ils furent convaincus, moins du crime de
» l'incendie que de celui de haine contre le genre
» humain. On les outrageait au moment de leur
» mort ; on les couvrait de peaux de bêtes pour les
» faire dévorer par les chiens. Attachés à des croix
» et brûlés, leurs corps enflammés servaient de
» torches aux passants. L'empereur, du fond de ses
» jardins, jouissait du spectacle de leurs supplices ;
» et, pendant ce temps, il donnait au peuple le
» divertissement des jeux du cirque, où il se mon-

» trait lui-même sur un char, en habit de cocher.
» Par là il excitait la pitié publique pour les con-
» damnés; et, quoiqu'ils fussent coupables et di-
» gnes de châtiment, on les croyait immolés, non à
» l'utilité générale, mais à la cruauté d'un seul
» homme. »

Toute opinion qu'on veut comprimer en acquiert plus de force; le sang des victimes multiplia leurs prosélytes. Quelque temps après on accusa de christianisme la femme d'un sénateur, Pomponia Grécina. Suivant les anciennes mœurs, son mari fut son juge, et la déclara innocente.

La prodigalité de Néron s'accroissait chaque jour comme sa férocité : insensé dans ses faveurs comme dans ses rigueurs, il fit présent à un joueur de flûte et à un gladiateur d'immenses richesses enlevées par la confiscation à d'illustres sénateurs.

Il se fit construire au milieu de la ville un magnifique palais qui renfermait dans son enceinte les monts Palatin et Esquilin : le vestibule en était si élevé qu'on y plaça sa statue colossale haute de cent vingt pieds. Les murs étaient revêtus de marbre et enrichis d'albâtre, de jaspe et de topazes; les parquets étaient en marqueterie d'or, d'ivoire et de nacre. On y voyait tomber des plafonds une pluie fine et abondante d'eaux de senteur. Ses immenses jardins contenaient des coteaux, des plaines, des étangs, et des bois qu'on avait remplis de bêtes fauves.

Il distribuait à pleines mains et sans mesure l'or et l'argent au peuple : l'abondance, le luxe, la profusion régnaient à Rome ; et, pour subvenir à ces dépenses extravagantes, les provinces se voyaient opprimées et désertes. Il encourageait ses favoris et les proconsuls à les piller. « Enlevez-leur tout, » disait-il, et ne leur laissez rien. »

Ses excès lassèrent enfin la patience des Romains ; un grand nombre d'hommes courageux, indignés de leur servitude, conspirèrent contre lui. Pison fut le chef de la conjuration : le complot s'étendit quelque temps dans l'ombre du mystère ; l'imprudence d'une femme le découvrit.

Épicharis, affranchie, qui jusque-là ne s'était fait connaître que par le nombre de ses amants, trouvait les conjurés trop peu nombreux et trop lents dans leurs mesures ; elle voulut grossir leur parti et séduire des officiers de marine. Un tribun, Volusius Proculus, feignant d'entrer dans ses vues, se rendit maître de son secret et la dénonça.

Les conjurés, alarmés par cet accident, se décident à hâter leurs coups, et conviennent entre eux de frapper le tyran au moment où il célébrerait les fêtes de Cérès. Latéranus, remarquable par sa force extraordinaire, devait, sous prétexte de demander une grace, s'approcher du tyran, et lui porter le premier coup.

Épicharis n'avait nommé personne; le succès de l'entreprise paraissait certain : malheureusement un des conspirateurs, Scévinus, la veille du jour fixé, rentrant chez lui avec cette inquiétude qu'inspire une entreprise si périlleuse, après s'être entretenu quelque temps avec Natalis, son complice, distribue de l'argent à ses esclaves, fait son testament, tire du fourreau son poignard, et ordonne à Milichus, un de ses affranchis, d'en aiguiser la pointe.

La femme de cet affranchi, inquiète de ces préparatifs, effraie son mari, et l'engage à dénoncer son maître à l'empereur. Milichus cède à ce lâche conseil, court au palais, et révèle tout ce qu'il a vu à Épaphrodite, secrétaire de Néron.

Scévinus, arrêté, se défend avec prudence et avec courage; il soutient que déjà plusieurs fois dans sa vie il a fait son tsstament, que son poignard est une arme sacrée dans sa famille, qu'il a soin de l'entretenir et de le faire réparer religieusement; il justifie ses libéralités comme une coutume digne d'éloges et non de blâme, et prétend que tous ces faux indices ne peuvent faire soupçonner une conjuration qui n'existe pas; enfin il oppose aux inculpations de son affranchi les plus violents reproches sur son ingratitude et sur sa méchanceté.

L'accusateur se voyait confondu, l'accusé triomphait ; mais la femme de Milichus rappelle en ce moment à son mari la longue conférence nocturne de son maître avec Natalis. On arrête celui-ci ; il se trouble, se coupe, et dénonce comme chefs du complot Pison et Sénèque.

Scévinus renonce à une défense désormais inutile ; ses aveux compromettent le poète Lucain, Quintianus et Sénécion. Lucain effrayé dénonce sa propre mère Attilia. Les autres conspirateurs restaient encore inconnus ; Néron fait venir en sa présence Épicharis, espérant tout arracher à sa faiblesse : elle ne se laisse point abuser par les promesses, paraît insensible aux menaces ; les apprêts du supplice ne l'effraient pas ; les fouets, le fer et la flamme n'en tirent point une parole. On la rapporte disloquée dans sa prison ; et, comme elle voit qu'on veut faire éprouver à son courage de nouveaux tourments, elle forme un nœud coulant avec le mouchoir de son cou, l'attache au bâton de sa chaise, fait un mouvement violent, s'étrangle et meurt avec son secret. Ainsi une femme, une affranchie, illustra sa mort, lorsque tant d'hommes libres déshonoraient leur vie.

Pison s'ouvrit les veines, et, par une inexplicable faiblesse, il légua ses biens à Néron.

Sénèque dit à ses amis, en recevant l'arrêt qui prononçait sa mort et confisquait ses richesses :

« On m'empêche de faire un testament et de vous
» prouver ma reconnaissance; je vous laisse le seul
» bien qui me reste, l'exemple de ma vie. » Les
assistants fondaient en larmes. « Oubliez-vous,
» reprit-il, les maximes de la sagesse? Quand donc
» vous en servirez-vous pour vous fortifier contre
» les coups du sort? La cruauté de Néron vous est-
» elle inconnue? Après avoir tué sa mère et son
» frère, il devait donner la mort à celui qui a élevé
» son enfance. »

Pompéia Paulina, femme de Sénèque, voulut mourir avec son époux: loin de l'en détourner, il l'y exhorta. Elle s'ouvrit les veines; mais un officier, envoyé par Néron, banda ses plaies et la contraignit de vivre. Cette femme vertueuse languit quelques années; la pâleur de son visage conservait le souvenir de son courage et de sa tendresse.

Le poète Lucain, auteur de *la Pharsale,* écrivain spirituel, mais plus fort qu'élégant, se fit ouvrir les veines dans le bain, et mourut courageusement en récitant des vers de son poëme analogues à sa situation.

Pétrone, auteur licencieux et satirique, ancien compagnon de débauche de Néron, et que les amis des fêtes et des plaisirs regardaient comme l'arbitre du goût, périt aussi, se fit servir un somptueux festin, et mourut en épicurien comme il avait vécu.

Néron surpris de voir au nombre des conjurés un centurion de sa garde, Sulpicius Asper, lui demanda pourquoi il avait conspiré contre lui : « C'est » par pitié pour vous, lui répondit-il ; il ne restait » plus que ce moyen d'arrêter le cours de vos cri- » mes. »

Granius Sylvanius, faute de preuves, fut absous ; mais, ne pouvant supporter le triomphe de la tyrannie, il se perça de son épée.

Les fureurs de Néron s'étendaient hors de l'Italie : jaloux de la gloire de Corbulon, il le trompa lâchement par des protestations d'amitié, l'invita à se rendre près de lui, et le fit assassiner dès qu'il fut loin de son armée.

L'Orient était alors troublé par la révolte des Juifs ; une partie de cette nation se livrait à d'affreux brigandages ; le reste, impatient du joug, s'arma contre les Romains : repoussés dans leurs premiers efforts, on exerça contre eux d'affreuses vengeances, et l'on en massacra plus de soixante-dix mille. Loin de les abattre, ces excès exaspérèrent leur courage ; ils prirent de nouveau les armes, battirent Cestius Gallus, gouverneur de Syrie, et le forcèrent à évacuer la Judée.

Cette guerre prenant un caractère grave, et pouvant servir de signal à d'autres insurrections, Néron sentit la nécessité de choisir un général habile, la crainte du danger l'emporta sur sa répugnance pour le mérite; il donna le commandement de l'armée d'Orient à Vespasien, quoiqu'il eût précédemment encouru sa disgrace pour s'être endormi pendant que le prince chantait sur le théâtre.

Vespasien et son fils Titus, ayant rassemblé promptement une nombreuse armée en Syrie et en Égypte, pénétrèrent dans la Galilée, prirent d'assaut Gadara, et s'emparèrent, après quarante jours de siége, de Jotapa. Josèphe l'historien dit que quarante mille Juifs y périrent. Il fut lui-même au nombre des prisonniers; on voulait l'envoyer à Néron; il évita ce malheur en se déclarant doué du don de prophétie, et en annonçant à Vespasien qu'il parviendrait bientôt à l'empire.

Les Romains prirent la ville de Tibérias, dont les prières du roi Agrippa obtinrent la conservation. Tarichée fut rasée; on massacra une partie de ses habitants, et on en vendit trente mille. Vespasien s'empara ensuite de Gamala, de Giscala; il défit complétement les ennemis retranchés sur la montagne d'Isaburium. Après ces nombreux et rapides succès qui lui avaient coûté beaucoup de sang, Vespasien sortit de Galilée et revint de Césarée.

Le nombre des victimes de la tyrannie augmentait sans cesse. Non-seulement les riches et les grands étaient immolés aux fureurs de Néron; l'obscurité même n'offrait pas de refuge assuré contre ses caprices. Bientôt la haine et le mépris étant au comble, on ne vit plus d'espoir de salut que dans la révolte; son feu, long-temps couvert, éclata d'abord dans les Gaules.

Vindex, né Gaulois, descendant des rois d'Aquitaine, était parvenu au rang de sénateur et commandait comme propréteur en Celtique. Il aimait la gloire et détestait la servitude; affrontant le premier les périls auxquels on est exposé dans de semblables entreprises par la force et par la trahison, il lève l'étendard de la révolte, et se trouve bientôt à la tête de cent mille hommes aussi impatients que lui de délivrer la terre d'un monstre.

Néron exerçait alors son dernier consulat; il s'était donné pour collègue Silius Italicus, délateur dans sa jeunesse, poëte médiocre dans son âge mûr, et qui avait composé un poëme sur la première guerre punique.

L'empereur, informé du soulèvement des Gaules, met à prix la tête de Vindex pour dix millions. Vindex, après avoir lu ce décret, dit publiquement: « Quiconque m'apportera la tête de Néron recevra, s'il le veut, la mienne en échange. »

Rufin, Asiaticus, Flavius et tous les commandants des troupes dans les Gaules embrassèrent la cause de Vindex, et lui offrirent la couronne; mais il était ambitieux d'honneur et non de pouvoir. Il refusa le sceptre, et fit proclamer empereur Galba, gouverneur d'Espagne, personnage illustre par sa naissance, et dont l'expérience militaire et les grandes qualités méritaient l'estime générale.

Galba, en recevant ces nouvelles, apprit en même temps que Néron avait résolu sa mort. Il choisit, pour rassembler le peuple et les soldats, un jour consacré par l'usage à l'affranchissement des esclaves.

« Amis, leur dit-il, nous allons rendre à des cap-
» tifs un bien que nous avait donné la nature, et
» dont la tyrannie ne nous permet pas de jouir. Ja-
» mais esclave n'a plus souffert sous le joug de son
» maître que les Romains sous celui de Néron.
» Quelle propriété échappe à son avarice? quelle
» tête peut se croire à l'abri de sa cruauté? Ses mains
» fument encore du sang de son frère, de sa mère,
» de sa femme, de son instituteur; on a vu tomber
» sous ses coups les plus illustres soutiens de l'em-
» pire. Toutes ces victimes nous demandent ven-
» geance, non contre un prince, mais contre un
» incendiaire, contre un bourreau, contre un vil
» histrion, contre un méprisable cocher, contre un
» monstre déshonoré par d'infâmes noces qui font
» frémir la nature.

» Déjà Vindex l'attaque dans les Gaules, et ses
» légions jettent les yeux sur moi pour consommer
» la ruine du tyran. J'attends votre consentement,
» non pour aspirer à la dignité impériale, que je
» révère sans y prétendre, mais pour consacrer la

» fin de mes jours et de mes forces à la délivrance
» de ma patrie : et comme......... » Il voulait poursuivre ; un cri général et les acclamations universelles des soldats et du peuple le saluent empereur.

Il refusa modestement ce titre, et prit seulement celui de lieutenant du sénat et du peuple romain.

Othon, gouverneur de Lusitanie, se déclara pour Galba, et lui envoya même, pour subvenir aux frais de son entreprise, son argent et sa vaisselle.

Tandis que ce redoutable orage se formait contre Néron, ce prince insensé entrait en triomphe à Naples, et s'y plongeait dans les excès de la débauche. La première nouvelle de la défection des Gaules lui donna plus de joie que d'inquiétude ; il n'y vit que de nouveaux prétextes pour grossir ses trésors et satisfaire sa cruauté[1]. C'était sur l'oracle de Delphes qu'il fondait sa superstitieuse confiance. Apollon l'avait, disait-on, averti de craindre le nombre 73 ; et, comme il était à la fleur de son âge, il redoutait peu une mort qui semblait ne devoir le frapper qu'à un âge si avancé. Mais, lorsque d'autres courriers, apportant les nouvelles des progrès de la rébellion, lui apprirent que les

[1] An de Jésus-Christ 67.

armées des Gaules et d'Espagne avaient proclamé Galba empereur; et que ce général était alors âgé de soixante-treize ans, perdant à la fois le courage et l'espérance, il tomba dans la plus profonde consternation. Lâche autant que cruel, il ne tenta aucun effort pour se défendre, et demeura huit jours enfermé dans son palais, sans donner aucun ordre. Il dénonça seulement au sénat le manifeste de Vindex, et prétexta une grave incommodité pour excuser son éloignement de Rome dans un moment si critique.

Les lâches terreurs de cet insensé, en absorbant toutes ses facultés, n'abattaient point cependant encore la vanité puérile que lui inspirait l'opinion de ses talents comme artiste; et ce qui l'irrita le plus dans le manifeste de l'armée des Gaules, ce fut d'y voir que Vindex l'y traitait de méchant poète et d'ignorant musicien. « Qu'il prouve donc » ce qu'il avance! s'écriait-il indigné, et qu'il cher- » che dans tout l'univers un homme plus habile » dans ma profession! »

Ce qui caractérise souvent la faiblesse, c'est l'extrême mobilité avec laquelle on la voit passer successivement de la peur à l'espérance, et de l'espoir au découragement.

Le sénat déclara par un décret Vindex ennemi de l'état; dès ce moment, Néron, rassuré, ne croit plus avoir à craindre d'ennemis, et revient à Rome.

Les consuls se rendent chez lui; il ne les entretient que de l'invention d'une machine hydraulique qui rendait des sons harmonieux, et qu'il voulait, disait-il, montrer au peuple sur le théâtre, si Vindex lui en laissait le temps.

De nouveaux courriers font renaître ses terreurs; le sénat les dissipe en proscrivant Galba. Néron porte alors jusqu'à la démence ses orgies et ses projets de vengeance. Il ordonne le massacre de tous les gouverneurs de province, la mort de tous les bannis, le pillage de l'Espagne et des Gaules : on dit même qu'il conçut le dessein d'empoisonner tous les sénateurs dans un festin, de livrer Rome aux flammes une seconde fois, et de lâcher dans les rues les bêtes féroces du cirque, afin d'empêcher le peuple d'éteindre le feu. En même temps il annonce qu'il va marcher contre ses ennemis, et se forme une garde de femmes prostituées qu'il habille et arme comme des amazones.

Le sénat, les patriciens, les chevaliers, le peuple, les soldats, tous se révoltent enfin, et jurent la mort de ce monstre. Il apprend à table ce soulèvement général; il brise dans sa fureur deux vases de cristal, et demande à ses esclaves une boîte d'or qui renfermait un poison subtil. Un moment après, il dépêche des courriers à Ostie pour ordonner à sa flotte de se tenir prête à le recevoir.

On lui annonce que les prétoriens refusent de

le suivre : tremblant, incertain, il ne sait s'il doit prendre la fuite et demander asile aux Parthes; s'il ne vaudrait pas mieux implorer la clémence de Galba; ou si, vêtu de deuil, il n'essaiera pas de fléchir le peuple romain, en le suppliant de lui laisser le gouvernement de l'Égypte. Il se décide enfin à suivre ce dernier parti.

Au milieu de la nuit, il s'aperçoit que sa garde l'a abandonné, et que son palais est livré au pillage; il sort précipitamment du lit, appelle ses indignes ministres, ses lâches favoris; nul ne lui répond : il se trouve au milieu de la capitale du monde, comme un esclave fugitif dans un désert.

Il veut avoir recours au poison; on le lui avait enlevé : il appelle vainement à grands cris le gladiateur Spicilius. « Ne trouverai-je donc pas, s'écriait-il, » d'amis pour me défendre, ou d'ennemis pour » me tuer ? » Furieux, il s'éloigne du palais, et court pour se précipiter dans le Tibre.

Phaon, un de ses affranchis, l'arrête et lui offre un asile dans sa maison de campagne, à quatre milles de Rome : il l'accepte, et fuit enveloppé dans un manteau grossier. L'infâme Sporus et trois esclaves composaient sa seule escorte.

Pendant sa route, une violente secousse de tremblement de terre, et la lueur des éclairs qui sillonnaient les sombres nuages, augmentent ses terreurs. Il se croit poursuivi par les dieux comme par les hommes, et prend chaque objet et chaque bruit pour l'ombre et pour le cri d'une de ses victimes.

En passant près du camp des prétoriens, il entend les soldats qui l'accablent d'imprécations, et il rencontre des voyageurs qui disent en le voyant : « Voilà sûrement des hommes qui cherchent l'in- » fâme Néron pour le tuer. » Saisi d'horreur et d'effroi, il s'éloigne précipitamment de la route, s'enfonce dans des sentiers remplis de ronces; il arrive enfin derrière la basse-cour de Phaon, se jette, accablé de lassitude, sur des roseaux, et prenant dans ses mains l'eau d'une mare : « Voilà donc, » dit-il, la liqueur réservée désormais à Néron! » Ses esclaves percent un trou sous la muraille; et l'empereur, se traînant comme un vil serpent, entre dans la cour par cette ouverture, et parvient à une chambre retirée, où il reste vingt-quatre heures enfermé.

Pendant ce temps, le sénat rassemblé, l'ayant déclaré ennemi de la patrie, l'avait condamné à subir la rigueur des anciennes lois. Phaon lui apporta ce décret; et, comme il en demandait l'explication, on lui apprit que, suivant les anciennes coutumes, comme ennemi de l'état, il devait être attaché à un poteau sur la place publique, frappé de verges jusqu'à la mort, et jeté dans le Tibre. « Hélas! répondit ce monstre insensé, faut-il donc » qu'un si bon musicien périsse! »

La crainte du supplice dont il était menacé parut d'abord lui donner un peu de fermeté; tirant de sa ceinture un poignard, il en approcha la pointe de son sein; mais, sa lâcheté l'empêchant de frapper, il fondit en larmes, et pria ceux qui l'entouraient de lui donner l'exemple du courage. Tout à coup un grand bruit de chevaux fait retentir la cour; il entend la voix des officiers qui le cherchent; alors, fortifié par le désespoir, il fait soutenir son bras par Épaphrodite, et s'enfonce le poignard dans la gorge. Il respirait encore; le centurion chargé de l'arrêter entre dans l'appartement, veut panser sa blessure, et lui dit qu'il vient le secourir. « Tu arrives trop tard, répondit Néron : » est-ce là cette fidélité que tu m'as jurée ? » A ces mots, il expira, en menaçant encore le ciel par ses affreux regards.

Néron était âgé de trente-deux ans, et en avait régné treize. Il mourut l'an 821 de la fondation de Rome, 69 depuis la naissance de Jésus-Christ, 112 depuis le renversement de la république par Jules César, et 94 depuis l'entier rétablissement de la monarchie d'Auguste. Le peuple en fureur renversa ses statues et massacra quelques-uns de ses ministres. On voulait jeter son corps dans le Tibre; deux femmes qui avaient élevé son enfance, et Acté sa première maîtresse, recueillirent ses restes, et les placèrent dans le tombeau de Domitius.

CHAPTRE VII.

GALBA.

(An de Rome 821. — De Jésus-Christ 69.)

Joie dans Rome après la mort de Néron. — Meurtres au dehors. — Décret du sénat pour l'élévation de Galba. — Mort de Vindex. — Portrait de Galba. — Départ de Galba pour Rome. — Son arrivée dans cette ville. — Ses rigueurs. — Soulèvement en faveur de Vitellius. — Adoption de Pison par Galba. — Discours de Galba à Pison. — Jalousie d'Othon. — Conspiration contre Galba. — Othon est proclamé empereur par les soldats. — Mort de Galba.

La nouvelle de la mort de Néron répandit la plus vive joie parmi tous ceux qui avaient quelques périls à craindre, quelque réputation à soutenir, quelque fortune à conserver. On parcourait les rues comme aux jours de fêtes; on s'embrassait sans se connaître. Les amis de la vertu et de la liberté se félicitaient, ainsi que leurs clients, de voir la terre purgée d'un monstre.

Le sénat, triomphant de la chute du tyran, comme s'il l'avait seul renversé, se flattait de ressaisir ses droits; mais la vile populace, les esclaves pervers, les avides affranchis, et les hommes qui faisaient consister leur bonheur dans l'excès des vices, dans la profusion des fêtes, dans la passion des jeux, portaient le deuil de Néron.

La joie des gens de bien ne tarda pas à être troublée: l'ombre de Néron vint encore les épouvanter: un imposteur prit son nom, et se fit des partisans dans l'Orient: il ressemblait à ce prince, et jouait de la lyre comme lui. Après quelques succès momentanés, il fut arrêté et mis à mort.

D'autres motifs d'inquiétude augmentaient leurs alarmes; ils redoutaient l'esprit turbulent des armées et l'ambition des chefs. Ceux-ci aimaient encore la gloire, mais ne voulaient plus de liberté: Nymphidius, commandant de la garde prétorienne, leva le premier l'étendard de la révolte. Fier du pouvoir qu'il se croyait sur les soldats, il aspira ouvertement à l'empire; mais, ses partisans se trouvant peu nombreux, il périt dans une émeute.

Macer voulut soulever l'Afrique; le propréteur Garrucianus le poignarda. Valens et Aquinius firent éprouver le même sort à Capito, qui cherchait à se faire porter au trône par les légions de Germanie.

Tous ces meurtres, commis par des hommes non moins ambitieux que leurs victimes, affligeaient profondément les partisans du gouvernement républicain, et leur prouvaient qu'il était impossible de voir renaître la liberté dans un état où les soldats n'étaient plus citoyens.

Le sénat, éclairé par ces événements, aima mieux se donner un maître que de le recevoir; il proclama Galba, et, par ce décret, apaisa la révolte d'une partie de l'armée d'Espagne. Celle de Germanie était entrée dans les Gaules pour réprimer l'insurrection gauloise. Virginius Rufus, son chef, voulait s'entendre avec Vindex; mais leurs troupes combattirent l'une contre l'autre avec acharnement, sans écouter leurs ordres : l'armée des Gaules fut battue; Vindex, qui la commandait, se tua de désespoir. Les légions de Germanie offrirent l'empire à Virginius; il le refusa, attendit la décision du peuple et du sénat, et ne reconnut Galba que lorsque ce prince fut proclamé empereur par eux.

L'armée du Haut-Rhin se trouvait sous les ordres d'Hordéonius, général sans talent et sans caractère. Il avait suivi d'abord l'impulsion de Vindex, il se conforma ensuite à l'exemple de Virginius.

Servius Sulpicius Galba, illustre par sa naissance, comptait parmi ses aïeux le vertueux Catulus, digne émule et collègue de Cicéron et de Caton. Dans sa jeunesse il avait montré de nobles sentiments, une rare modestie, une bravoure brillante. Porté au commandement par ses services autant que par son nom, il avait fait la guerre avec succès en Afrique, en Germanie et en Espagne. Observateur rigide de la discipline, simple dans ses goûts, équitable dans ses jugements, économe dans ses dépenses, il parut digne de l'empire, tant qu'il n'y fut pas parvenu. L'âge affaiblissant son esprit, il se laissa conduire par des favoris qui abusèrent de sa confiance; la vieillesse changea sa sévérité en dureté et son économie en avarice.

L'enthousiasme que les légions d'Espagne lui avaient montré s'était refroidi; on répandait le bruit de la fuite de Néron; et Galba, désespéré, était près de se donner la mort, lorsqu'il apprit tout à coup la fin tragique du tyran et les décrets du sénat et du peuple en sa faveur. Prenant alors le titre de César et les vêtements impériaux, il partit pour Rome; mais l'inquiétude que lui donnaient les intrigues de Nymphidius, la révolte de Macer, les prétentions de Capito et l'irrésolution de l'armée de Germanie, lui firent croire qu'il devait frapper ses rivaux de terreur. On lui vit porter à son cou un poignard, jusqu'au moment où il apprit que ses concurrents étaient tués. Dans sa route il chassa les gouverneurs, rasa les villes et chargea de tributs les peuples qui s'étaient montrés trop lents à le reconnaître.

En arrivant à Rome, il déploya la même sévérité, ordonna aux troupes de la marine, dont on avait formé des légions, de retourner sur la flotte; et, d'après leur refus d'obéir, les fit envelopper, charger et décimer.

La garde germaine était restée fidèle à Néron; on la soupçonnait de vouloir porter au trône Dolabella; il la licencia. Un grand nombre de citoyens que Néron avait exilés furent rappelés par le nouvel empereur; mais ils demeurèrent mécontents, parce qu'en leur rendant leurs emplois, il ne leur restitua pas leurs biens. Il fit promener dans Rome, chargés de fers, Élius, Polyclète, Locuste, Patrobius, Pétinus, infâmes ministres des cruautés de Néron. Croyant mal à propos, dans un temps de corruption et de révolution, pouvoir rétablir la vigueur de l'antique discipline, il refusa aux troupes la gratification que les empereurs donnaient à leur avénement, et répondit à leurs réclamations « qu'il » savait choisir des soldats et non les acheter. »

L'empereur cassa plusieurs officiers prétoriens soupçonnés d'avoir voulu favoriser Nymphidius. Ce qui hâta surtout sa perte, ce fut le choix funeste de ses ministres. Il accordait une confiance sans réserve à Titus Vinius, son lieutenant en Espagne, homme adroit, hardi, mais avide; à Cornélius Laco, capitaine des prétoriens, orgueilleux, ignorant et lâche; à Martianus Icélus, affranchi hautain et flatteur, qui prétendait aux plus hautes dignités, et voulait couvrir de pourpre les marques de ses anciennes chaînes.

De la différence qui existait entre le caractère du prince et ceux de ses favoris, il résultait la plus étrange contradiction dans les actes du gouvernement. Tout ce que Galba faisait de lui-même semblait digne d'estime; tout ce qu'il laissait faire à ses favoris le discréditait. On avait approuvé généralement ses discours modestes au sénat, la liberté qu'il laissait aux délibérations, son respect pour les droits du peuple, son mépris pour les délateurs, son affabilité pour les citoyens; mais on supportait impatiemment l'insolence et l'avarice de ses ministres : tantôt on voyait condamner de grands personnages pour de légers délits; tantôt on voyait absoudre de vrais coupables, hommes de basses mœurs et d'obscure naissance.

Avec de louables intentions, Galba ne fit rien de grand ni d'utile, parce qu'il avait peu de lumières. Néron, prodigue sans mesure, avait donné à la multitude des sommes immenses. On faisait monter à quatre-vingt-dix millions ses libéralités extravagantes. Galba ordonna, sans prudence, la restitution de ce qui avait été donné sans motif. Une commission de cinquante chevaliers, chargée de cette recherche, remplit sa mission avec rigueur. Toutes les fortunes se virent attaquées et dérangées par cette inquisition arbitraire et fiscale : il semblait que tout dans Rome fût à l'encan; et ce qui augmenta le mécontentement, ce fut de voir que l'empereur, au lieu d'appliquer aux besoins de l'état l'argent recouvré par cette mesure, s'en emparait avidement, et le gardait pour lui seul. La vénalité des commissaires accrut le désordre : on maltraita les provinces comme la capitale. Delphes et Olympie se virent forcées de rendre les dons qu'elles avaient reçus de Néron. Plus on se plaignait de cette sévérité déplacée, plus on blâma, d'un autre côté, des actes de faiblesse pour des hommes odieux. Le peuple appelait en jugement Halotus et Tigellinus, complices et peut-être auteurs de la plupart des crimes de Néron; ils prodiguèrent leurs trésors aux favoris de Galba, et achetèrent ainsi leur absolution.

Ce mélange de rigueur et de corruption excitait dans Rome la colère et le mépris. Le mécontentement de la capitale se répandit dans les provinces; les légions de Germanie, persuadées qu'elles devaient craindre la vengeance de Galba, parce qu'elles s'étaient déclarées les dernières pour lui, se révoltèrent contre le faible Hordéonius Flaccus leur lieutenant, et offrirent l'empire à Vitellius, que l'empereur venait de leur donner pour général.

Valens et Cécinna, accablés de dettes, avides de mouvements et de nouveautés, relâchant tous les liens de la discipline pour se concilier l'affection des soldats, cherchaient à corrompre les légions qu'ils commandaient et à leur faire embrasser la cause de Vitellius, dont les mœurs promettaient aux amis du vice un nouveau Néron.

L'empereur, informé de ces troubles, crut que sa vieillesse seule les faisait naître, qu'il les dissiperait en se choisissant un jeune successeur, et enlèverait par là tout espoir aux factions.

Dès que son intention fut connue, ce choix divisa la cour. Othon, qui le premier avait soutenu Galba de son nom, de ses troupes, de son épée et de sa fortune, prétendait hautement à cette adoption : il faisait valoir en sa faveur ses services, son zèle et l'affection que lui témoignaient les cohortes prétoriennes. Vinius l'appuyait. Othon avait contre lui Lacon, jaloux de son crédit et de ses propres vices. Tous les gens de bien craignaient de voir monter sur le trône un des plus ardents compagnons de débauche de l'impudique Néron.

Galba, n'écoutant aucun de ses ministres, et ne consultant que la voix publique, déconcerta tous ses favoris, et déclara qu'il adoptait pour son successeur Lucinianus Pison, homme de mœurs austères, et dont Rome respectait autant les vertus que la naissance.

L'empereur l'appela près de lui, et lui parla en ces termes : « Si dans un rang ordinaire Galba eût
» adopté Pison, il aurait encore dû se féliciter d'in-
» troduire dans sa famille un descendant de Crassus
» et de Pompée, et Pison devrait s'honorer d'unir
» l'illustration de ses ancêtres à celle des Sulpicius et

» des Catulus. Aujourd'hui, c'est ton empereur,
» porté au trône par les suffrages des hommes et
» par la faveur des dieux, qui, rendant justice à tes
» vertus, et ne consultant que l'amour de la patrie,
» t'appelle librement à un trône que nos aïeux se
» disputaient les armes à la main; il veut te faire
» partager un pouvoir qu'il ne doit qu'à ses travaux
» militaires.

» Auguste adopta Marcellus et Agrippa, ses
» gendres, ensuite ses enfants, enfin Tibère, fils de
» son épouse. Ce prince prit son successeur dans sa
» famille, je choisis le mien parmi les citoyens : ce
» n'est point que je manque d'amitié pour mes pa-
» rents et pour mes compagnons d'armes; mais,
» n'ayant pas accepté l'empire par ambition, je ne
» considère que le bien de Rome, et je te préfère,
» non-seulement à ma famille, mais à ton frère aîné,
» qui serait digne du rang où je t'élève, si tu ne le
» méritais pas encore mieux que lui.

» A ton âge, on est revenu des erreurs de la jeu-
» nesse. Tu as supporté la mauvaise fortune; la
» prospérité t'offre une épreuve plus difficile. Le
» malheur nous fortifie, le bonheur nous amollit :
» je crois que ton cœur restera vertueux; mais ton
» élévation changera celui des autres; leur amitié
» sera remplacée par l'adulation, par l'intrigue,
» par l'intérêt personnel, poison destructeur de
» toute affection réelle.

» La franchise préside aujourd'hui à notre entre-

» tien ; dorénavant ce ne sera plus à toi, mais à l'em-
» pereur qu'on parlera. Les princes trouvent beau-
» coup de flatteurs pour encourager leurs passions,
» peu d'hommes courageux pour leur rappeler
» leurs devoirs.

» Si cet empire immense pouvait se passer d'un
» chef, je me serais senti digne de rétablir la répu-
» blique; mais depuis long-temps le destin ne le
» permet pas : tout ce que nous devons au peuple
» romain, c'est de consacrer, moi, mes derniers
» jours à faire un bon choix, et toi, toute ta vie à le
» justifier. Rome était devenue, sous Tibère, sous
» Caïus, sous Claude, l'héritage d'une famille ; elle
» devient plus libre, puisque nous donnons l'exem-
» ple d'élire ses maîtres. Après nous, les plus ver-
» tueux citoyens parviendront à l'empire par l'adop-
» tion : le sceptre dû à la naissance est soumis au
» caprice du hasard ; le choix d'un prince qu'on
» adopte est le fruit de la réflexion et de l'opinion
» publique qui le désigne.

» Contemple le sort de Néron ; issu d'une longue
» suite de Césars, ce n'est pas Vindex, gouverneur
» d'une faible province, ce n'est pas moi avec une
» seule légion, qui l'avons renversé ; ce sont ses
» débauches, ses excès, ses cruautés qui l'ont pré-
» cipité du trône. Puisque tant de droits anciens
» n'ont pu sauver ce prince, le premier qui ait subi
» une condamnation du peuple, comment échap-

» perions-nous à l'envie, nous qui n'avons d'autres
» titres que notre épée et l'estime due à quelques
» vertus?

» Ne t'alarme point cependant si, dans tout l'em-
» pire, deux légions refusent encore de se sou-
» mettre : je ne suis point arrivé au trône sans périls;
» ma vieillesse était le seul reproche qu'on pût me
» faire ; elle disparaît par ton adoption.

» Tu verras toujours Néron regretté par les mé-
» chants ; agissons seulement de sorte qu'il ne le soit
» jamais par les hommes vertueux.

» Si j'ai fait un bon choix, de plus longs avis
» seraient inutiles ; ta règle de conduite est facile
» et simple ; rappelle-toi toujours ce que tu louais
» ou blâmais dans la conduite des princes qui t'ont
» précédé. Ailleurs, chez des peuples soumis à des
» rois, une famille de maîtres gouverne une nation
» d'esclaves ; ici, songe que tu vas régir des hommes
» qui ne peuvent supporter ni une liberté totale, ni
» une entière servitude. »

Pison répondit avec calme à ce discours, parla de l'empereur avec respect, de lui-même avec modestie : rien ne changea dans son maintien ; il paraissait plus mériter qu'aimer le trône. Galba le mena au camp, et harangua en peu de mots et avec sécheresse les soldats qui le reçurent froidement. Cette sévérité antique était déplacée ; la plus légère gratification eût peut-être alors concilié les esprits.

Le choix de ce nouveau César enflamma Othon de jalousie et de colère. Il vit le mécontentement des troupes, et conçut l'espoir d'en profiter. Affable et familier avec les soldats, il se mêlait à leurs jeux, prenait part à leurs intérêts, s'occupait de leurs familles et de leurs affaires, encourageait leur licence, et ne dissimulait point avec eux non-seulement son désir, mais même son besoin de parvenir au trône. Accablé de dettes, « il lui fallait, disait-il, » périr ou régner, et il lui était indifférent de » mourir de la main de l'empereur ou de celle de ses » créanciers. » Tel était le malheur de ce temps, qu'au mépris des décrets du sénat et du peuple, deux soldats, gagnés par un affranchi, renversèrent un empereur légalement élu, et disposèrent de l'empire romain en faveur d'un jeune débauché qui n'aspirait au rang des Césars que pour payer ses dettes.

Ces deux soldats, corrompus par Onomaste, domestique d'Othon, en séduisirent quelques autres qui formèrent audacieusement le projet de détrôner Galba et de couronner Othon. On fut promptement informé au palais de leurs intrigues et de leurs discours. Rien n'était aussi facile que d'étouffer ce complot dans sa naissance; mais Lacon, lâche officier et ministre indolent, méprisa ce bruit, et ne le crut pas digne d'exciter l'inquiétude ni même l'attention de l'empereur.

Les conjurés fixèrent au 15 janvier l'exécution

de leurs desseins. Le 14 au soir, Othon vient, suivant sa coutume, saluer Galba qui l'accueille sans méfiance et l'embrasse avec cordialité. Il assiste avec l'empereur à un sacrifice, et y reste jusqu'au moment où l'affranchi Onomaste l'avertit que « son » architecte l'attendait chez lui. » C'était le signal convenu : il sort sous prétexte d'examiner une maison qu'il voulait acheter. Arrivé au rendez-vous des conjurés, près de la colonne dorée d'où partaient toutes les routes d'Italie, il s'étonne de ne voir autour de lui qu'une trentaine de soldats. Cependant, trop avancé pour pouvoir reculer, et fondant son espoir sur son audace, il harangue cette faible troupe, lui rappelle l'avarice de Galba, la rigueur de ses ordres, le massacre des troupes de la marine, la dureté insupportable de sa discipline, la destitution des officiers, les rapines de ses favoris : « Vous » cherchez, dit-il, un remède à tous ces maux? il » est dans vos mains. Vous m'avez déjà nommé » votre prince, donnez-m'en donc le pouvoir comme » le titre. Que la crainte d'une guerre civile ne vous » arrête pas; Rome n'a qu'un sentiment : elle méprise le faible vieillard qui la gouverne. La seule » cohorte qui garde l'empereur est, suivant l'antique usage, en toges et sans armes; elle servira » moins à défendre Galba qu'à empêcher qu'il ne » nous échappe. Il n'y aura entre elle et vous qu'un » combat de zèle pour me seconder. »

Les conjurés répondent à ces paroles par de vives acclamations ; ils proclament Othon empereur, mettent l'épée à la main, intimident la foule qui les environne, la traversent, se grossissent en chemin de ces nouveaux partisans qu'attirent toujours la hardiesse et le changement, et conduisent le nouveau César au camp.

Julius Martialis, tribun, était alors de garde. L'étonnement où le jette une telle entreprise l'empêche d'arrêter les conspirateurs; toutes les cohortes prétoriennes et tous les soldats de la marine se joignent précipitamment à eux ; Othon leur prodigue les promesses et les caresses, ne trouvant aucun moyen trop bas pour s'élever au trône. Ils lui prêtent tous serment de fidélité.

Les nouvelles de cet événement arrivent au palais, altérées par les passions, grossies par la peur ou atténuées par la flatterie. Les consuls, les sénateurs, les chevaliers accourent près de Galba, mesurant leur zèle et leurs paroles suivant les différents rapports qu'on reçoit successivement. Galba flotte incertain au milieu des opinions opposées de ses ministres. Les uns veulent qu'il marche contre les rebelles et qu'il arme le peuple ; d'autres qu'il se retire au Capitole. Cependant Pison harangue la cohorte prétorienne, lui représente la longue carrière de gloire du prince, la majesté du sénat, les droits du peuple ; il leur rappelle les vices et les

excès d'Othon : « Si les soldats, dit-il, méprisent les
» lois, et veulent disposer du trône, au moins ne
» doivent-ils pas choisir pour empereurs des scé-
» lérats et des débauchés ; et, si l'intérêt seul les
» anime, il vaut mieux pour eux mériter des ré-
» compenses par la fidélité que par le crime. »

Se croyant assuré de la cohorte du palais, il se
rendit au camp avec Celsus ; mais les révoltés leur
en défendirent l'entrée, et les repoussèrent à coups
de javelots. Cependant le bruit se répand dans
Rome qu'Othon vient de périr dans une émeute :
les flatteurs s'empressent de féliciter l'empereur ;
les plus circonspects déclament hautement contre
les rebelles ; les plus lâches affectent le plus d'ardeur. Après une longue indécision, Galba monte
enfin à cheval, suivi de ses gardes ; la curiosité
l'accompagne plus que l'affection. Un prétorien,
Julius Atticus, accourt, tenant à la main un glaive
ensanglanté, et criant qu'il a tué Othon : Galba,
imperturbable dans ses maximes d'ancienne discipline, lui dit froidement : « Qui t'en a donné l'or-
» dre ? » et continue sa marche.

Un peuple innombrable le reçoit sur le Forum,
en silence, et attentif comme on l'est à un grand
spectacle. Cependant Othon, certain que la rapidité peut seule assurer le succès d'une telle entreprise, fait marcher promptement tous ses soldats,
craignant que le moindre retard ne leur montrât

le péril et ne refroidît leur ardeur. Un corps de cavalerie nombreux, traversant la ville avec célérité, paraît tout à coup sur le Forum; mais, à la vue de l'empereur, du sénat et du peuple, cette troupe s'arrête intimidée; au lieu de profiter de ce moment favorable qui pouvait tout changer, Galba hésite, ou l'abandonne; l'ennemi reprend courage, foule aux pieds tout ce qui se trouve sur son chemin: Galba, entouré par les rebelles, présente sa gorge aux soldats, en leur disant: « Frappez, si le salut de » la république l'exige. » Ces furieux le massacrent, et sa tête coupée est portée au bout d'une lance à Othon. Son corps resta long-temps dans la rue; tous ses courtisans avaient fui; un seul esclave fidèle lui donna la sépulture. Ses trois favoris furent égorgés. Un centurion, Sempronius, donna, dans ce jour de crimes et de lâcheté, un rare exemple de courage et de fidélité. Armé d'un poignard, il combattit seul, arrêta l'armée ennemie, sauva momentanément Pison, et le conduisit dans un asile, où il fut, peu de temps après, livré par la trahison aux satellites du nouvel empereur qui le firent périr. Tacite, en racontant cette révolution criminelle qui renversa les lois, le trône, et soumit le sceptre aux caprices du soldat, dit avec raison de ce crime: « Peu le conçurent, quelques-uns » l'exécutèrent, et tous le souffrirent. »

CHAPITRE VIII.

OTHON.

(An de Rome 822. — De Jésus-Christ 70.)

Élévation d'Othon à l'empire. — Sa générosité envers Marius Celsus. — Guerre civile entre Othon et Vitellius. — Préparatifs de guerre. — Rivalité de Vespasien et de Mucien, réconciliés par Titus, fils de Vespasien. — Bataille de Bébriac. — Victoire de Vitellius. — Abdication d'Othon. — Son discours à ses soldats. — Ses derniers moments. — Sa mort.

Dès que Galba fut mort, tout changea de face dans Rome ; on aurait cru voir un autre sénat et un autre peuple. Les mêmes hommes qui tout à l'heure avaient déclamé contre les vices et contre l'audace sacrilége d'Othon, se précipitaient maintenant à ses pieds, exaltaient ses vertus, le félicitaient de son triomphe, et le remerciaient d'avoir délivré les Romains d'une oppression insupportable. Moins le zèle était sincère, plus il était exagéré.

Othon, d'une ancienne maison, originaire d'Étrurie, éloquent, brave, spirituel, eût été digne de gouverner l'empire, s'il eût été moins gouverné lui-même par ses passions. Dans ses premières années, corrompu par les exemples du siècle, séduit par les charmes de Poppée, il avait partagé les débauches de Néron : envoyé en Lusitanie, il y développa de grandes qualités. Il était affable, généreux; mais sa prodigalité aurait été peut-être plus funeste aux Romains que l'avarice de Galba.

Lorsqu'il eut reçu les félicitations des patriciens et du peuple, il se rendit au sénat. Ce corps, impatient de montrer sa lâcheté, prévint ses excuses par des hommages, et lui décerna le nom d'Auguste avec tous les titres de ses prédécesseurs. Il remercia les sénateurs de leur empressement, leur dit qu'il ne s'était emparé du pouvoir que dans le dessein d'obéir au sénat et au peuple, et promit de ne se gouverner que par leurs avis. Comme il se trouvait le premier César nommé par les prétoriens, il paya leur zèle par une magnifique gratification. Récompensés de leur infidélité, ils se crurent dès ce moment le droit de disposer de l'empire.

Le nouvel empereur surprit le public par sa conduite; on le vit, contre l'attente générale, renoncer à la mollesse, négliger les plaisirs et s'appliquer aux affaires.

Marius Celsus, comblé de bienfaits par Galba, lui restait fidèle, et persistait courageusement à défendre son règne et à honorer sa mémoire. Othon, irrité, ordonna de l'amener devant lui : Celsus, après avoir déclaré avec fermeté ses sentiments, ajouta ce peu de mots : « La reconnaissance est une » vertu qui devrait plutôt attendre d'un prince » juste des récompenses que des châtiments. » L'empereur, frappé de cette vérité, l'embrassa et lui donna une grande charge auprès de sa personne.

Le supplice du lâche Tigellin et la restitution des biens des exilés concilièrent à Othon l'affection publique ; mais le sort ne l'avait pas destiné à réaliser les espérances du peuple. Quinze jours avant la mort de Galba, les légions de la Basse-Germanie, se croyant autant de droits pour donner un chef à l'empire que celles d'Espagne, avaient proclamé Vitellius empereur. Elles persistèrent dans leur choix après la nomination d'Othon, et méprisèrent les décrets du sénat qu'elles regardaient comme dictés par la crainte et par la violence.

Cette nouvelle consterna les Romains ; ils avaient sacrifié leur liberté à leur repos, et préféré la domination d'un seul maître aux tyrannies successives et sanglantes des grands qui se disputaient le gouvernement de la république. Ce sacrifice devenait inutile ; l'empire allait voir recommencer les querelles et les proscriptions du triumvirat ; et ils se trouvaient près de retomber dans toutes les horreurs des guerres civiles.

Othon, pour se concilier l'opinion générale, essaya de détourner l'orage par des négociations. Connaissant le caractère avare, indolent et voluptueux de Vitellius, il lui offrit, s'il voulait renoncer à ses prétentions, une retraite tranquille et des trésors immenses; Vitellius, de son côté, lui fit les mêmes propositions. On lui croyait un parti dans Rome; la jalousie, la méfiance et la peur désunissaient celui d'Othon. Le sénat, intimidé par tant de révolutions successives, craignait l'événement, et se montrait indécis; chacun réglait sa conduite, son maintien, ses paroles, sur le plus ou le moins de confiance ou de crainte qu'inspiraient les nouvelles qu'on recevait. Othon seul, courageux et vigilant pour conserver le trône comme pour l'acquérir, pressait avec activité les préparatifs de guerre; il se vit bientôt à la tête d'une armée nombreuse, mais plus forte en apparence qu'en réalité. L'âge et une longue paix avaient affaibli les anciens sénateurs; les patriciens avaient perdu l'habitude des camps; les chevaliers, amollis par les voluptés, frémissaient de se voir exposés aux périls et aux fatigues de la guerre, et les prétoriens, quoique braves, étaient moins aguerris que les légions de Germanie. Cependant tous les hommes légers, qu'éblouit la présence du pouvoir, et dont les regards ne s'étendent pas dans l'avenir, ne parlaient que d'espérances et de triomphes; les hommes sages ne voyaient dans les divers résultats de ces dissensions, que des malheurs pour la république, et les intrigants épiaient les événements pour en profiter.

Les armées de Germanie, du Rhin et des Gaules embrassaient toutes le parti de Vitellius. Ce prince indigne non-seulement du trône, mais même du commandement que lui avaient donné les favoris de Galba, ne trouvait d'autre avantage dans le rang suprême que celui de pouvoir satisfaire sans contrainte la brutalité de ses grossières passions; consumant à table et dans l'ivresse ses nuits et ses jours, son indolence aurait été incapable de disputer le trône à son rival; mais l'activité de ses lieutenants, Valens et Cécinna, fit sa fortune et lui valut la victoire.

Ses généraux rassemblèrent avec rapidité toutes les troupes, enrichirent le trésor par d'horribles pillages, détruisirent Divodunum (Metz) qui leur refusait des secours, dévastèrent l'Helvétie qui se déclarait contre eux, intimidèrent les Lyonnais disposés en faveur d'Othon par leur attachement pour Néron; enfin, par la promptitude de leur marche, ils déterminèrent les provinces septentrionales d'Italie à embrasser leur cause; car alors le parti qui inspirait le plus de crainte semblait le plus légitime.

Dans l'Orient on méprisait presque également Othon et Vitellius : les armées belliqueuses de ces contrées, commandées par des capitaines habiles, ne reconnaissaient que l'autorité de leurs chefs. Vespasien, guerrier infatigable, sévère dans ses mœurs, tempérant, sobre dans ses plaisirs, modeste dans ses vêtements, marchait toujours à la tête des troupes, traçait lui-même leur camp, partageait leurs travaux et leurs périls, déconcertait les mesures de l'ennemi par sa vigilance, l'effrayait par son intrépidité : soldat vaillant, capitaine expérimenté, il aurait égalé la renommée des généraux anciens s'il se fût montré moins cupide.

Son collègue Mucien, magnifique, généreux, éloquent, imposait le respect au peuple et aux soldats par son instruction dans les affaires civiles et par la dignité de ses formes. Tacite remarque qu'en réunissant les qualités de ces deux hommes, on en aurait fait un excellent empereur.

L'ambition les rendit d'abord rivaux et presque ennemis. Titus, fils de Vespasien, les rapprocha : ce jeune prince, destiné par le sort à faire trop peu de temps le bonheur du monde, avait reçu du ciel un charme auquel rien ne résistait. Vespasien et Mucien, unissant leurs vues, et réglant leur conduite avec prudence, avaient reconnu Galba. Titus même était parti d'Asie dans l'intention de venir demander ses ordres; mais il apprit en Grèce la mort de l'empereur, et revint sur ses pas. Les généraux jugèrent convenable de faire prêter serment à Othon par leurs légions, mais elles obéirent avec une froideur qui prouvait leur mécontentement.

Les armées de Dalmatie, de Pannonie et de Mœsie se déclarèrent plus franchement; elles se disposaient à marcher au secours d'Othon, qui aurait probablement triomphé s'il eût attendu ce renfort. C'était l'avis de ses généraux, Suétone, Celsus et Gallus, hommes expérimentés, dont le courage égalait la prudence; mais Licinius, préfet du prétoire et favori d'Othon, l'empêcha de suivre leurs sages conseils. N'écoutant que son impatience, et brûlant d'arrêter la marche des vitelliens déjà entrés en Italie, Othon laissa le gouvernement de Rome au consul Titien son frère, et à Flavius Sabinus, préfet de la capitale et frère de Vespasien. Il harangua le sénat avec modération, sans se permettre aucune injure contre son rival, rejoignit son armée, et rencontra près des Alpes celle de son ennemi.

Cette armée était séparée en deux corps; Cécinna en commandait un, et Valens l'autre. Vitellius restait dans la Gaule, attendant des renforts de Germanie et de Bretagne. Valens ressemblait à Antoine par son audace, par son ambition sans bornes, par sa licence sans frein. Cécinna, son égal en bravoure, le surpassait en éloquence : il éblouissait la multitude par son faste, et se faisait haïr des grands par sa fierté.

Au moment où l'Italie, en proie au pillage de ces deux armées, attendait leur choc avec effroi, chacun se rappelait les cruelles dissensions de César et de Pompée, d'Antoine et d'Octave, et les jours funestes de Pharsale et d'Actium.

Dans les deux armées on entendait le même cri: « Rome et l'empire! » et les deux partis n'étaient animés que de la même passion, celle de s'enrichir et de commander.

Othon montrait en public beaucoup de confiance et de fermeté; mais, entré dans sa tente, il était troublé par des songes, et plus probablement par des remords; car, dans l'obscurité de la nuit, il croyait voir l'ombre de Galba l'accablant de reproches et l'arrachant de son lit.

Cécinna, trop pressé de vaincre seul, fut repoussé dans deux combats. Craignant que Valens ne vînt lui enlever l'honneur de cette guerre, il se décida à tenter de nouveau le sort, et perdit, près de Crémone, une troisième bataille. Valens vint enfin se réunir à lui, et tous deux se décidèrent à risquer une affaire générale.

L'armée d'Othon était campée à Bébriac, entre Crémone et Vérone. L'empereur pressait le combat. En vain Suétone et Celsus lui représentèrent qu'il devait tirer la guerre en longueur; que les troupes ennemies, dépourvues de vivres, commençaient à déserter, et qu'il fallait au moins, avant de combattre, attendre l'arrivée des légions de Pannonie, de Mœsie et de Dalmatie; les courtisans soutenaient au contraire qu'il était urgent de terminer les malheurs publics, de soulager les peuples, et que le parti légitime devait plus se fier à la justice de sa cause et à la faveur des dieux qu'au secours des provinces.

Othon, las de la guerre, se rangea de leur avis, et déclara qu'il préférait le danger d'une prompte ruine à la prolongation de ses inquiétudes. La bataille fut résolue; et, contre l'avis des généraux, on décida qu'Othon ne serait pas présent au combat, afin qu'en cas de revers on ne se trouvât pas sans ressources. Il se retira à Brixellum, près de Rhége. De ce moment sa cause fut perdue; son absence découragea les troupes; et les généraux, mécontents, mal obéis et gênés par les ordres qu'on leur envoyait de loin, n'eurent plus pour ainsi dire que le titre du commandement.

Quelques historiens rapportent que les deux armées, prêtes à en venir aux mains, s'arrêtèrent et furent quelques moments tentées de déposer leurs armes, et de laisser au sénat la décision du sort de l'empire. Tacite ne croit pas que les satellites d'Othon et de Vitellius eussent été capables de concevoir cette idée généreuse : « Depuis long-temps,

» dit-il, les soldats de tous les partis, corrompus par
» les mêmes vices et poursuivis également par les
» dieux, étaient portés à la discorde avec la même
» rage et avec la même soif de crimes. L'opiniâtreté
» ne leur manquait pas, et, si chacune de nos
» guerres civiles se termina par une seule action,
» la lâcheté des princes en fut la seule cause. »

D'autres croient que ce bruit d'un accommodement n'était qu'une ruse des généraux de Vitellius pour endormir leurs ennemis. Ce qui est certain, c'est qu'ils surprirent l'armée d'Othon en l'attaquant à l'improviste. Celle-ci soutint vaillamment le choc, reprit l'offensive, chargea les vitelliens, enfonça leurs premières lignes, et leur enleva même une aigle. Cécinna et Valens rallièrent leurs troupes, le combat fut opiniâtre et sanglant; mais enfin les vitelliens, ayant pris en flanc les troupes d'Othon, y jetèrent le désordre. Les prétoriens, amollis par un long séjour à Rome, abandonnèrent le champ de bataille; les autres suivirent ce contagieux exemple; leur retraite devint une déroute, et l'on fit un horrible carnage des vaincus.

Un prétorien courut porter cette désastreuse nouvelle à l'empereur : il ne voulait pas le croire, et l'accusait de lâcheté; le soldat, pour le convaincre et pour se justifier, se tua à ses pieds.

Othon, certain de son malheur, déclara qu'il ne voulait pas être plus long-temps cause de la perte d'hommes si braves et si dignes d'une meilleure des-

tinée : en vain toute l'armée accourant près de lui renouvela ses serments, jurant de le défendre et de le venger. Plautius Firmus, préfet du prétoire, se jetant à ses genoux, le supplia de ne point abandonner des troupes si fidèles ; il lui représenta inutilement que le courage trouve de la gloire dans l'infortnne, et que le désespoir ne convient qu'à la faiblesse. Rien ne put ébranler la résolution d'Othon. « Amis, leur dit-il, je n'attache pas assez
» de prix à ma vie pour tenter de la conserver en
» exposant votre courage et vos vertus à de nou-
» veaux périls. Plus vous me prouvez qu'il me reste
» encore d'espoir si je veux prolonger mon exis-
» tence, plus ma mort sera belle.

» Nous nous sommes mesurés, la fortune et moi ;
» j'apprécie ses faveurs, et je sens qu'il n'est pas
» difficile de renoncer à une félicité dont on doit
» jouir si peu de temps.

» Rome aura dû à Vitellius le commencement
» de la guerre : elle me devra le bonheur de la voir
» terminée. Cet exemple fera honorer par la pos-
» térité la mémoire d'Othon. Que Vitellius jouisse
» à son gré des embrassements de son épouse, de
» ses enfants, de son frère, que je lui ai conservés ;
» je n'ai besoin ni de vengeance ni de consolation :
» d'autres auront gardé l'empire plus long-temps
» que moi ; aucun ne l'aura quitté plus coura-
» geusement.

» Comment pourrais-je souffrir qu'une si bril-

» lante jeunesse et tant de braves légions soient
» encore écrasées et perdues pour Rome? Votre
» fidélité voulait périr pour moi; je ne lui demande
» que d'approuver ma fermeté. Mais ne perdons pas
» un temps précieux : je veux garantir votre sûreté
» et conserver mon courage; s'étendre en paroles
» dans ses derniers moments est une sorte de lâche-
» té. Adieu! Souvenez-vous, quelle que soit la cause
» de ma destinée, que je ne me plains de personne;
» car celui qui accuse les dieux et les hommes tient
» encore à la vie. »

Après ce discours, il pria ceux qui l'entouraient de se soumettre promptement à Vitellius afin d'éviter sa vengeance. Rentré chez lui, il écrivit deux lettres de consolation, l'une à sa sœur, l'autre à Messaline sa femme, autrefois promise à Néron. Il leur recommanda ses cendres. Son neveu, Salvius Coccéinus, se livrait au désespoir; il raffermit son courage. « N'oubliez pas, lui dit-il, que vous êtes
» neveu d'un empereur, mais prenez garde aussi de
» vous en trop souvenir. »

Il brûla ensuite tous les papiers qui pouvaient compromettre ses amis; il leur distribua son argent et ses bijoux. Tout à coup, entendant un grand tumulte dans la rue, il dit : « Je vois bien
» qu'il faut encore ajouter une nuit à ma vie. » Il en consacra une partie à rétablir l'ordre. S'étant enfin renfermé, il choisit de deux poignards le

plus aigu, le plaça près de son lit, et dormit paisiblement quelques heures. A son réveil, il enfonça le poignard dans son cœur, et expira. Un profond gémissement annonça sa mort. Les soldats vinrent en foule baiser ses mains et lui rendre les derniers honneurs. Plusieurs se tuèrent sur son bûcher; on publia qu'il n'avait point enlevé l'empire à Galba par ambition, mais dans le dessein de rétablir la liberté. L'amour du bien public, qu'il montra sur le trône, répara la honte de sa jeunesse, et le courage de sa mort fit oublier la mollesse de sa vie. Il mourut trois mois et cinq jours après Galba.

CHAPITRE IX.

VITELLIUS.

(An de Rome 822. — De Jésus-Christ 70.)

Élévation de Vitellius à l'empire. — Ses honteux excès. — Ses crimes. — Révolte en Orient en faveur de Vespasien. — Guerre civile entre Vitellius et Vespasien. — Bataille près de Crémone. — Prise et incendie de cette ville. — Abdication de Vitellius rejetée par le peuple. — Siége, prise et incendie du Capitole. — Mort de Vitellius.

Les troupes qui avaient combattu pour Othon se dispersèrent; leurs principaux officiers se rendirent en Germanie, et prièrent Virginius ou d'accepter l'empire, ou d'employer son crédit pour les réconcilier avec Cécinna et Valens. Virginius refusa le pouvoir suprême; les soldats, irrités, voulaient forcer sa volonté ou punir son refus; ce général prit le parti de fuir leur colère et le trône; il se tint caché jusqu'au moment où leur ressentiment fut apaisé. Rubrius Gallus, personnage consulaire, se chargea de la négociation, et obtint de

Vitellius une amnistie pour les sénateurs qui avaient suivi à l'armée l'empereur vaincu.

Dès qu'on sut à Rome la défaite et la mort d'Othon, le sénat, convoqué par le préfet Flavius Sabinus, déclara Vitellius empereur, le nomma Auguste, père de la patrie, et le remercia du bonheur que ses braves troupes assuraient à l'empire, tandis que ces mêmes troupes ravageaient l'Italie comme un pays ennemi. Ce corps illustre, que Cynéas prenait jadis pour une assemblée de rois, maintenant consterné, avili, ne semblait plus être que le jouet de la soldatesque et la décoration de la tyrannie.

Vitellius était encore dans les Gaules. Par un édit, il cassa les cohortes prétoriennes qui avaient fait périr Galba, et condamna à mort cent vingt des plus coupables. On approuva généralement cet acte de sévérité. Arrivé à Lyon, il donna à son fils le nom de Germanicus. Les généraux vaincus vinrent le trouver dans cette ville; il pardonna à Titien, parce qu'il avait dû combattre pour Othon, son frère. Suétone et Proculus restèrent long-temps incertains de leur sort; mais, la crainte les ayant portés à déclarer faussement qu'ils avaient trahi Othon, et fait perdre à ce prince la bataille de Bébriac, cette bassesse, comme le dit Tacite, « les fit » absoudre du crime de fidélité. »

Vitellius entra en Italie : loin de réprimer les

désordres de son armée, il en jouit. On le conduisit sur le champ de bataille de Bébriac; là, Cécinna et Valens lui montraient avec orgueil les positions des deux armées, et lui expliquaient les manœuvres qui avaient décidé la victoire. Chaque officier, chaque soldat reconnaissait son poste et racontait ses prouesses. Ce triste théâtre de la fureur des partis était couvert de cadavres qui infectaient l'air. Vitellius se repaissait de leur vue; et, comme on voulait l'en éloigner, il dit : « L'odeur d'un ennemi mort est » toujours agréable, et surtout celle d'un citoyen. »

Il fit venir sur le lieu même une immense quantité de vin qu'il distribua aux soldats. Loin de respecter aucun des anciens usages, ce prince farouche, à la tête de soixante mille hommes de diverses nations, entra dans Rome, à cheval, en conquérant, précédé du peuple et du sénat dont il triomphait insolemment.

Il se rendit au Capitole, offrit un sacrifice à Jupiter, et s'établit dans le palais impérial. Le lendemain, ayant convoqué le sénat, il prononça un discours fastidieux qui semblait dicté par la sottise et inspiré par la vanité. Il fit un long et pompeux éloge de ses actions, et promit un règne qui servirait de modèle à tous ses successeurs; la peur et l'adulation l'applaudirent. Haranguant ensuite le peuple, il parut vouloir refuser le titre d'Auguste, et se fit contraindre à l'accepter. On le déclara consul perpétuel et souverain pontife; il nomma aux magistratures pour dix ans, et bannit de Rome les astrologues, parce que quelques-uns d'entre eux avaient prédit qu'il ne règnerait pas une année. Le lendemain matin, on trouva, au bas de son édit affiché, ces mots hardis : « Nous, au nom, et par » l'autorité des anciens Chaldéens, nous ordonnons » à Vitellius Germanicus de sortir du monde aux » calendes du mois d'octobre. »

Vitellius se faisait gloire d'honorer la mémoire de Néron et d'imiter ses vices. Il offrit à ses mânes un sacrifice solennel. Se livrant exclusivement à la débauche, et surtout aux excès de la table, il abandonna le soin des affaires aux plus vils personnages de sa cour. Rien n'égalait son incroyable gourmandise; il consumait toutes ses heures à table, faisait cinq ou six repas par jour, et prenait des vomitifs pour les multiplier. Le seul moyen d'obtenir sa faveur était de se distinguer par la magnificence des festins. Plusieurs de ceux auxquels on l'invitait coûtèrent douze mille écus. On vit, à celui que lui donna son frère, deux mille plats de poisson et sept mille de volaille et de gibier. Sa gloutonnerie devint enfin une manie extravagante. Il fit fabriquer un plat d'une immense grandeur, qu'il nomma *le bouclier de Minerve*. On le remplissait de foies de lottes, de cervelles de faisans, de laitances de lamproies.

Toutes les richesses de Rome suffisaient à peine aux dépenses de sa table; elle coûta, dit-on, quatre-vingt-dix millions de sesterces en quatre mois. On ruina des villes pour satisfaire sa voracité; et Josèphe remarque que, s'il eût régné plus longtemps, il aurait dévoré l'empire.

Cruel autant qu'avide et débauché, il se plaisait à répandre le sang, condamnait à mort sur les plus légers motifs, vendait publiquement les emplois, et ne se délivrait de ses créanciers qu'en proscrivant leurs têtes et en confisquant leurs biens. Il ordonna la mort de deux citoyens, dont le seul crime était d'avoir sollicité la grace de leur père; aux jeux du cirque, il en fit massacrer un grand nombre, qui, pendant la course des chars, s'étaient permis de huer la faction bleue qu'il favorisait.

Sa mère, Sextilie, qui connaissait son affreux caractère, prévit les malheurs de Rome, et versa des larmes lorsqu'elle apprit qu'on lui avait donné l'empire. Ce monstre, dit-on, la fit mourir de faim, parce qu'on lui avait prédit qu'il règnerait longtemps s'il lui survivait.

Il regardait comme une peine attachée à son rang la nécessité de faire quelquefois du bien et d'accorder quelques graces, et ne considérait comme bonheur et comme puissance que ce qui pouvait dégrader son ame et troubler sa raison.

Bientôt l'excès de ses débauches l'abrutit totalement. Le mépris qu'il inspirait devint universel. Les légions d'Orient, levant les premières l'étendard de la révolte contre un prince si indigne de commander à des hommes, nommèrent Vespasien empereur.

Au premier bruit de ce mouvement, Vitellius, n'éprouvant d'autre crainte que celle d'être importuné par les affaires et distrait de ses plaisirs, défendit expressément qu'on se permît de parler dans Rome d'aucune nouvelle de la guerre.

Vespasien avait proposé d'abord aux légions de prêter serment à Vitellius, moins probablement pour être obéi que pour connaître leurs sentiments. Après avoir cédé froidement à ses ordres, les officiers et les soldats, s'étant concertés, déclarèrent formellement leur refus de reconnaître ce méprisable empereur, et conjurèrent Vespasien de régner à sa place. Les légions d'Égypte, de Syrie, de Mœsie et de Pannonie, manifestèrent les mêmes vœux.

Vespasien hésitait à se charger d'un aussi pesant fardeau; il craignait l'inconstance du soldat; sa vertu lui faisait redouter les conspirations et les guerres civiles: « Il est plus honteux, disait-il, d'y échouer, » qu'il n'est glorieux d'y réussir: chaque pas qu'on » y fait élève derrière soi une barrière qui ferme » toute retraite. On ne doit pas s'y engager légè-

» rement; et dès qu'on touche à la couronne, il
» faut la porter ou perdre la tête. »

Tibère-Alexandre, gouverneur d'Égypte, et Mucien, préteur de Syrie, sans attendre sa détermination, l'avaient proclamé empereur. Ils opposèrent à ses craintes la facilité de l'entreprise, la nécessité de délivrer Rome d'une tyrannie dégoûtante et insupportable, la force de leurs légions, l'indiscipline et les brigandages des soldats de Vitellius, et la stupide ignorance de leur chef qui ne laissait aucun doute sur le succès. Enfin il n'était plus temps, disaient-ils, de délibérer; l'intérêt de sa propre sûreté exigeait qu'il régnât; et, puisqu'on l'avait proclamé empereur, il n'existait plus de danger pour lui que dans le refus d'un titre qui lui tenait déjà lieu de crime.

Vespasien s'obstinait encore à s'opposer à leurs vœux: tous les soldats alors tirèrent leurs glaives et menacèrent de le tuer, s'il les compromettait par une plus longue résistance. Il céda et se soumit à régner.

On convint que Titus continuerait la guerre de Judée, que Mucien, avec une partie des légions, passerait en Italie, et que Vespasien se rendrait à Alexandrie pour rassembler de nouvelles forces, si la guerre se prolongeait.

Dans le même temps une grande insurrection éclatait en sa faveur dans l'armée de Mœsie. Antonius Primus, qui la commandait, été né à Toulouse. Banni par Néron, rappelé par Galba, il s'était concilié l'affection des troupes; hardi, bouillant, séditieux, aussi prodigue de ses richesses mal acquises qu'il se montrait avide pour les grossir, séduisant avec ceux qu'il voulait gagner, satirique contre ses ennemis, personne n'était plus dangereux dans la paix et plus utile à la guerre. Les Gaulois lui avaient donné le surnom de *Bec de coq*: ce qui prouve que ces mots français existaient déjà dans la langue celtique.

Antonius excita ses légions à reconnaître Vespasien et à combattre pour lui. Il voulait prévenir par sa rapidité l'armée d'Orient qui marchait en Italie, et il partit promptement, dans le dessein d'obtenir l'honneur de cette guerre et de jouir des premiers fruits du pillage.

Cécinna et Valens parvinrent difficilement à réveiller Vitellius qui s'endormait au bruit de l'orage. Ce prince, continuant à s'occuper de ses festins, leur laissa le soin de rassembler ses troupes et de s'opposer à l'ennemi. Antonius était arrivé en Italie; Cécinna marcha au devant de lui, et le rencontra près de Crémone. Les légions de Mœsie, fières encore des victoires qu'elles venaient de remporter sur les Roxolans et les Sarmates, peuples venus des rives du Don et du Borysthène, demandaient à grands cris le combat et répondaient de la victoire.

Cécinna ne commandait au contraire que des troupes amollies par la licence. Craignant le mauvais succès d'une lutte si inégale, il négocia secrètement avec Antonius, et engagea ses soldats à quitter le parti de Vitellius. Dans le premier moment, ébranlés et surpris, ils cèdent à ses instances et prêtent serment à Vespasien. Peu de temps après, cette multitude mobile se repent de son infidélité, jette Cécinna en prison, et envoie des députés à Antonius pour le sommer de reconnaître Vitellius. Ces députés sont repoussés avec mépris: furieux alors, sans ordre, sans chef, ils attaquent pendant la nuit l'armée de Mœsie. La bataille fut longue, sanglante et douteuse. Au point du jour les deux partis s'arrêtent, conviennent d'une courte suspension d'armes, se donnent réciproquement des vivres, et, après un léger repas, recommencent le combat avec le même acharnement. Mais lorsque l'aurore fit place au soleil, qui s'élança radieux sur l'horizon, les soldats d'Antonius le saluèrent d'un cri de joie. Les vitelliens, regardant ce cri comme le signal de l'arrivée de Mucien, se troublent, se découragent et prennent la fuite. Antonius les poursuit vivement, en tue trente mille, s'empare de Crémone et la brûle.

Cependant, les vitelliens vaincus ayant rendu la liberté à Cécinna, il reprit les marques de sa dignité consulaire, et conduisit ses troupes désarmées aux pieds du vainqueur qui le reçut avec mépris, et l'envoya à Vespasien, comme un trophée de sa victoire.

Valens, apprenant en Étrurie l'issue du combat de Crémone, s'embarqua pour les Gaules. On l'informa, dans sa route, d'une révolution qui éclatait dans cette contrée en faveur de Vespasien. Poussé par les vents sur les îles d'Hières, il y fut arrêté et mis à mort par les ordres de Valérius Paulinus, gouverneur de la Gaule narbonnaise.

Vitellius continuait cependant toujours à Rome ses orgies, ne voulait pas croire à la perte de Crémone, et défendait au peuple d'y ajouter foi. Son activité se borna à faire arrêter le préfet Sabinus, et à envoyer à l'armée Julius Agrestis, qu'il chargea de s'informer de la vérité. Ce centurion fut mené devant Antonius, qui lui laissa voir ses troupes victorieuses, et lui permit de retourner à Rome. L'empereur refusa d'abord de le croire; cet officier ne parvint à lui persuader la vérité de son rapport qu'en se tuant. Vitellius, tardivement éclairé, chargea Julius Priscus et Alphénus Varus de rassembler quatorze mille prétoriens et quatorze mille légionnaires pour défendre les Apennins. Cette armée, réunie près de Pérouse, exigeait que l'empereur vînt la commander; il s'y rendit, après avoir donné le commandement de Rome à son frère Lucius, et distribué ses trésors au peuple, dans le vain espoir de regagner son affection.

Dès que les légions et les prétoriens reconurent la stupidité de Vitellius, qui ne savait pas les premiers éléments de la guerre, leur dévouement fit place au mépris. Peu de temps après, l'empereur, apprenant le soulèvement de la Campanie et la révolte de sa flotte de Misène, qui s'était déclarée pour Vespasien, quitta Mérania et revint avec ses troupes camper près de Rome. L'armée ennemie le suivait rapidement. Céréalis, grand capitaine, sortit la nuit de la capitale, et vint chercher un asile dans le camp d'Antonius. Flavius Sabinus et Domitien l'un frère et l'autre fils de Vespasien, ne purent échapper à la vigilance des gardes qu'on avait placés près d'eux; mais Vitellius n'osa pas leur donner la mort, et même, en retenant Sabinus prisonnier, il lui laissa la charge de préfet.

Mucien, débarqué en Italie, s'était réuni à Antonius; tous deux écrivirent à Vitellius, et lui promirent la vie et une retraite tranquille s'il abdiquait. L'empereur, ayant reçu leurs lettres, prend le deuil, sort du palais, déclare qu'il renonce à l'empire, et remet son épée au consul Cécilius Simplex, qui ne veut pas la recevoir. Sur son refus, il annonçait qu'il allait la déposer dans le temple de la Concorde et se retirer dans la maison de son frère, lorsque quelques-uns de ces vils flatteurs qui trompent les princes jusqu'au bord du précipice, s'écrient que l'empereur est lui-même la Concorde. La populace répète ce cri et conjure ce prince de ne pas l'abandonner. Vitellius, aussi stupide que lâche, prenant leur basse et trompeuse adulation pour l'opinion publique, retourne au palais, en disant: « Puisqu'on le veut, je re-» prends mon épée, l'empire, et j'accepte le nou-» veau surnom qu'on vient de me donner. » Encouragé par ses soldats, il rétracte formellement son abdication.

Le préfet Flavius Sabinus et le consul Quintius Atticus, qui s'étaient pressés de proclamer Vespasien, se retirèrent avec une suite peu nombreuse au Capitole. En vain, ils rappelèrent à Vitellius ses promesses et sa déclaration; il répondit qu'il n'était plus le maître, et qu'il ne pouvait contenir le zèle de ses soldats.

Cependant, sa garde germaine assiégea le Capitole, qu'on défendit avec valeur, mais sans ordre. Il fut bientôt enlevé d'assaut, saccagé et réduit en cendres.

Vitellius, à table, jouissait de la vue du combat et de l'incendie. Pendant le repas, on lui amena Sabinus, qu'il fit mettre en pièces; le fils de cet infortuné et Domitien, plus heureux, se sauvèrent de Rome à la faveur du tumulte.

Enfin, les ennemis approchent : c'était le moment de combattre pour la vie et pour l'empire :

le lâche Vitellius implora la clémence de son rival, et fit intercéder pour lui les vestales. Antonius lui répondit que l'embrasement du Capitole et le meurtre de Sabinus avaient rendu toute négociation impossible. Le combat se livra sous les murs de Rome, et dura toute la journée. Le peuple, regardant froidement la bataille, applaudissait comme à un spectacle de gladiateurs. Après une vive résistance, les vitelliens, repoussés, voulurent rentrer dans la ville; ils furent poursuivis par les troupes d'Antonius, qui en firent un affreux massacre dans les rues, et surtout au Champ-de-Mars, où ils tentaient de se rallier. Les habitants, impitoyables, fermaient leurs portes à ces infortunés, et les forçaient de retourner au-devant de la mort. La multitude pillait les cadavres; les vainqueurs se livraient à la joie et à la licence. On voyait ainsi à la fois dans Rome les désordres d'une orgie et les horreurs d'une ville prise d'assaut.

Vitellius, que cette extrémité ne pouvait décider ni à combattre ni à mourir, après avoir goûté, pour la dernière fois de sa vie, les grossières délices d'un copieux repas, sort de son palais par une porte secrète, n'ayant d'autre suite que son pâtissier et son cuisinier. Il marchait dans le dessein de se cacher sur le mont Aventin, chez l'impératrice, femme vertueuse, et qui s'était éloignée de lui pendant le temps de son infâme prospérité. Tout à coup, une fausse nouvelle lui rend une lueur d'espérance; il retourne au palais, le trouve désert, se couvre d'une vieille robe, prend une ceinture remplie d'or, et se réfugie derrière le lit d'un portier dont les chiens l'attaquent et le mordent : ses cris le trahissent; on le tire de sa retraite couvert de sang et de paille. Lâche jusqu'au dernier instant, il déclare aux soldats qu'il a d'importantes révélations à faire à Vespasien, et demande, pour toute grace, d'être gardé en prison jusqu'à son arrivée. Loin d'écouter ses prières, on lui met une corde au cou, on déchire ses vêtements, on le traîne à demi nu dans le Forum, par la rue Sacrée; les soldats, tenant leurs piques sous son menton, l'empêchaient de se dérober aux regards du peuple furieux qui l'accablait d'outrages, le couvrait d'immondices, lui reprochait sa gloutonnerie, son plat de Minerve, sa taille colossale, son visage bourgeonné, son ventre monstrueux, ses cruautés, son avarice, enfin sa lâcheté et l'embrasement du Capitole. Porté aux gémonies, on l'y assomma, et son corps, traîné avec des crocs, fut précipité dans le Tibre : ainsi Vitellius trouva une mort digne de sa vie.

Lucius, son frère, et son fils, périrent victimes de la haine qu'on lui portait. Il ne resta de ce règne court et infâme que la honte de l'avoir souffert.

CHAPITRE X.

VESPASIEN.

(An de Rome 822. — De Jésus-Christ 70.)

Désordre à Rome excité par Domitien. — Élévation de Vespasien à l'empire. — Guerre avec les Bataves commandés par Claudius Civilis. — Révolte des Romains. — Mort de Vocula. — La révolte est apaisée par Céréalis. — Victoire de Céréalis sur Civilis. — Paix entre Civilis et Vespasien. — Brillante réception de Vespasien à Rome. — Siège, prise et destruction de Jérusalem. — Association de Titus à l'empire. — Gouvernement de Vespasien. — Mort de Julien Sabinus et de sa femme Éponine. — Institutions et travaux de Vespasien. — Défaite d'Antiochus. — Dernier dénombrement à Rome. — Traits de magnanimité de Vespasien. — Sa maladie et sa mort.

La mort de Vitellius termina la guerre, mais ne rendit pas la tranquillité aux Romains. Domitien, créé César par un décret du sénat, loin d'arrêter le courroux des vainqueurs, les excitait à satisfaire leur soif de vengeance contre les vaincus qu'ils poursuivaient partout. Antonius fomentait le désordre, protégeait le pillage, et y prenait part; sur le plus léger soupçon de s'être rangé du parti des vitelliens, on était emprisonné, dépouillé, massacré; les femmes dénonçaient leurs maris, les esclaves leurs maîtres; la cupidité rendait les amis perfides et redoutables; on rencontrait partout un danger, nulle part un asile.

Ces calamités, pires que celles de la guerre, cessèrent à l'arrivée de Mucien; sa fermeté réprima le parti dominant, et rassura le parti opprimé. Cependant, on lui reprocha un acte de cruauté inutile; il ordonna la mort du fils de Vitellius, qui n'était âgé que de six ans. La politique ne pouvait justifier cette violation des lois et de l'humanité contre un enfant dont le nom était plutôt un fardeau qu'un honneur.

Le parti de Vitellius n'existait plus; l'empire, las d'être gouverné par des monstres, voulait enfin vivre sous les lois d'un homme, et reconnaissait unanimement Vespasien. Le sénat, peu digne d'un chef aussi vertueux, était trop accoutumé à la servitude pour faire de lui-même des décrets convenables à la justice du règne qui commençait. Il se forgea volontairement des chaînes qu'on ne voulait pas lui imposer; et si Rome fut libre quelques années sous l'autorité de deux sages monarques, elle ne dut ce bonheur qu'aux vertus de ces deux princes, trop grands pour exercer la tyrannie qu'on leur offrait; car ce lâche sénat avait renouvelé en faveur de Vespasien la loi *regia;* elle lui donnait, comme à ses prédécesseurs, le droit exclusif de paix et de guerre, et celui de faire des sénatus-consultes avec un conseil privé. Sa recommandation aux comices et aux tribus devait être exécutée comme un ordre. Le même décret exemptait d'obéir à ceux du peuple et du sénat; il défendait de poursuivre aucun de ceux qui auraient violé les lois en obéissant au prince : ainsi le sénat sans pudeur autorisait, par un édit solennel, ce qu'il aurait été honteux de souffrir en silence.

Cependant les formes anciennes existaient encore; cette nation esclave conservait le nom de république. Pour sanctionner les ordres d'un maître, on les décorait du nom de *sénatus-consulte* et de *plébiscite :* tant il est vrai que sans les mœurs les institutions ne sont rien ; les plus libérales ne font, dans un temps de corruption, que légaliser la tyrannie.

L'empereur, arrêté par les vents contraires, resta plusieurs mois encore dans l'Orient. Tandis que son nom et le respect qu'on lui portait, réunissant tous les partis, terminaient si heureusement la guerre intérieure, une guerre étrangère exposait l'empire au plus imminent péril. Claudius Civilis, homme d'un grand talent et d'un grand caractère, mis aux fers par Néron, délivré par Galba, proscrit par Vitellius, s'était enfin sauvé chez les Bataves, ses compatriotes : doublement animé par le désir de la vengeance et par l'amour de la liberté, il souleva sa nation dans l'espoir de secouer le joug des Romains ; les Bataves, originaires de Germanie, engagèrent facilement les Cattes, les Cauques, les Bructères, et plusieurs autres peuples de cette contrée belliqueuse, à grossir leurs forces. Leur mépris pour Néron, Galba, Othon, Vitellius, pour le sénat et pour le peuple qui leur obéissaient, et la brillante renommée de Civilis, les remplissaient d'ardeur et de confiance. En même temps les Germains, animés par une vieille haine contre Rome, se trouvaient alors vivement excités à la guerre par une prophétesse nommée Valléda, dont les paroles passaient pour des oracles. Cette femme augmentait ce respect superstitieux en restant invisible. Elle habitait une tour isolée, au pied de laquelle les Barbares venaient l'interroger. Un de ses parents portait ses réponses mystérieuses.

Civilis, se concertant avec elle, réunit bientôt sous ses ordres une armée formidable. Les Bretons lui envoyèrent des secours ; il avait sous lui des généraux renommés, Classicus et Tutor, dont l'intrépidité effraya souvent les légions romaines. Ce chef des rebelles, aussi rapide dans l'exécution que hardi dans la conception de ses plans, voyant les Romains affaiblis et divisés par la guerre de Vitellius contre Othon, déguisa d'abord son ambition, fit prêter serment par ses soldats à Vespasien, et attaqua, sans perdre de temps, Aquilius qu'il défit complétement.

Memmius Lupercus et Hérennius Gallus ayant ensuite réuni leurs forces pour s'opposer à ses progrès, il les battit et les mit en fuite. Vocula, habile officier, leur succéda, et, malgré tous ses efforts, ne put arrêter le torrent. Dans une première affaire, il se vit forcé à la retraite ; dans une seconde, le succès resta douteux.

La mort de Vitellius suspendit quelque temps les hostilités qu'elle aurait dû terminer, si les Bataves eussent été sincères. Comme Civilis ne pouvait plus se servir d'aucun prétexte soutenable, il cessa de masquer ses intentions, se déclara ouvertement ennemi de l'empire, et continua de combattre avec avantage.

Une grande partie des Gaulois voyaient avec plaisir les succès des Bataves ; leurs druides, et tous ceux qui tenaient encore à l'ancienne religion et aux anciennes coutumes proscrites par les derniers Césars, les excitaient à prendre les armes et à recouvrer leur indépendance : ils leur faisaient envisager l'incendie récent du Capitole comme un heureux présage qui promettait à de nouveaux Brennus de nouveaux triomphes.

Langres, Trèves et plusieurs autres cités se joignirent aux Bataves. La contagion de l'esprit de révolte s'étendit jusque dans les camps des Romains. On vit alors une défection inouïe ; on vit des légions embrasser la cause et suivre les étendards des Barbares. Vocula, opposant vainement une fermeté héroïque au délire de la sédition, s'efforça sans succès de représenter aux factieux l'opprobre dont ils allaient se couvrir en traînant leurs aigles à la suite des drapeaux germains et bataves, en soumettant les vainqueurs aux vaincus, les maîtres aux esclaves, et en préférant les ordres ignominieux d'un Civilis, d'un Tutor, d'un Classicus, au noble commandement des Césars et à l'autorité du sénat et du peuple : sa résistance ne fit qu'irriter le crime ; on l'égorgea.

Cependant les rebelles, se souvenant encore qu'ils étaient Romains, n'osèrent point se déclarer sujets d'un prince barbare ; ils firent prêter serment à l'empire des Gaules, et proclamèrent César un de leurs officiers, Julius Sabinus. Rome se croyait perdue ; l'Italie s'attendait à voir fondre à la fois sur elle les Germains, les Bataves, les Gaulois et les Bretons. Mucien et Domitien, réunissant leurs armées, se disposèrent à marcher pour défendre les Alpes, et firent partir avant eux quatre légions, commandées par Pétilius Céréalis, général actif, expérimenté et digne d'être comparé aux plus fameux généraux de la république.

En arrivant dans les Gaules ce général trouva le danger moins grand qu'on ne l'avait pensé ; le nouveau césar, Julius Sabinus, dont l'habileté n'égalait pas l'ambition, venait d'attaquer les Séquanais qui l'avaient battu et mis en fuite. Céréalis, sans attendre de renforts, s'empare de Langres, défait les habitants de Trèves, et ramène à leur devoir les légions révoltées. Sa sagesse lui valut autant de succès que son courage; les rebelles, craignant la vengeance, hésitaient à se soumettre : loin d'aigrir les esprits par cette rigueur qui ne passe pour force qu'aux yeux de la faiblesse, il attribua la sédition au malheur des temps, accorda une amnistie complète, et défendit, sous des peines sévères, aux officiers et aux soldats fidèles de reprocher le passé à ceux qui rentraient dans le devoir.

Ce premier avantage empêcha le feu de l'insurrection de s'étendre; en vain Civilis et les réfugiés de Tongres et de Langres voulurent continuer à détacher les Gaulois de l'empire, les états de la Gaule se rassemblèrent; toutes les villes y envoyèrent leurs députés. Un d'eux, nommé Vindex, parvint à les convaincre que leur désunion, leurs jalousies mutuelles et même leurs richesses s'opposaient à leur indépendance; qu'ils ne pourraient jamais s'accorder pour reconnaître un chef, une capitale, et que la domination des Romains, n'exigeant d'eux que quelques tributs et des soldats, et leur accordant le droit de cité, était préférable à celle des Germains qui, sous le nom d'alliés, ne voulaient entrer dans la Gaule que pour la piller et l'asservir. De ce moment la Gaule resta tranquille, et on n'eut plus à combattre que les Bataves et les Germains.

Civilis et Céréalis se mesurèrent bientôt. Dans un premier combat, après une résistance opiniâtre, le premier fut battu par les Romains et obligé de se retirer; mais le courage actif de Civilis ne se laissait point facilement abattre; rassemblant de nouvelles forces, il surprit Céréalis, enfonça ses légions et s'empara de son camp. Ces deux rivaux étaient dignes l'un de l'autre. Le général romain, ralliant ses troupes, les ramena au combat, et, par l'habileté de ses manœuvres, contraignit Civilis de prendre la fuite.

Au bruit de cette défaite, Mucien voulut suspendre sa marche; il craignait l'ardeur et l'ambition coupable de Domitien. Ce jeune prince, indocile à ses avis, continua sa route. Arrivé à Lyon, son impatience dévoila ses projets; il écrivit à Céréalis pour l'engager à lui céder le commandement de ses légions : son dessein était de marcher à leur tête en Italie, pour détrôner son père et Titus. Céréalis rejeta sa demande avec dédain : le prince, déconcerté, parut renoncer à ses projets, et refusa même dès ce moment d'exercer aucune fonction publique.

Céréalis poursuivit ses succès, et porta la guerre

chez les Bataves. Leur pays, couvert de marais, opposait à la valeur romaine de nombreux et d'insurmontables obstacles : après plusieurs combats où la fortune fut balancée, Civilis, aussi habile politique que grand capitaine, voyant de l'incertitude parmi ses alliés, et informé de leur dessein de traiter avec Rome en le sacrifiant, les prévint, et fit valoir auprès de Vespasien le zèle hardi qu'il avait montré pour lui contre Vitellius; sa soumission lui fit obtenir la paix avec des conditions honorables.

Dans le même temps les Scythes, nommés Sarmates, entrèrent en Mœsie, et la dévastèrent après avoir battu Fontéius Agrippa. L'empereur envoya contre eux quelques légions, commandées par Rubrius Gallus, qui les contraignit à repasser le Danube, et fortifia la frontière.

Vespasien, obligé de rester plusieurs mois à Alexandrie, reçut dans cette ville les hommages des princes de l'Orient. Tacite et Suétone rapportent qu'un aveugle et un boiteux vinrent lui dire que le dieu Sérapis leur était apparu, et les avait avertis qu'ils guériraient de leurs maux si l'empereur voulait toucher avec sa salive le visage de l'un et le talon de l'autre. Le prince avait honte de paraître ajouter foi à cette fable; mais, pressé par ses amis, et croyant sans doute que dans ce siècle il fallait joindre à la force de la politique celle de la superstition, il consentit à leur demande, les toucha et les guérit. La puissance trouve toujours de nombreux témoins pour attester de pareils miracles.

Après avoir affermi ainsi son pouvoir en Égypte par la crédulité des peuples, Vespasien laissa dans l'Orient Titus, chargé de combattre les Juifs, et partit pour Rome.

Le sénat et le peuple vinrent au devant de lui; les parfums brûlant sur toutes les places, les rues ornées de guirlandes de fleurs, les hymnes chantés par les prêtres et répétés par la multitude, semblaient ne faire de toute la ville qu'un temple magnifique. Toutes les tribus signalèrent leur joie par des repas publics, et l'on n'entendait partout que des vœux formés pour la durée de son règne et pour la prospérité de sa famille.

Vespasien était alors âgé de cinquante-neuf ans; sa conduite justifia les espérances qu'on avait conçues. Après avoir donné aux fêtes et aux cérémonies le temps qu'exigeaient l'usage et la décence, il se livra entièrement aux soins du gouvernement.

L'empire entier, à l'exception des Juifs, était soumis et tranquille; Titus exécuta les ordres de son père, attaqua les Hébreux campés sous les murs de Jérusalem, les força de rentrer dans la ville, et en forma le siége. Il fut long et meurtrier. Ce n'était point une cité, c'était une nation qu'on assiégeait. La nature et le fanatisme défendaient la ville: trois montagnes, hérissées de fortifications, formaient trois enceintes séparées ; elles contenaient six cent mille furieux qui croyaient combattre pour Dieu contre les hommes.

Leur malheur s'accroissait par leur désunion ; divisés en plusieurs sectes qui se détestaient, la vue de l'ennemi ne les empêchait pas de se déchirer entre eux ; et, après avoir repoussé les Romains de leurs murs, ils revenaient combattre pour leur parti. Ainsi cette malheureuse ville voyait à la fois dans son sein toutes les horreurs de la guerre civile et de la guerre étrangère.

Les Iduméens, qu'ils avaient appelés à leur secours, massacrèrent le vertueux pontife Ananias ; la faction des zélés, commandée par Jean de Giscala, vengea ce meurtre par d'affreux massacres. Cette faction était elle-même divisée en plusieurs partis, dont les chefs, Simon et Éléazar, attaquaient avec rage celui de Jean. L'intérêt commun ne les réunissait que peu de moments, et alors ils combattaient avec intrépidité les Romains. En vain leur roi Agrippa, et un de leurs généraux, l'historien Josèphe, tentèrent, avec la permission de Titus, de préserver ce peuple égaré d'une ruine totale, et de le ramener à la concorde et à la paix ; on ne répondit à leurs discours que par des injures et par des menaces.

Bientôt la famine vint ajouter ses tourments à toutes les calamités de Jérusalem : le peuple, réduit à manger du cuir et même des cadavres, assailli sans relâche par les vainqueurs du monde, épuisé par la guerre intestine, affaibli par de continuels massacres, troublé par des prophéties annonçant sa destruction, menacé, dans l'ombre des nuits, par des voix inspirées ou perfides qui criaient : « Les dieux s'en vont, » méprisait le danger, la fatigue, la faim, les présages, ne quittait les armes qu'avec la vie, et bravait également les dominateurs de la terre et le maître de l'univers.

La résistance des Juifs semblait croître en proportion de leurs périls : Titus poursuivit ses attaques avec autant de prudence que de constance et de courage. Offrant toujours la paix, pressant toujours la guerre, il s'empara de trois enceintes qu'il prit d'assaut, et s'efforça vainement de sauver le temple qui devint la proie des flammes. Il trouvait des ennemis tant qu'il existait des hommes, et il ne put enfin triompher que d'un amas de débris et d'un peuple de cadavres.

Jérusalem fut livrée au pillage et rasée. Quatre-vingt mille prisonniers échappèrent seuls aux combats. Les Romains en crucifièrent un grand nombre. Titus, dans l'espoir de se justifier d'une si horrible effusion de sang, disait : « Je n'ai fait » qu'exécuter les ordres du ciel contre un peuple » qui semblait être l'objet de sa colère. » Josèphe lui-même, indigné des excès de ses compatriotes, s'écriait : « Jérusalem a commis tant de crimes » que, si les Romains ne l'avaient pas détruite, elle » aurait péri par un déluge, ou se serait vue con- » sumée par les flammes comme Sodome et Go- » morrhe. »

La longue résistance des Juifs et leur fanatisme les avaient rendus redoutables; leur défaite remplit Rome de joie et d'orgueil. Titus fut comblé d'honneurs et d'éloges : le sénat lui décerna, ainsi qu'à Vespasien, le triomphe. On porta devant le char du vainqueur les vases sacrés de Salomon et les lois de Moïse.

Vespasien associa son fils Titus à l'empire, le nomma sept fois son collègue au consulat, et lui fit exercer plusieurs années les fonctions de tribun [1].

L'empereur, en revenant à Rome, y ramena la paix, la justice et la vertu que ses prédécesseurs semblaient en avoir exilées. Il rendit aux lois leur vigueur, aux magistrats leur autorité; déférant pour le sénat, doux et populaire pour les citoyens, ferme et sévère avec les troupes, il rétablit la confiance dans la ville, la sûreté sur les routes, l'ordre dans les provinces et la discipline dans l'armée. Pour affermir son autorité, il ne crut pas nécessaire de proscrire ses ennemis; il prit le parti le

---

[1] An de Jésus-Christ 74.

plus sûr et le plus doux, celui de regagner leur affection. Sa sévérité se réduisit au licenciement des vitelliens les plus opiniâtres, à la réforme des hommes vicieux dont il purgea les ordres de l'état, au bannissement des sophistes qui corrompaient les mœurs de la jeunesse.

On ne peut reprocher à sa mémoire qu'une condamnation trop rigoureuse : Julius Sabinus, qui avait pris le nom de César, poursuivi après sa défaite, prit congé de ses amis, renvoya ses esclaves, mit le feu à sa maison dans laquelle on crut qu'il avait péri, et se retira au fond d'une caverne, suivi de deux seuls affranchis, dont il connaissait la fidélité. Éponine, sa femme, que sa piété conjugale immortalisa, se livra au plus violent désespoir, et les éclats de sa douleur firent croire encore avec plus de certitude que son mari n'existait plus : elle voulait renoncer à une vie qui n'était qu'un fardeau pour elle. Peu de jours après, Sabinus l'informa secrètement du lieu de sa retraite. Cette Gauloise courageuse, conservant encore l'apparence d'un chagrin qui pouvait écarter tout soupçon, partagea la captivité volontaire de son époux, s'éloigna peu à peu du monde, et s'enterra enfin pendant plusieurs années avec l'objet qui donnait seul du prix à sa vie.

Au fond de cette grotte obscure, et sans aucun secours, elle donna naissance à deux enfants ; mais, soit par trahison, soit par imprudence, l'asile de cette famille infortunée fut enfin découvert : on l'amena devant Vespasien. A leur vue, il versa des larmes, et il était prêt à céder aux nobles et touchantes prières d'Éponine. Les mœurs du siècle, la politique du temps, les alarmes du sénat, les conseils de Mucien, lui firent sacrifier la pitié à la raison d'état : il envoya au supplice ces illustres proscrits, et ne fit grace qu'à leurs enfants. Éponine reprit sa fierté quand elle perdit l'espérance : « Apprends, Vespasien, dit-elle, qu'en remplissant mes devoirs et en prolongeant les jours de ta victime, j'ai goûté plusieurs années, dans l'obscurité d'une caverne, un bonheur que l'éclat du trône ne te fera jamais connaître. » La gloire l'accompagna sur l'échafaud; la honte et le remords restèrent près de l'empereur dans son palais.

Cet acte de cruauté, que la morale condamne et que la politique veut en vain excuser, fut la seule tache de ce règne glorieux.

Vespasien, né dans un siècle où l'on voyait sans émotion l'effusion du sang, se montra toujours humain, sensible et même généreux pour ses ennemis. Il ne pouvait supporter la vue d'un supplice; l'orgueil du rang suprême n'avait point altéré la simplicité de ses mœurs; ses vêtements étaient modestes, sa table frugale; affable et populaire, il se laissait aborder facilement, et se mêlait, dans les bains publics, à la multitude. Il réprima le luxe, et se montra constamment ennemi de la mollesse. Un jeune officier se présentant un jour à lui tout parfumé : « J'aimerais mieux, lui dit-il, que vous sen- » tissiez l'ail que l'essence. »

Rome lui dut de superbes monuments, un vaste amphithéâtre; il fit graver sur trois cents tables de cuivre les meilleures lois. Son attention vigilante s'occupait également des autres cités de l'empire; il les répara, les fortifia et les embellit.

Les peuples étrangers tentèrent rarement d'attaquer un empire uni, gouverné par un chef si actif et si ferme : cependant Antiochus, roi de Comagène, et son fils Épiphane, comptant sur l'appui des Parthes, voulurent se rendre indépendants [1]. Cérennius Pétus, par les ordres de l'empereur, marcha contre eux et les mit en fuite. Antiochus, surpris dans sa retraite, fut enchaîné et envoyé à Rome. Vespasien lui rendit la liberté, et le laissa vivre à Lacédémone avec un traitement royal.

Les Scythes, nommés Alains, habitants des rives du lac Méotis, et appelés aujourd'hui Cosaques du Don, envahirent la Médie [2]; pénétrant ensuite en Arménie, ils battirent le roi Tigrane, allié de Rome, et le firent prisonnier. Titus vint alors en Syrie pren-

---

[1] An de Jésus-Christ 75.

[2] An de Jésus-Christ 74.

dre le commandement de l'armée : son nom seul parut effrayer les Barbares; ils abandonnèrent l'Asie. Ainsi, sans combattre, il délivra l'Orient de leurs fureurs.

A son retour, son père l'ayant nommé censeur, il présida au dernier dénombrement dont l'histoire parle. Pline fait, à cette occasion, une remarque qui prouve à quel point la longévité était commune alors; on trouva par le dénombrement quatre-vingt-un centenaires, dont huit étaient âgés de plus de cent trente ans, et trois de cent quarante [1].

Vespasien, qui, suivant les maximes romaines, avait été si inflexible pour la révolte du Gaulois Sabinus, se conduisit à l'égard des Romains avec une constante humanité. Il méprisait la délation; et, lorsqu'on l'insultait par des placards satiriques, au lieu de rechercher les auteurs de ces libelles et de sévir contre eux, il les combattait avec leurs propres armes, et se vengeait de leurs satires par des épigrammes.

Helvidius Priscus refusait de lui donner le titre de César; il n'en montra aucun ressentiment; et dans la suite Helvidius, convaincu de concussions en Syrie, étant condamné, l'empereur révoqua l'arrêt; mais on s'était pressé de l'exécuter, et sa grace arriva trop tard.

[1] An de Jésus-Christ 75.

Métius Pomposianus parlait avec un orgueil imprudent d'une prédiction de certains astrologues qui lui promettait l'empire; Vespasien, qu'on voulait irriter contre lui, le fit consul, et dit : « S'il » devient empereur, il se souviendra que je lui ai » fait du bien : je plains ceux qui conspirent pour » prendre ma place; ce sont des insensés; ils ne » connaissent pas le poids du fardeau qu'ils veulent » porter. »

Inaccessible à la vanité, il parlait souvent de l'obscurité de sa naissance, et se moquait de ses flatteurs, en leur rappelant qu'il devait le jour à un partisan enrichi par les profits d'un emploi fiscal.

Le roi des Parthes, moins grand, et par conséquent plus vain, lui écrivit ainsi : « Arsace, roi » des rois, à Vespasien. » L'empereur répondit modestement : « Flavius Vespasien à Arsace, roi » des rois. »

L'orgueil de Mucien contrastait étrangement vec la simplicité de l'empereur; il vantait sans cesse ses exploits, ses talents, ses services, et traitait Vespasien moins en souverain qu'en collègue. Sa hauteur indignait tout le monde; l'empereur la souffrait, écoutant plus sa reconnaissance que sa dignité. Une fois seulement l'insolence de Mucien l'irrita tellement que son humeur éclata; il en eut honte, et s'écria : « Ah! que je suis homme! »

La fille de Vitellius languissait dans la pauvreté; tous les courtisans de son père la fuyaient : un seul homme vint à son secours, et la dota; ce fut Vespasien.

On lui apporta un jour une liste de conspirateurs; il la déchira : « Je ne veux pas, dit-il, les
» connaître. »

Un huissier de Néron, qui l'avait autrefois chassé du palais en lui disant « d'aller, s'il le voulait, à la
» potence, » osa se présenter devant lui. L'empereur se contenta de le renvoyer en riant et en lui répétant ses propres paroles.

Sa bonté n'était point faiblesse; il réprima l'usure avec rigueur, et fit une loi pour condamner à la servitude toute femme libre qui se serait livrée à un esclave. Protecteur des arts et des lettres, il récompensa magnifiquement l'historien Josèphe, honora de son amitié Pline l'Ancien, officier estimé et savant illustre; le célèbre Quintilien, modèle des orateurs, eut part à ses libéralités; il commença la fortune de Tacite.

Sa faveur s'étendait sur les arts mécaniques. Un mécanicien trouva le moyen de transporter, à peu de frais, d'immenses colonnes; l'empereur le récompensa généreusement, mais ne voulut pas se servir d'une machine qui devait suppléer aux bras : « Il faut, disait-il, que le pauvre vive et tra-
» vaille. »

Ce prince économe fut généralement taxé d'avarice : il est certain qu'il nomma partout des questeurs et des percepteurs rigides, et déploya beaucoup d'activité pour grossir le trésor ; mais le besoin d'argent est un malheur qui suit nécessairement les temps de désordre, de faiblesse, de tyrannie et de prodigalité. Il fallait compléter les armées, payer les dettes, rebâtir le Capitole, terminer les guerres de Germanie, des Gaules, de Judée, réparer les routes, fortifier les villes ; et, si Vespasien aima l'argent, il ne s'en servit jamais que pour l'utilité publique.

Trop fiscal peut-être, il remit en vigueur tous les impôts établis par Galba. On prétend même qu'il en mit un sur les urines, et que Titus lui ayant fait des représentations sur l'indignité de cette taxe, l'empereur, souriant, lui fit sentir quelques pièces d'or qui provenaient de ce tribut, et lui demanda si elles avaient mauvaise odeur.

Un jour, les députés d'une ville lui ayant annoncé que leurs compatriotes avaient résolu de lui élever une statue d'un grand prix : « En voilà la base, » leur dit-il en tendant la main ; mettez-y l'argent » de votre statue. »

En même temps que Vespasien affermissait, par la sagesse de son administration, la tranquillité intérieure, il recula les limites de l'empire, et y réunit la Judée, la Comagène, la Lycie, l'Achaïe, la Pamphilie, la Cilicie, la Thrace, Samos, Byzance et l'île de Rhodes. Ses soins vigilants réparèrent les malheurs de plusieurs contrées dont les tyrans avaient presque détruit la population. Céréalis, envoyé par lui en Bretagne, y obtint de grands succès, et répara les fautes de ses prédécesseurs. Julius Frontinus, qui lui succéda, l'égala en courage, et subjugua le pays de Galles [1]. Ce général, connu par plusieurs ouvrages militaires estimés, fut remplacé par Julius Agricola, qui, en sept ans, acheva la conquête de l'île, et dut son immortalité moins encore à ses vertus et à ses exploits qu'à la plume de Tacite, son gendre.

Vespasien goûtait en paix le bonheur dont il faisait jouir les Romains, lorsqu'il fut attaqué, dans une de ses maisons de plaisance en Campanie, d'un mal qu'on crut d'abord léger. Il le jugea lui seul plus grave. « Je crois, dit-il en souriant, que je vais bientôt être dieu. » Sa maladie augmenta; son estomac cessa ses fonctions; mais, quoiqu'il tombât souvent en faiblesse, il se livrait toujours aux affaires, et ne voulut jamais rester au lit, disant « qu'un empereur devait mourir debout. » Il rendit le dernier soupir entre les bras de ceux qui le soutenaient. Il avait vécu soixante-neuf ans, et régné dix années [2]. Les regrets du peuple furent

[1] An de Jésus-Christ 78.
[2] An de Jésus-Christ 80.

universels et sincères; son éloge peut être renfermé dans ce peu de mots de Tacite : « L'élévation de » Vespasien à l'empire ne fit qu'un changement en » lui; elle lui donna le pouvoir de faire le bien » qu'il voulait. »

CHAPITRE XI.

TITUS.

(An de Rome 832. — De Jésus-Christ 80.)

Élévation de Titus à l'empire. — Son portrait. — Son amour pour Bérénice. — Son gouvernement. — Ses travaux. — Ses bienfaits. — Sa clémence. — Victoires d'Agricola. — Désastres occasionnés par la peste et par une éruption du Vésuve. — Mort de Pline. — Incendie à Rome. — Mort de Titus.

Titus était associé à l'empire; Vespasien l'avait nommé son successeur. Un seul homme voulut s'opposer à son élévation et lui disputer le rang suprême; ce fut Domitien. Il se prétendait cohéritier, et reprochait à son frère d'avoir fabriqué un faux testament : on méprisa son opposition, et le sénat, par un décret, proclama Titus empereur. Ce prince inspirait alors aux Romains plus de crainte que d'espérance : élevé à la cour de Néron, il n'avait pu résister à la contagion de l'exemple, et s'était livré aux voluptés. Séduit par les courtisanes, environné d'affranchis, d'esclaves et d'histrions, il suivit le torrent du siècle, et passa les beaux jours de sa jeunesse dans les fêtes, dans les orgies et aux spectacles, pour lesquels il montrait une vive passion.

Titus, d'une taille peu élevée et trop forte, se faisait cependant remarquer par la grace de ses mouvements et par la majesté de son maintien. Il avait cultivé les lettres et composé quelques tragédies. Habile dans tous les exercices, personne ne le surpassait dans l'art de manier les armes et de lancer des traits. Au siége de Jérusalem, il tua douze ennemis de sa main.

Ceux qui jugent le caractère des hommes par leurs penchants auraient dû mieux augurer du sien par ses liaisons. Dans la cour infâme de Néron, l'ami qu'il choisit fut le vertueux et infortuné Britannicus. Son amitié brava la tyrannie, résista au temps, et ne se rompit point par la mort. Dès qu'il parvint au rang suprême qui fait oublier tant de sentiments, son premier soin fut d'élever un monument à la mémoire de Britannicus.

Quand ses devoirs l'éloignèrent de Rome et l'obligèrent de paraître dans les camps, il se montra soldat hardi, capitaine prudent ; mais les premières impressions ne s'effacent pas sans peine. On l'accusait toujours de trop aimer les plaisirs de la table, et de laisser trop d'empire aux femmes sur son cœur.

Les rigueurs excessives qu'il crut indispensables pour épouvanter et subjuguer les Juifs le firent taxer de cruauté. Enfin on lui reprochait la mort de Cécinna, qu'il avait fait poignarder pour prévenir un complot formé par ce général contre ses jours.

Titus avait déplu aux Romains en bravant leurs mœurs et en se livrant sans réserve à la plus violente passion pour une reine étrangère, Bérénice, fille d'Agrippa, roi de Judée, et veuve de Polémon, roi de Cilicie.

Elle le suivit à Rome, habita son palais, et obtint de lui la promesse de l'épouser; enfin Rome, au moment où Titus monta sur le trône, craignait de voir recommencer le règne de Néron. Mais, dès qu'il fut revêtu du pouvoir suprême, il surprit tout l'univers, parut un autre homme, et se montra digne de commander au monde en se commandant à lui-même.

L'opinion publique s'était manifestée hautement contre son hymen avec Bérénice; il la renvoya en Asie. Celui qui sait vaincre un amour véritable triomphe sans peine des autres passions; il ne connut plus de plaisir que ses devoirs, et éloigna de lui les complices de ses débauches, les esclaves et les baladins qui l'entouraient.

Ayant consulté sur les moyens de bien régner Apollonius de Tyane, fameux par des vertus réelles et par de faux prodiges, le philosophe ne lui répondit que ce peu de mots : « Imitez votre père. » Titus fit plus : il le surpassa en justice, en bonté, en modestie, et surtout en générosité.

Il refusait tous les dons et en faisait de magnifiques. Son premier édit confirma tous les bienfaits accordés par ses prédécesseurs, quoiqu'un statut extravagant de Tibère donnât le droit à l'avarice de chaque nouvel empereur de les annuler à son avénement. Titus continua les sages réformes commencées par Vespasien dans les ordres de l'état, dans les mœurs, dans les lois et dans les règlements d'administration. Les délateurs, si honorés par les tyrans, se virent condamnés par lui à être fustigés et vendus comme esclaves. Il réprima l'avidité des gens de loi, abrégea les procédures, et punit la corruption des juges. Le sénat fut libre dans ses discussions, le peuple dans ses suffrages ; et le sceptre, porté par cet excellent prince, ne parut que l'appui de la liberté.

Le bon ordre qui régnait dans ses finances lui permit de satisfaire la vanité du peuple, en embellissant Rome par de superbes monuments, et son goût pour les spectacles par des fêtes somptueuses. Il n'écoutait que la justice pour les actes de son administration, mais il ne dédaignait pas de consulter la multitude sur le choix de ses amusements. Il la fit jouir de la vue d'une magnifique naumachie, et lui donna dans le cirque le spectacle d'un combat de cinq mille animaux féroces qui s'entre-tuèrent.

Affable et populaire, il ne repoussait aucune demande, aucune réclamation; sa grace ajoutait au bienfait et adoucissait le refus. Comme on lui reprochait un jour dans son conseil de promettre plus qu'il ne pouvait tenir: « Il ne faut, dit-il, ôter » à personne l'espérance, et jamais on ne doit sortir » mécontent de l'audience du prince. »

Se rappelant un soir, pendant son repas, qu'il avait passé toute la journée sans obliger personne: « Hélas! mes amis, dit-il, j'ai perdu un jour. »

Lorsqu'on se sent fort par l'amour qu'on inspire, on est inaccessible à la crainte : informé qu'on avait publié des libelles contre lui : « Pourquoi, » dit-il, redouterais-je des écrits que tout le monde » trouvera calomnieux, si je ne fais rien qui soit » digne de blâme? »

Cependant sa constante bonté n'empêcha pas quelques hommes ambitieux de former des projets contre lui. Deux patriciens conspirèrent pour le renverser du trône; il en fut informé, les fit venir en sa présence, leur conseilla de renoncer à des desseins contraires aux lois divines et humaines, envoya un courrier à la mère de l'un d'eux pour la rassurer sur le sort de son fils, invita les deux conjurés à sa table; et le lendemain, les plaçant à côté de lui à un combat de gladiateurs, il remit dans leurs mains les épées qu'on lui portait selon l'usage avant le combat, et les chargea de les examiner. La rigueur des princes faibles tue quelques conspirateurs; la clémence des grands caractères tue les conspirations.

Une ambition plus coupable affligea son cœur sans aigrir son esprit: Domitien, son frère, tenta de soulever contre lui les prétoriens et quelques légions. Titus, au lieu de le bannir, le conjura de lui rendre son amitié, l'associa à l'empire, le déclara son successeur, et le supplia, les larmes aux yeux, de ne point usurper par un crime le rang que lui destinait la nature.

Tandis que Titus s'occupait sans relâche d'assurer la félicité du peuple romain, Agricola soutenait en Bretagne la gloire de ses armes. Il vainquit les Ordovices; l'île de Mona (Anglesey), défendue par une population belliqueuse, par la superstition des druïdes et par la mer, ne put lui résister. Profitant habilement d'une basse marée, il parut dans cette île à l'improviste, comme s'il tombait des nues, et subjugua ce peuple, aussi effrayé que surpris de cette invasion inattendue.

Après avoir vaincu les Bretons par la force, il soumit ces esprits altiers par sa modération, diminua les impôts, fit régner la justice, adoucit les mœurs par l'instruction, persuada aux habitants sauvages de ces contrées d'adopter le langage, les vêtements, les coutumes des Romains, et les amollit en les civilisant.

Agricola ne rendit à l'empereur qu'un compte modeste de ses actions; la renommée en publia la gloire.

Les Romains semblaient condamnés par les dieux à subir des peines proportionnées à leurs crimes et à leurs excès; et, tandis que les vertus de Titus les faisaient jouir d'une trêve passagère à leurs maux, le ciel fit tomber sur l'Italie d'épouvantables calamités qui la dévastèrent. L'un de ces fléaux fut une peste terrible qui emportait dix mille personnes par jour. L'effroi devint universel; on craignait une destruction totale. Titus, seul au-dessus de la peur, ranima le courage de ses concitoyens, consola, secourut les malades sans redouter aucun péril, et par ses soins vigilants arrêta enfin les progrès de la contagion.

L'autre malheur qui vint troubler la tranquillité de son règne fut une éruption violente du Vésuve; elle engloutit sous d'épaisses couches de lave les villes d'Herculanum et de Pompéia, et couvrit de cendres l'Italie, la Sicile et les côtes d'Afrique. La terre ébranlée paraissait arrachée de ses fondements. Une nuit sombre remplaçait le jour; l'air se chargeait d'une fumée brûlante; de larges fleuves de feu sillonnaient les plaines; les habitants périssaient écrasés par la chute des édifices, dévorés par la flamme, ou étouffés par la fumée. La mer, ouvrant ses larges gouffres, enlevait aux fugitifs tout espoir d'asile. En trois jours des bourgs populeux et de florissantes cités disparurent. Les mortels désespérés croyaient assister à l'embrasement du monde.

Au milieu de cet assaut des dieux contre la terre, un seul Romain, un savant illustre, Pline l'Ancien, impassible comme Archimède à la prise de Syracuse, cherchant la vérité au milieu du désordre des éléments, étudiait, observait la marche, les progrès de cet effrayant phénomène. Il mourut en en traçant les détails, qui sont parvenus jusqu'à nous par la plume élégante de Pline, son neveu, digne émule et fidèle ami de l'historien Tacite.

A la même époque Rome éprouva encore les ravages d'un incendie. Le courage, la sagesse, le temps, pouvaient réparer et faire oublier ces malheurs; Rome en subit bientôt un plus irréparable ; le ciel lui enleva Titus; il ne brilla que peu d'instants dans le monde, comme un doux rayon dans un jour d'orage.

Depuis quelque temps ce prince, agité par des pressentiments, troublé par des présages, se livrait à une sombre mélancolie. Espérant la dissiper, il se retira dans une maison de campagne qu'il possédait au pays des Sabins. Les progrès d'une fièvre ardente résistèrent à tous les remèdes ; il se plaignait doucement aux dieux de périr si jeune et sans l'avoir mérité ; en expirant, il protesta qu'il ne se reprochait dans sa vie qu'une seule action, qu'il ne

MORT DE PLINE L'ANCIEN.

cita pas. Quelques historiens croient que Domitien l'avait empoisonné. Dion rapporte que ce frère barbare le fit saisir au milieu de son accès, et plonger dans une cuve d'eau glacée. Plutarque donne une cause plus naturelle à sa mort; il l'attribue à l'habitude des bains froids que ce prince n'interrompit point pendant sa maladie.

La triste fin d'un empereur à la fois si chéri et si respecté causa dans Rome un deuil général. Les jeunes citoyens croyaient avoir perdu leur père, et les vieillards leur fils. Le sénat, se rassemblant sans convocation, lui prodigua des éloges qui, pour la première fois, n'étaient point dictés par l'adulation, et lui décerna les honneurs divins. Un prince tel que Titus rendrait l'apothéose excusable si elle n'était pas sacrilége; mais si l'on ne peut sans délire égaler un mortel à la Divinité, on doit avec justice élever au-dessus de tous les hommes le prince qui mérita d'être appelé *l'amour et les délices du genre humain.*

Titus, né le 30 décembre 792 de Rome, an 40 de Jésus-Christ, mourut le 13 décembre 82. Il avait régné deux ans, deux mois et vingt jours.

CHAPITRE XII.

DOMITIEN.

(An de Rome 834. — De Jésus-Christ 82.)

Gouvernement de Domitien. — Conquête de l'Écosse par Agricola. — Discours de Galgacus, roi d'Écosse, à ses soldats. — Discours d'Agricola à ses soldats. — Bataille entre les Romains et les Bretons. — Défaite des Bretons. — La Bretagne réduite en province romaine. — Honteux triomphe de Domitien. — Disgrace et mort d'Agricola. — Irruption des Sarmates et des Scythes en Italie. — Paix entre eux et Rome. — Tyrannie de Domitien. — Fermeté d'Apollonius de Tyane. — Révolte et mort de Lucius Antonius. — Cruauté puérile de Domitien. — Persécution exercée envers les chrétiens par Domitien. — Sa conduite effrayante avec le sénat. — Prédiction et mort de l'astrologue Asclétérion. — Hommes célèbres à cette époque : Josèphe, Épictète, Martial, Juvénal, Silius Italicus et Stace. — Mort de Domitien.

Domitien, aussi fourbe que Tibère, aussi cruel que Néron, se vit forcé de contraindre ses penchants et de masquer son affreux caractère, en montant sur un trône resplendissant encore des vertus de son père et de son frère. Il n'osa pas démentir, dans les premiers instants, leurs maximes et leurs principes que tout l'empire respectait, et il parut même vouloir les imiter. On le vit, dans les commencements, diminuer les impôts, refuser les legs qu'on lui offrait, affecter de l'horreur pour l'effusion du sang, défendre même de sacrifier des animaux. Il rétablit les bibliothèques consumées par le feu, éleva de superbes édifices, creusa près du Tibre un grand lac, célébra les jeux séculaires, et satisfit, avec magnificence, la passion des Romains pour les spectacles et pour les combats de gladiateurs.

Il varia les jeux publics, fit disputer à de jeunes filles, dans le cirque, le prix de la course, et sembla vouloir encourager les lettres en établissant des conférences où les orateurs les plus distingués disputaient sur des sujets donnés, en grec et en latin. Il veilla sévèrement au maintien de la justice, bannit les délateurs, et proscrivit l'usage barbare de mutiler les enfants, comme en Asie, pour remplir les palais d'eunuques.

Domitien réprima l'abus des satires et des libelles; et, flétrissant les courtisanes qui, depuis Néron, affichaient un luxe insolent, il les priva du droit d'hériter, et leur défendit de se montrer en char et en litière. Il adoucit les peines portées contre les vestales qui enfreignaient leurs vœux, et ne leur fit subir la mort qu'en cas de récidive. Croyant trouver un moyen de préserver Rome des disettes fréquentes auxquelles elle était exposée, pour encourager la culture du blé, il ordonna d'arracher en Italie une grande partie des vignes; mais cet ordre, contraire aux coutumes et aux droits de propriété, éprouva une vive résistance qui le força d'y renoncer.

Un seul des actes de son administration put alors faire pressentir ce qu'on avait à craindre de lui; il bannit de Rome les philosophes et les savants : le vice et le crime sont bien près de leur triomphe, lorsqu'ils obtiennent l'éloignement de la vertu et l'exil de la vérité.

Sous le règne de Domitien, les armes d'Agricola étendirent la puissance romaine jusqu'à l'extrémité septentrionale de l'Europe. Il conquit la Calédonie (Écosse), dernier asile de la liberté. Le roi qui gouvernait ces peuples belliqueux, Galgacus, défendit son indépendance avec courage, et ne succomba pas sans gloire. Ayant rassemblé l'élite des braves de son pays, il leur parla, dit Tacite, en ces termes : « Lorsque je considère les causes de la
» guerre et la nécessité qui nous y contraint, mon
» courage s'accroît, et l'accord de nos sentiments
» me persuade que ce jour va rendre à la Bretagne
» sa liberté. Seuls nous n'avons point encore éprouvé
» la servitude; au-delà de notre patrie il n'existe
» plus de terre : la mer même, dominée par la flotte
» romaine, ne nous ouvre aucun asile : ainsi le com-

» bat et les armes, qui sont l'espoir de l'honneur,
» deviennent aujourd'hui la sûreté des lâches.

» Dans les autres batailles, livrées avec différents
» succès par les Bretons, ils comptaient sur nos
» secours, et voyaient ici une retraite assurée. Nous
» sommes le peuple le plus belliqueux de la Breta-
» gne ; aucune nation esclave n'avoisine nos rivages ;
» la vue des tyrans n'a jamais souillé nos regards.

» La situation isolée de notre pays nous a puis-
» samment défendus jusqu'à ce jour. L'imagination
» grandit ce qu'elle ne connaît pas, et l'ennemi a
» long-temps respecté les dernières bornes du
» monde ; mais enfin le sanctuaire de la liberté bri-
» tannique est ouvert : au dehors on ne voit d'un côté
» que des flots et des rochers, et de l'autre les Ro-
» mains, dont vous vous flatteriez en vain de dés-
» armer l'orgueil par une obéissance modeste. Ces
» ravageurs du monde cherchent encore des proies
» sur les mers lorsque la terre ne suffit plus à leur
» cupidité. Rien n'échappe à leurs mains avides ; la
» richesse tente leur avarice, la pauvreté leur am-
» bition ; les trésors de l'Orient et de l'Occident ne
» les ont pas rassasiés ; c'est le seul peuple qui pour-
» suive l'opulence et la misère avec la même ardeur.
» Piller, massacrer, voilà leur domination ; changer
» un pays en désert, voilà leur paix.

» Nos enfants, nos proches, tous ceux que la na-
» ture nous fait chérir, sont enlevés par eux, enrô-

» lés et traînés en servitude. Si nos femmes et nos
» sœurs évitent leurs violences comme ennemis,
» sous le nom d'amis et d'hôtes ils les outragent; ils
» épuisent nos fortunes pour grossir leurs trésors,
» nos grains pour se nourrir, nos corps et nos bras
» pour dessécher leurs marais, pour fortifier leurs
» camps; les châtiments et les injures, voilà notre
» salaire.

» Les hommes nés dans la servitude sont vendus
» une seule fois et nourris par leurs maîtres. La
» Bretagne paie et alimente chaque jour les siens;
» et, comme dans une maison, parmi les serviteurs,
» les derniers venus sont le jouet des autres, ainsi,
» dans cette foule de peuples anciennement asservis,
» c'est nous, comme les plus nouveaux, qu'on
» maltraite et qu'on insulte. Nous ne possédons
» point de terres fertiles, de mines opulentes, de
» ports superbes, qu'on puisse nous faire cultiver,
» exploiter, entretenir; nous n'avons que de la vertu
» et de l'audace, qualités offensantes pour les domi-
» nateurs.

» La profondeur et le mystère même de nos re-
» traites leur inspirent d'autant plus de soupçons
» que nous y trouvons plus de sûreté. Ainsi, puis-
» que vous n'avez aucun espoir de grace, armez-
» vous enfin d'un courage également nécessaire aux
» hommes qui désirent la gloire et à ceux qui ne
» cherchent que leur salut.

» On a bien vu les Brigantes, sous les ordres d'une
» femme, parvenir à incendier une colonie romaine,
» à forcer un camp. Ils auraient même totalement
» secoué le joug s'ils ne s'étaient pas endormis dans
» la prospérité; et nous, guerriers jusqu'à présent
» indomptés, nous qui jouissons encore de nos
» forces entières et de notre antique liberté, nous
» ne montrerions pas à la première attaque quels
» hommes produit la Calédonie!

» Ne croyez pas que les Romains portent autant
» de courage dans la guerre que d'intempérance
» dans la paix. Ce sont nos dissensions et nos dis-
» cordes qui les ont illustrés. Ils fondent leur gloire
» sur les fautes de leurs ennemis; leur armée, mé-
» lange monstrueux de toutes les nations, se grossit
» par le succès, mais se fondra aux premiers revers.
» Car vous ne croirez pas sans doute que les Gau-
» lois, les Germains, et, à notre honte, cette foule
» de Bretons qui vendent leur sang, servent par af-
» fection des maîtres étrangers, dont ils ont été
» plus long-temps les ennemis que les esclaves. Les
» périls, la terreur forment seuls leurs faibles liens:
» éloignez-les; dès que la crainte cessera, on verra
» la haine éclater.

» Nous avons pour nous tout ce qui excite à la
» victoire; les femmes des Romains ne sont pas là
» pour enflammer leur courage, ni leurs pères pour
» leur reprocher la fuite. La plupart de ces soldats

» sont sans patrie, ou en ont de différentes. Ils sont
» peu nombreux; frappés de terreur, ils pénètrent
» dans un pays inconnu; leurs regards ne s'y por-
» tent que sur des objets nouveaux pour eux, sur
» un ciel brumeux, sur une mer orageuse, sur de
» sombres forêts qui les épouvantent. Les dieux
» nous les livrent en quelque sorte enfermés et en-
» chaînés.

» Ne vous laissez point effrayer par un vain ap-
» pareil, par l'éclat de l'or et de l'argent, qui ne
» peuvent ni les défendre ni nous blesser : nous
» trouverons dans l'armée ennemie des bras à nous;
» les Bretons reconnaîtront leur cause dans la nô-
» tre; les Gaulois se souviendront de leur ancienne
» liberté; les Germains s'éloigneront d'eux, comme
» on a vu récemment les Usipiens les abandonner.
» Après la victoire, point d'obstacles! Vous ne
» rencontrerez que des forteresses sans garnisons,
» des colonies de vétérans infirmes, des cités fai-
» bles et divisées, des sujets irrités, obéissant mal
» à d'injustes maîtres.

» Ici, vous voyez un général et une armée; là,
» des tributs, des travaux, des châtiments. Vous
» allez, sur ce champ de bataille même, vous con-
» damner à ces maux pour toujours, ou vous en
» venger. Marchez donc, et dans le combat songez
» à vos aïeux et à vos descendants. »

Les Barbares l'écoutaient avec transport; une

acclamation unanime fut leur réponse. Ils coururent avec enthousiasme au combat.

Agricola, voyant briller leurs armes, contint quelque temps avec peine l'ardeur des légions, qu'il voulait exciter par ce retard. Les haranguant avec autant de dignité que d'énergie, il leur rappela leurs dangers, leurs succès, huit ans de travaux, de batailles et de victoires. « Vous avez enfin, leur
» dit-il, franchi les limites où s'étaient arrêtés nos
» pères; ce n'est plus par la renommée, c'est par
» nos yeux que nous connaissons les limites du
» monde; nous avons à la fois découvert et conquis
» la Bretagne.

» Dans nos marches longues et pénibles, lorsque
» vous franchissiez tant de fleuves, de marais et de
» montagnes, je vous entendais crier dans votre
» impatience : Quand pourrons - nous joindre et
» combattre l'ennemi ! Le voilà devant vous; le
» champ est ouvert à votre courage : tout vous appartient si vous êtes vainqueurs; vous perdez tout
» si vous vous laissez vaincre.

» J'ai toujours pensé qu'il n'y avait de sûreté dans
» la fuite ni pour le chef ni pour le soldat. Il vaut
» mieux mourir avec gloire que vivre avec honte.
» Aujourd'hui la bravoure seule peut conserver la
» la vie et l'honneur. Songez, d'ailleurs, qu'il serait
» encore glorieux de terminer sa carrière aux bornes du monde.

» Ces ennemis que vous allez combattre ne vous
» sont pas inconnus; l'année dernière ils vous atta-
» quèrent; une seule légion les mit en fuite par ses
» cris. Ils n'existent encore que parce qu'ils sont les
» plus timides des Bretons; tandis qu'ils fuyaient,
» les braves ont péri.

» Achevez un demi-siècle de succès par une jour-
» née de gloire, et prouvez à Rome que jamais elle
» n'a dû attribuer à l'armée la prolongation de la
» guerre et de l'espoir des rebelles. »

L'ardeur et la joie brillaient sur le front des Romains; ils prennent leurs armes et s'élancent hors du camp. Agricola porta en avant huit mille auxiliaires, plaça trois mille chevaux sur les ailes, et laissa les légions devant les retranchements. Il désirait que sa victoire coûtât peu de sang aux Romains, où voulait trouver une ressource en cas de défaite.

Une foule innombrable de Bretons occupaient la plaine et les hauteurs qui la couronnaient. Supérieurs en nombre aux Romains, ils les débordaient. Agricola étendit sa ligne, et, pour animer les troupes par son exemple, il renvoya son cheval et combattit à pied.

Tant qu'on se battit de loin, les Bretons, plus habiles à lancer les traits, eurent l'avantage. Agricola les chargea avec cinq cohortes, dont les glaives courts et les boucliers pointus déconcertèrent l'ennemi, qui ne leur opposait que de longs sabres sans pointes et des pavois étroits. La cavalerie bretonne, mêlée aux chars armés de faulx, attaqua en flanc l'armée romaine : celle-ci tint ferme; les chevaux, épouvantés par les piques, portèrent le désordre dans les rangs ennemis. Toute la masse des Barbares descendit alors des montagnes pour envelopper les Romains. Agricola, qui avait prévu ce mouvement, envoya sur eux une réserve de quatre divisions de cavalerie qui les enfonça, et qui, tournant ensuite l'armée ennemie, la prit à dos. Le champ de bataille ne fut plus alors qu'un champ de déroute et de carnage : les Barbares tentèrent de se rallier dans les bois; mais Agricola, contenant l'ardeur de ses troupes victorieuses, poursuivit avec ordre les vaincus, et leur ôta tout espoir de renouveler le combat. La nuit et la lassitude mirent fin à la poursuite et au carnage. L'ennemi perdit vingt mille hommes.

Le jour suivant, un silence profond, les collines désertes, et le feu des villages embrasés prouvèrent que la victoire était complète, et que les Barbares dispersés n'avaient plus conservé d'espérance. Ces infortunés se sauvèrent de cavernes en cavernes, brûlèrent leurs maisons, et tuèrent leurs femmes et leurs enfants. Telle fut l'issue de leur dernier effort en faveur de la liberté.

Après cette victoire, la flotte découvrit au nord

de l'Écosse les Orcades et l'Islande : elle en fit la conquête, et l'on était alors si peu avancé dans la science de la géographie, que ce fut par cette expédition qu'on acquit, pour la première fois, la certitude que la Bretagne était une île. Elle fut ainsi entièrement conquise et réduite en province romaine par Agricola, cent trente-huit ans après la descente de Jules-César. On attachait tant d'importance à la possession de cette province et à sa force, que jamais les empereurs n'en laissèrent les gouverneurs à la nomination du sénat.

Domitien, dont les vices commençaient à se montrer sans retenue, venait de faire en Germanie contre les Cattes une campagne qui ne fut signalée par aucun combat décisif. Ce prince, ambitieux de tout genre de gloire, et ne possédant aucune des vertus qui la donnent, se fit décerner un vain triomphe pour des victoires imaginaires. Son char était précédé d'esclaves achetés pour représenter des prisonniers. La relation qu'Agricola lui envoya de sa conquête, quoique modeste, excita sa jalousie. S'efforçant vainement de la dissimuler, il ne put donner aucun signe d'affection à ce grand homme, et ne lui montra que de l'estime. Après lui avoir accordé à regret des statues et les ornements triomphaux, il le rappela sous prétexte de l'envoyer en Syrie. Sallustius Lucullus le remplaça dans son gouvernement, et jouit du prix de ses travaux.

Lorsque Agricola revint à Rome, il reçut l'ordre de n'y rentrer que de nuit. Le froid accueil de l'empereur le décida à finir ses jours dans la retraite. Quelques années après il mourut; on soupçonna Domitien de l'avoir empoisonné. Pendant sa maladie, ce prince l'envoyait visiter fréquemment par ses affranchis et par ses médecins; tant il était impatient d'apprendre la nouvelle de la mort d'un grand homme qu'il serait peut-être parvenu à faire oublier, si Tacite et Dion ne nous avaient conservé la mémoire de ses vertus et de ses exploits. La gloire des grands capitaines ne doit sa durée qu'à la gloire des grands écrivains : Tacite seul nous a fait connaître le conquérant de l'Angleterre.

Agricola, pour assurer le repos de sa famille, légua en mourant une partie de ses biens à l'empereur, qui reçut ce don comme une preuve d'estime. « Sa vanité, dit Tacite, ignorait qu'un bon » père n'appelle à sa succession qu'un mauvais » prince. »

A cette époque les Sarmates et les Scythes firent une irruption dans l'empire : ils massacrèrent une légion et son général. Il fallut de longs efforts pour les chasser. Décébale, roi des Daces, déclara la guerre aux Romains, défit l'armée du consulaire Oppius Sabinus, ainsi que celle de Cornélius Faustus, commandant des gardes prétoriennes, et répandit la terreur dans toute l'Italie, qu'il menaçait d'envahir. Les légions campées sur les bords du Danube avaient été les unes détruites, les autres enveloppées. On vit Rome, pour la première fois, abdiquant sa grandeur, employer pour se défendre l'or au lieu du fer, obtenir à prix d'argent la retraite des Barbares, et acheter honteusement la paix. Domitien ne rougit pas de se faire décerner, pour cette désastreuse capitulation, le triomphe et le surnom de *Germanique*.

Puéril dans sa vanité, comme il voulait qu'on dît qu'il avait été plus souvent consul qu'aucun autre Romain, il se fit nommer dix-sept fois à cette dignité. Il ne gardait le consulat que quatre mois, et n'en remplit jamais les fonctions.

Dès qu'il se crut affermi sur le trône, cessant de jouer la vertu, il laissa un libre cours à ses honteuses passions, à ses vices odieux, ne leur imposa plus de frein, et parut même les porter jusqu'au délire. Il défendit de lui ériger d'autres statues que des statues d'or et d'argent, et voulut qu'on l'appelât *seigneur et dieu*.

Sa cruauté égalait son orgueil; il se plaisait à voir les tourments des condamnés, à entendre leurs cris, et comptait avec volupté leurs larmes et leurs soupirs. Sa tyrannie peupla Rome d'espions et de délateurs, vermine qui pullule sous les mauvais princes, et qui crée des coupables pour gagner un vil salaire. Leurs rapports mensongers firent périr les plus illustres sénateurs : Céréalis, Orphitus, Glabrio, Ælius Lamia, dont l'empereur avait enlevé la femme. Coccéianus, neveu d'Othon, mourut victime de sa reconnaissance : on l'accusait de rendre chaque année des honneurs solennels à la mémoire de son oncle. Métius Pomposianus paya de sa tête les fausses prédictions des devins, qui lui promettaient l'empire.

Le sénat se voyait forcé par le tyran de prononcer ces injustes arrêts. La peur faisait régner un silence profond dans cette assemblée, autrefois la terreur des rois. Celui qui la présidait prenait seul la parole, parce que son rang l'y forçait; les autres, les yeux baissés, opinaient sans parler.

Maternus avait écrit un livre contre la tyrannie; Julius Rusticus avait fait l'éloge des vertus de Thraséa et d'Helvidius Priscus : tous deux périrent coupables d'avoir dit la vérité.

Domitien détestait les arts qui adoucissent les mœurs, les lettres qui éclairent les hommes. A ses yeux, le savoir et le talent furent des crimes, ainsi que la gloire et l'opulence. Rarement on vit un bon prince illettré.

Cependant, un philosophe célèbre, Apollonius de Tyane, osa braver le péril et affronter sa présence. Il était déjà venu, du temps de Néron, « pour » voir, disait-il, quelle bête c'était qu'un tyran. » Après avoir voyagé dans l'Inde et en Arabie, il fut à son tour accusé de magie, revint en Italie, parut sans crainte aux yeux de Domitien, se défendit avec courage, lui fit entendre le langage de la sagesse et de la vérité, et resta impuni; ce qui parut si extraordinaire, que ses partisans, voulant l'opposer et le comparer à Jésus-Christ, n'expliquèrent ce phénomène que par un prodige : ils racontèrent qu'il avait soudainement disparu aux regards du tyran.

Un gouvernement si lâche et si faible devait faire éclore des conspirations. Lucius Antonius, gouverneur de Germanie, se révolta, et prit le titre d'empereur. Il attendait de la Gaule de puissants renforts; le Rhin débordé l'empêcha de les recevoir. Norbanus, envoyé contre lui, l'attaqua brusquement, et le tua. Cette rébellion, qui avait effrayé le lâche Domitien, lui servit de prétexte pour multiplier les accusations et les supplices.

Aussi insensé que farouche et tremblant, il passait les journées entières dans la solitude, enfermé dans son cabinet. Loin de s'occuper des affaires publiques, sa cruauté puérile s'amusait à faire éprouver à de faibles insectes, à des mouches, les tourments que sa barbarie exerçait sur les hommes. Bientôt, joignant l'hypocrisie à la férocité, son amitié devint aussi redoutable que sa haine, et chacun pouvait presque juger le degré du danger qu'il courait, par celui de l'affection que l'empereur lui témoignait. Il combla de preuves d'estime et de faveur son intendant la veille du jour où il l'envoya au supplice.

Lorsqu'il accusait quelqu'un, pour intimider les sénateurs et les forcer à la rigueur, il disait : « On » verra aujourd'hui si je suis cher ou indifférent au » sénat. »

La fortune publique était livrée aux courtisanes. L'empereur, bravant toute décence, allait aux bains publics avec elles. Cupide comme tous les prodigues, il se déclarait héritier des citoyens les plus opulents. Les impôts qui écrasaient les Juifs furent doublés; les prophètes de ce peuple avaient annoncé le règne prochain d'un fils de David; l'empereur fit chercher, arrêter et périr tous les descendants de ce roi.

La dixième année du règne de Domitien, les chrétiens, dont le culte commençait à s'étendre rapidement, furent exposés à une cruelle persécution. Les écrivains ecclésiastiques racontent que saint Jean, jeté dans une chaudière d'huile bouillante, en sortit intact par un miracle, et qu'on l'exila dans l'île de Pathmos, où il composa l'Apocalypse. Timothée fut lapidé à Éphèse; Denys l'Aréopagite à Athènes.

Le sang des martyrs multipliait leurs prosélytes; déjà les racines de la foi chrétienne s'introduisaient dans le palais des grands. Flavius Clémens, cousin germain de l'empereur, s'avoua chrétien, et paya son courage de sa vie. Domitilla, sa parente, fit le même aveu, et fut exilée à Pandataire.

Domitien connaissait la haine qu'il inspirait aux Romains, et surtout au sénat. Il projeta, dit-on, plusieurs fois le massacre de ce corps. Un jour, il l'investit de ses soldats; une autre fois, ayant invité à un repas la plus grande partie des sénateurs, il les fit conduire dans une salle tendue de noir, éclairée par des lampes sépulcrales, et ornée pour tous meubles de plusieurs cercueils qui portaient les noms des convives, et près desquels on voyait de grands nègres tenant une épée dans une main et une torche dans l'autre. Après avoir joui quelque temps de leur frayeur, il les congédia.

Détesté dans tout l'empire, l'armée seule, qu'il payait magnifiquement, lui était dévouée; mais son appui ne le rassurait pas: les présages qui le menaçaient, et sa conscience qui le tourmentait, le rendaient plus malheureux et plus tremblant que ses victimes.

Il fit périr Épaphrodite, parce que ce fidèle affranchi avait prêté son bras à Néron pour finir ses jours.

L'astrologue Asclétérion osa prédire la mort prochaine du tyran; l'empereur le fit venir devant lui. « Toi, qui annonces mon sort, lui dit-il, peux-tu
» connaître le tien? » « Oui, répondit le devin; je

» dois être dévoré par des chiens. » Domitien, décidé à le faire mentir, ordonne de le tuer sur-le-champ, et de livrer son corps au feu : on exécute l'ordre; mais tout à coup un orage furieux s'élève, une pluie abondante tombe sur le bûcher, la flamme s'éteint, les assistants s'éloignent, et les chiens mangent le cadavre. La haine publique accrédita cette fable.

Les tyrans redoutent les historiens, comme les brigands craignent les juges. Domitien persécuta ceux de son temps. Josèphe, seul, conserva sa bienveillance; mais souvent les talents comprimés n'en acquièrent que plus de force; la persécution n'empêcha point les lettres de fleurir. Épictète illustra la secte stoïque; ses maximes, composées dans l'exil et dans les fers, serviront en tout temps à fortifier l'ame contre le malheur.

Martial se rendit fameux par ses épigrammes, et Juvénal par ses satires, qui présentent le tableau fidèle des mœurs de ce siècle corrompu.

Silius Italicus publia un poëme défectueux dans sa composition, mais où l'on trouve quelques vers dignes de Virgile. Le sort de Stace fut bizarre comme son talent; Domitien l'aima.

L'empereur, aussi redouté de sa famille que de ses sujets, avait épousé Domitia Longina, fille de Corbulon; il la répudia, la reprit, et se décida enfin à la faire mourir. Un heureux hasard fit tomber dans les mains de cette princesse la liste fatale sur laquelle était écrit son nom, ainsi que ceux de Parthénius, premier officier de la chambre de l'empereur, de Stéphanus, son intendant, et des généraux Norbanus et Pétronius. L'impératrice les informa du péril qui les menaçait; et tous, de concert, se déterminèrent à trancher les jours du monstre qui les poursuivait.

La superstition du temps effrayait sans cesse Domitien; on répandait chaque jour le bruit de nouveaux pronostics qui annonçaient sa mort. Le plus certain de tous ces présages était l'horreur qu'on avait pour lui.

Troublé par toutes ces menaces, on l'entendit, au milieu d'un orage effrayant, s'écrier: « Que Jupiter frappe donc, puisqu'il veut frapper! » La veille du jour de sa mort, on lui porta un fruit rare: » Gardez-le pour demain, dit-il, si la fortune me » permet encore d'en goûter. »

Au milieu de la nuit qui précédait pour lui la nuit éternelle, épouvanté par des éclairs fréquents, il fait appeler un astrologue qui lui annonce une grande révolution : il ordonne sa mort. Après ce dernier crime, dans l'espoir de calmer l'agitation de ses sens, il veut aller aux bains : Parthénius l'en empêche, en l'avertissant qu'une affaire urgente exige qu'il passe dans son cabinet. Il y entre, et y trouve Stéphanus. Celui-ci lui révèle une fausse conspiration, et lui présente la liste des conjurés. Tandis qu'il la lit, ce même Stéphanus, tirant un poignard caché, lui perce le flanc. L'empereur se jette sur lui et le renverse; pendant cette lutte, Parthénius et les autres conjurés arrivent et massacrent Domitien [1].

Les disciples d'Apollonius, qui voulaient faire un dieu de leur maître, racontent qu'au moment où on égorgeait l'empereur, ce philosophe, qui se trouvait à Éphèse, s'écria : « Courage, brave Sté-
» phanus! frappe le tyran; » et que, peu de moments après, il dit: « Tout va bien, le monstre est
» mort. »

Domitien termina ses jours en 96, à l'âge de quarante-cinq ans, et la quinzième année de son règne. Les prétoriens le regrettaient vivement, et voulaient exiger qu'on lui rendît les honneurs divins: le sénat, montrant une fermeté depuis longtemps inconnue, s'y opposa, flétrit la mémoire du tyran, fit briser ses statues, raya son nom des registres, et le condamna à l'oubli. Tacite, plus sévère, le condamne à l'immortalité.

[1] An de Jésus-Christ 96.

CHAPITRE XIII.

NERVA.

(An de Rome 848. — De Jésus-Christ 96.)

Élévation de Nerva au trône. — Son édit contre la délation. — Faiblesse de Nerva. — Ses belles qualités. — Révolte des soldats. — Association de Trajan à l'empire. — Portrait de Trajan. — Mort de Nerva.

Après un siècle de tyrannie, dans lequel Vespasien et Titus seuls firent luire quelques beaux jours, le sort ouvrit aux Romains un siècle de bonheur et de gloire; et cette longue époque, où régnèrent toutes les vertus, sous les noms de Nerva, de Trajan, d'Adrien, d'Antonin et de Marc-Aurèle, est peut-être, parmi celles que nous offrent les annales du monde, la seule où tous les peuples de la terre aient joui pleinement du bonheur que donne l'alliance trop rare de la monarchie et de la liberté. « Heureux temps, dit Tacite, où l'on pouvait enfin » penser ce qu'on disait, et parler comme on pen- » sait ! »

Les conjurés ne s'étaient point bornés à méditer

la perte du tyran : ils étaient convenus d'avance du successeur qu'on devait lui donner, et leurs regards s'étaient portés sur Nerva, vieillard septuagénaire, honoré dans sa jeunesse par ses talents militaires, par son amour pour les lettres; dans sa maturité, par deux consulats et par les ornements triomphaux ; dans sa vieillesse, par sa prudence, par sa douceur et par sa vertu. Son mérite modeste le déroba aux soupçons de Domitien; il entra dans la conspiration contre ce monstre, non par ambition, mais par amour pour sa patrie, et il céda moins au désir de la gouverner qu'à celui de la sauver.

Sa famille était originaire de Crète; dès que les meurtriers de Domitien l'eurent désigné au sénat, ce corps s'empressa de le proclamer empereur: tout l'empire applaudit à ce choix. Les prétoriens seuls gardaient un farouche silence; ils regrettaient un empereur qui avait augmenté leur solde, une tyrannie dont ils s'étaient vus les instruments et l'appui, et qui les comblait de ses faveurs. Nerva apaisa leur ressentiment par une gratification; les légions le reconnurent; il se vit assiégé de ces félicitations que la flatterie prodigue à la puissance. Son ancien ami Arrius Antonius, aïeul du célèbre Antonin, lui fit seul entendre le langage de la vérité : « C'est l'empire, lui dit-il, que je félicite; mais pour » vous, je vous plains. En obtenant le pouvoir, vous » perdez votre repos; que d'orages, que de fatigues,

» que de dangers je prévois, non-seulement pour
» votre personne, mais pour votre réputation
» jusqu'à présent intacte! Vous aurez surtout à
» craindre l'avidité de vos amis; car vous en ferez
» ou des ennemis par vos refus, ou des hommes
» odieux au peuple par vos bienfaits. »

Les premiers actes de l'empereur coupèrent la racine des principaux vices de l'état. L'arme la plus dangereuse de la tyrannie est l'accusation pour crime de lèse-majesté, qu'on ne peut jamais définir avec précision, et qui, dans tous les temps, servit de prétexte pour condamner l'innocence, pour effrayer le courage, pour dépouiller l'opulence, pour opprimer la liberté : un édit de Nerva fit cesser toute poursuite relativement à ce genre de délit.

Dès qu'on respecta la morale, les chrétiens respirèrent; la persécution s'arrêta; saint Jean revint à Éphèse; un décret du prince rappela les exilés et annula les confiscations. Une belle parole était sortie de la bouche et non du cœur du dernier tyran; il avait dit que « le prince qui ne punit pas » les délateurs les encourage. » La vie entière de Domitien fut en contradiction avec cette maxime, que Nerva mit en pratique.

Il renouvela l'ordonnance de Titus contre cette peste publique, et punit de mort les esclaves qui avaient dénoncé leurs maîtres. On vit alors plusieurs grands personnages, honteusement célèbres par la délation, et qui, peu de temps avant, répandaient la terreur dans Rome, trembler à leur tour, livrés sans défense au mépris de leurs concitoyens. Le plus fameux de tous, Régulus, qui avait cherché autrefois à compromettre et à perdre le vertueux Pline, sollicita bassement et vainement alors son crédit pour échapper à la vindicte publique.

Publius Cestus s'était montré aussi lâche que cruel à l'époque du procès d'Helvidius Priscus; et, pour complaire à la tyrannie, on l'avait vu, dégradant sa dignité de sénateur, arrêter lui-même cet illustre personnage, son collègue, et le traîner en prison. Cependant il jouissait encore d'un scandaleux crédit par sa naissance, par sa richesse, et par cette sorte de crainte qui survit au péril : il était consul désigné. Pline, indigné de ce triomphe du vice, voulut l'accuser hautement; une longue habitude de révolutions dans le gouvernement, la crainte des réactions et des vengeances faisaient considérer le courage comme témérité et la lâcheté comme prudence. Tous les sénateurs alarmés conjuraient Pline de se désister de sa poursuite; il n'y voulut point consentir, et sa fermeté lui mérita l'estime publique; mais Nerva, affaibli par l'âge, et qui savait mieux encourager la vertu que punir le vice, ne permit point qu'on jugeât l'accusé; il se contenta de priver Cestus du consulat.

La force manquait aux vertus de l'empereur, et sa bonté trop facile ressemblait à la faiblesse : aussi un des sénateurs qu'il avait rappelés d'exil, Julius Mauricus, se permit une maligne raillerie sur l'excessive douceur du prince. Il soupait un jour chez l'empereur; Véiento, un des lâches instruments de la tyrannie de Domitien, se trouvait au nombre des convives. La conversation tomba sur Catulus Messalinus, fameux et cruel délateur, mort depuis peu. Chacun en parlait avec horreur; Nerva dit : « Que » croyez-vous qu'il lui fût arrivé s'il eût vécu jus- » qu'à ce jour? » « Il souperait avec nous, » répondit Mauricus.

Cette faiblesse autorisait trop la licence; ce qui fit dire avec raison à Fronto, personnage consulaire: « Il est certainement fâcheux d'obéir à un prince qui » ne permet rien à personne; mais c'est un grand » mal aussi que tout soit permis à tous. »

Cette légère tache dans le caractère de Nerva ne doit pas empêcher de rendre justice à ses grandes qualités. Loin d'augmenter les tributs pour réparer les plaies faites à l'empire, il diminua les impôts; son économie, la vente des joyaux du trône, et celle d'une partie même de son patrimoine, lui fournirent des ressources suffisantes pour acheter des terres qu'il distribua aux pauvres. Il pourvut à l'éducation de leurs enfants, et releva plusieurs villes ruinées par les guerres civiles. Déférant pour le sénat, il soumettait toutes ses décisions aux délibérations de cette compagnie. Il avait juré à son avénement de ne punir de mort aucun sénateur, et il fut si fidèle à ce serment, que, Calpurnius Crassus ayant conspiré contre lui, il se contenta de l'exiler à Tarente, laissa ses complices impunis, et ne leur ferma pas même son palais, sur la porte duquel il avait placé cette inscription qui rappelle les devoirs de tout prince : *Palais public.*

Assidu anx tribunaux, il rendait la justice avec équité; et, par une profonde connaissance des lois, se montrait digne de son aïeul, jurisconsulte célèbre. L'empereur ambitionnait l'estime et non les hommages. Il refusa constamment les statues d'or et d'argent qu'on voulait lui décerner. Ses prédécesseurs redoutaient le mérite ; Nerva se faisait un devoir de l'honorer. Il chercha dans sa retraite le brave et vertueux Virginius, âgé alors de quatre-vingt-trois ans, et qui s'était rendu plus illustre en refusant deux fois l'empire, que d'autres en l'usurpant. Ce vieillard vénérable se vit décoré sur le bord de sa tombe par un troisième consulat. Il mérita la double gloire de vivre ami de Pline, et d'être loué après sa mort par le consul Tacite.

Le feu de la sédition des prétoriens, près d'éclater à l'avénement de l'empereur, avait été plutôt couvert qu'éteint. Ils déploraient toujours la perte du tyran dont ils étaient les seuls appuis, et ne pouvaient s'accoutumer au gouvernement d'un prince qui ne régnait que par les lois. Lorsqu'on aime le monarque, sa garde devient inutile. Les soldats factieux, animés par Casperius Ælianus, préfet du prétoire, ne pouvant faire revivre Domitien, voulurent au moins le venger. Après s'être mutuellement excités à la révolte, ils se soulèvent, prennent les armes, assiégent le palais, et demandent à grands cris la mort des assassins de leur empereur. Nerva sort, se montre aux rebelles, les harangue, et, ne pouvant calmer leur furie, leur présente sa gorge, en disant qu'il aime mieux mourir que de sacrifier les hommes auxquels il doit l'empire.

Les révoltés, respectant son âge et méprisant sa dignité, refusent également d'attenter à ses jours et d'obéir à ses ordres. Ils l'entourent, le pressent, épuisent sa force et sa patience, et le contraignent enfin de leur livrer Pétronius et Parthénius, qu'ils immolent.

Le résultat de ce crime horrible fut heureux pour l'empire; Nerva, convaincu que sa faiblesse avait besoin d'un appui, chercha, non dans sa famille, mais parmi les citoyens, l'homme dont le mérite était alors le plus éclatant et le plus éprouvé. Son choix tomba sur Trajan, né en Espagne, près de Séville, à Italica, ville fondée par le premier Scipion.

Trajan était issu d'une famille peu illustrée : son père, le premier qui honora son nom, s'était distingué dans la guerre des Juifs; Vespasien l'éleva au rang des patriciens, le nomma consul, et lui décerna les ornements triomphaux. Le jeune Trajan, sous les yeux de son père, fit avec éclat la guerre en Asie, en Afrique, en Germanie, et s'acquit en peu de temps une grande renommée. Dur aux fatigues, intrépide dans le danger, sage au conseil, marchant à pied, combattant comme le dernier soldat, dont il partageait la simple nourriture, ce fut en apprenant à bien obéir qu'il se rendit capable de bien commander. Estimé de ses chefs, chéri de ses égaux, respecté par ses inférieurs, sévère avec douceur, populaire avec dignité, il força la tyrannie même à rendre justice à son mérite, et devint consul sous Domitien. Mais la vertu ne pouvait pas long-temps respirer l'air de cette cour corrompue : il se retira en Espagne. Domitien l'en arracha, et, croyant que lui seul pouvait servir de frein aux Barbares, lui donna le commandement des légions de la Basse-Germanie. Dans ce nouveau poste, il déploya les mêmes talents et les mêmes vertus.

Trajan était arrivé à cet âge, où, sans perdre le feu de la jeunesse, on jouit de tous les fruits de l'expérience. Sa figure était belle et imposante, sa taille élevée, son regard majestueux : tout en lui annonçait la force; il n'avait que quarante ans, et le ciel semblait n'avoir blanchi ses cheveux avant la vieillesse que pour le rendre plus respectable. Tel était l'homme dont la sagesse de Nerva fit présent aux Romains.

L'empereur venait d'apprendre la nouvelle d'une victoire remportée par ses légions en Pannonie; il reçut du sénat le nom de *Germanique*. Monté au Capitole, il offrit à Jupiter une branche de laurier, et déclara publiquement qu'il adoptait Trajan pour son fils et pour son successeur, qu'il le nommait César, et qu'il l'associait à l'empire.

Une acclamation universelle et sincère confirma son choix. Cependant Trajan, occupé à Cologne de ses devoirs et non de sa fortune, y reçut avec surprise la nouvelle d'une élévation qu'il n'avait ni sollicitée ni même désirée, et la plus vive satisfaction qu'elle lui donna fut de penser qu'il pouvait guérir les maux de sa patrie. Nerva, trop offensé pour pardonner, trop faible pour punir, voulait venger Rome et le trône de la révolte des prétoriens; et, pour faire connaître ses intentions à Trajan, il se servit de ces paroles d'Homère, adressées par Chrysès à Apollon : « Puissent les Grecs » expier par vos traits les larmes qu'ils m'ont fait » répandre! »

Le nom seul de Trajan avait porté l'épouvante dans l'esprit des rebelles. Il manda près de lui

Ælianus et les principaux chefs de la sédition. La mort des uns et l'exil des autres en délivra l'empire.

Nerva n'abdiqua point; mais, chargeant son successeur de tous les soins du gouvernement, il jouit trois mois d'un repos mérité, et mourut à soixante-douze ans, après un règne de seize mois, à la fin de son quatrième consulat, pendant lequel il avait pris Trajan pour collègue.

L'histoire cite de lui peu d'actions éclatantes, mais, ce qui vaut mieux, beaucoup de traits de bonté. Loin de se montrer avide comme ses prédécesseurs, il voulait que chacun jouît sans inquiétude de son héritage ou des faveurs de la fortune. Hérode Atticus, ayant découvert un trésor, en informa l'empereur, qui, suivant l'usage, pouvait en réclamer une partie. La réponse de Nerva se réduisit à ces mots : « Usez-en. » Atticus écrivit de nouveau pour lui faire observer que ce trésor était immense; l'empereur répondit : « Abusez-en » donc. »

Ses amis lui reprochaient de ne pas veiller assez à sa propre sûreté; il dit : « La bonne conscience » vaut une garde. » Il protégea toujours les lettres, et avait cultivé la poésie avec succès. Quintilien brilla sous son règne. Ce célèbre écrivain composa douze livres sur la rhétorique; on ne peut lui reprocher que d'avoir loué Domitien : la reconnaissance qu'il devait à un tel monstre n'aurait pu justifier que son silence. L'illustre Pline, l'immortel Tacite, furent honorés du consulat, ou plutôt l'honorèrent. Nerva mérite d'être compté au nombre des meilleurs princes; il ne manquait à ses vertus que la force, il se la donna en s'associant Trajan.

CHAPITRE XIV.

TRAJAN.

(An de Rome 850. — De Jésus-Christ 98.)

Séjour de Trajan en Germanie. — Son arrivée à Rome. — Guerre avec les Daces. — Victoires de Trajan. — Nouvelle guerre avec les Daces. — Nouvelle victoire de Trajan. — Son retour et son triomphe à Rome. — Érection de la colonne Trajane. — Sage administration de Trajan. — Fléaux en Italie. — Bannissement des délateurs. — Lettre de Plutarque à Trajan. — Belles qualités de Trajan. — Ses utiles travaux. — Majesté rendue au sénat. — Bonheur des citoyens. — Voyages de Trajan. — Pline est gouverneur de province. — Sa clémence envers les chrétiens. — Guerre avec les Parthes. — Victoires de Trajan. — Ses conquêtes. — Révolte des Juifs. — Leur entière défaite. — Retour et mort de Trajan. — Adoption d'Adrien par Trajan, supposée par Plotine.

Le nouvel empereur possédait cette fermeté de caractère qui éloigne tous les dangers, parce qu'elle empêche de les craindre. La peur les attire, le mépris les écarte, et l'on inspire presque toujours la confiance qu'on éprouve.

Trajan, se croyant certain d'obtenir l'estime et

l'affection qu'il méritait, ne négligea point l'empire pour Rome, et ne se pressa pas d'arriver dans cette capitale.

Il resta plusieurs mois en Germanie, occupé des soins divers qu'exigeait cette frontière importante. Lorsque enfin il parut dans la capitale du monde, au lieu d'y faire son entrée en maître et en vainqueur, il s'y montra en citoyen, à pied, sans cortége, et d'autant plus grand qu'il paraissait plus modeste.

Ses prédécesseurs s'étaient fait dispenser de l'observance des lois : il en jura l'exécution, et, pendant cette cérémonie, se tint debout devant le consul assis. Il rendit un compte public de l'argent dépensé dans son voyage, exemple salutaire qui, s'il eût été suivi, aurait empêché les princes de faire aucune dépense honteuse à publier.

Sa haute fortune n'avait fait aucun changement en lui; ses anciens amis le trouvaient le même; il les traitait avec la même familiarité, et il n'en méconnaissait aucun.

On le voyait dans la ville sans char, sans gardes; nul obstacle n'empêchait le peuple de l'approcher; il appelait chaque citoyen par son nom; et, fidèle à la maxime de Nerva, son palais, véritablement public, était ouvert et accessible à tous.

Plotine, sa femme, aussi modeste que lui, se tourna vers le peuple lorsqu'elle entra dans le palais

pour la première fois, et dit à haute voix : « Fassent
» les dieux que je sorte d'ici telle que j'y suis entrée,
» et que la fortune ne change rien à mes mœurs! »

Après avoir répondu à l'attente générale par les
actes d'une administration à la fois ferme et douce,
il voulut relever Rome de l'abaissement où le lâche
Domitien l'avait réduite en la rendant tributaire
des Daces. L'orgueil du roi Décébale lui donna de
justes prétextes pour rompre cette paix humiliante.
Ce prince traitait avec insolence les généraux romains, et autorisait la licence de ses sujets qui franchissaient souvent les limites convenues, et commettaient de grands désordres sur la frontière.
Trajan, après avoir rétabli dans l'armée l'antique
discipline, la conduisit contre les Daces, les défit
dans plusieurs affaires, et leur livra une grande
bataille. Elle fut longue, disputée, sanglante et
meurtrière ; mais enfin les Daces, tournés et enfoncés de toutes parts, furent mis en pleine déroute.
Les Romains avaient un si grand nombre de blessés
qu'on manqua de bandages. Trajan déchira ses
vêtements pour y suppléer : chacun suivit cet
exemple d'humanité.

Après la victoire, Trajan, habile à en profiter,
poursuivit les Daces sans relâche, pénétra jusqu'au
centre de leur pays, s'empara de leur capitale Zarmisegethusa. Décébale consterné demanda la paix,
livra ses armes, ses machines de guerre, détruisit

ses forteresses, abandonna ses conquêtes, s'engagea à n'avoir pour ennemis et pour alliés que ceux de Rome; enfin, se prosternant aux pieds de Trajan, il promit d'envoyer des ambassadeurs au sénat romain pour lui demander la ratification de ce traité.

La reconnaissance publique décerna au vainqueur le triomphe et le surnom de *Dacique*. Après avoir rétabli la gloire des armes romaines et consolidé la prospérité générale, en fortifiant toutes les institutions publiques, dont il avait le bon esprit de souhaiter la résistance comme appui, plutôt que de la craindre comme écueil, l'empereur se vit obligé de nouveau à combattre les Daces. Décébale n'avait consenti à une paix humiliante que pour se donner le temps de réparer ses forces. Cette paix n'avait duré que deux ans. On sut qu'au mépris du traité Décébale enrôlait des déserteurs romains, fabriquait des armes, réparait ses forteresses, négociait avec les étrangers et se liait avec les Parthes.

De son côté, Trajan ne désirait qu'un prétexte pour achever sa conquête; une paix honteuse n'est qu'une trompeuse trêve; elle ne satisfait jamais pleinement le vainqueur, et le vaincu ne peut la supporter. Tout peuple trop humilié doit se venger ou être détruit.

Trajan marche contre les ennemis; l'effroi précède ses armes; les Daces se divisent, une partie déserte. Décébale demande encore la paix ; on ne veut point la lui accorder. On exige qu'il licencie son armée, et qu'il se livre lui-même aux Romains. Ce prince, ne consultant alors que son désespoir, se décide à combattre malgré l'infériorité de ses forces. De vils scélérats, corrompus par lui, pénètrent dans le camp romain avec le dessein d'assassiner l'empereur. Découverts, arrêtés, punis, ils ne laissèrent à leur prince que la honte d'un crime inutile. D'autres agents du roi surprirent et enlevèrent Longinus, officier distingué, intime ami de Trajan ; ils espéraient que, pour le sauver, l'empereur consentirait à traiter ; mais Longinus écrivit à ce prince que l'intérêt d'un homme ne pouvait balancer l'intérêt de la république ; et, pour affranchir sa gloire des entraves de l'amitié, il s'empoisonna. Quelques historiens disent que Décébale le fit mourir.

Trajan continua sa marche. La largeur et la rapidité du Danube semblaient plus redoutables aux Romains que toutes les forces des barbares. A la vue des ennemis, Trajan, actif et rapide comme César, construisit sur le fleuve un pont appuyé sur vingt piles, et dont la longueur avait près de huit cents toises. Ayant franchi le Danube, il défit les Daces en bataille rangée, et s'empara de nouveau de leur capitale. Décébale, vaincu et ne voulant point survivre à sa puissance et à sa gloire, se tua. Sa tête fut envoyée à Rome ; on découvrit son trésor dans le lit d'un fleuve dont il avait fait détourner momentanément les eaux pour l'y cacher. Trajan réduisit la Dacie (Hongrie et Transylvanie) en province romaine. Il y établit des colonies, et donna le nom d'Ulpia-Trajana à la capitale [1].

De retour à Rome, il fit jouir le peuple de la vue d'un triomphe aussi éclatant et aussi mérité que celui de Paul Émile. En mémoire de cet événement, il construisit une place magnifique, sur laquelle il érigea la fameuse colonne qui porte son nom, et qui, traversant les siècles, a conservé la description figurée de ses combats, dont les historiens de son temps ne nous ont point transmis les détails.

Rome, toujours avide de sang jusque dans ses plaisirs, célébra sa joie par des jeux cruels, où l'on vit dix mille gladiateurs combattre et onze mille animaux féroces périr. Ce fut à l'occasion des victoires de Trajan sur les Daces, que Pline, alors consul, lui adressa, au milieu du sénat, le panégyrique éloquent qu'il prononça sans mériter aucun reproche, et que l'empereur put entendre sans rougir, puisqu'il était dicté par la vérité.

Trajan s'occupait aussi activement du bonheur des Romains que de leur gloire. Lorsque, suivant l'usage établi, il faisait des distributions publiques,

[1] An de Jésus-Christ 105.

elles étaient réglées par la justice et non par la faveur. Les absents n'avaient aucune crainte d'être oubliés; il faisait enregistrer avec soin les enfants des pauvres pour que tous eussent part à ses libéralités. Sa bienfaisance se répandait également sur toutes les villes de l'Italie; et, pour la préserver des disettes fréquentes auxquelles elle s'était vue toujours exposée, renonçant au système étroit de taxe et d'accaparement, il protégea la liberté du commerce, et, par ce moyen si simple, entretint une telle abondance, que, l'Égypte, cet ancien grenier de l'Italie, se trouvant tout à coup frappée d'une grande stérilité, Rome l'alimenta pendant un an.

« L'administration du prince fut si sage, dit » Pline, qu'on trouvait l'abondance à Rome et la » faim nulle part. »

L'Italie se vit encore désolée plusieurs fois par des tremblements de terre, des inondations et des incendies. Trajan trouva dans son économie des moyens suffisants pour consoler les malheureux et pour réparer leurs pertes.

Plus sévère que Nerva contre les délateurs, et ne se bornant pas à les priver d'emplois et à les condamner au silence, il les bannit. La flotte chargée de ce fléau parut attirer sur elle le courroux des dieux. Une horrible tempête, soulevant les flots qui les portaient, dispersa les vaisseaux, en brisa une partie sur les rochers, et fit subir à ces misérables, pendant quelques heures, la frayeur et les tourments auxquels ils avaient si long-temps livré leurs infortunés concitoyens.

Trajan, qui connaissait par l'exemple de ses prédécesseurs le danger d'écouter la calomnie, avait coutume de dire « qu'il est difficile à un prince
» dont les oreilles sont trop tendres de n'avoir pas
» les mains sanglantes. » Il avait toujours devant les yeux la lettre que son instituteur, le célèbre Plutarque, lui écrivit lorsqu'il monta sur le trône. Nous la citons comme un modèle de noble franchise qui a trouvé et qui trouvera peu d'imitateurs.

« Puisque c'est votre mérite et non l'intrigue qui
» vous a élevé à l'empire, permettez-moi de féli-
» citer vos vertus et mon bonheur. Je serai heureux
» si votre règne répond aux qualités que je vous ai
» connues; mais, si l'autorité vous rend méchant,
» vous aurez les dangers en partage, et moi l'igno-
» minie de votre conduite. Le maître sera respon-
» sable des crimes de l'élève. Ceux de Néron sont
» autant de taches à la réputation de Sénèque.
» Socrate et Quintilien ont été blâmés pour la con-
» duite de leurs élèves. Si vous continuez d'être ce
» que vous avez été, je serai le plus honoré des
» hommes : réglez vos passions, et que la vertu soit
» le but de toutes vos actions. Si vous suivez ces
» conseils, je me glorifierai de vous les avoir donnés;
» si vous les négligez, cette lettre témoignera en ma

» faveur, et attestera que le mal que vous avez fait
» ne doit point être attribué à Plutarque. »

Cette lettre de Plutarque a fait croire qu'il avait été précepteur de Trajan; mais, comme ils étaient du même âge, il est probable que ce prince avait seulement eu recours à ses conseils.

L'empereur, ennemi de toute vexation, adoucit les lois fiscales. Sous son règne on plaida sans crainte contre le trésor du prince. Il choisissait des intendants si probes, que les particuliers les prenaient souvent pour juges. Trajan avait coutume de dire que « le fisc était dans l'état comme la rate dans le
» corps; lorsqu'elle se gonfle trop, les autres mem-
» bres se dessèchent. »

Simple dans ses mœurs, frugal dans ses repas, assidu à ses devoirs, indulgent pour les autres, sévère pour lui-même, il pardonnait à la faiblesse, encourageait le mérite, récompensait la fermeté, et n'accordait de hauts emplois qu'aux hommes les plus vertueux. Il faisait respecter ses lois, parce qu'il s'y soumettait lui-même le premier. Lorsqu'il nomma Suburranus préfet du prétoire, en lui remettant le glaive qui était la marque de sa dignité, il lui dit: « Employez cette épée que je vous con-
» fie, pour moi si je me conduis bien, contre moi
» si je gouverne mal. »

Lorsque Pline lui adressa ces paroles: « Vous avez
» vécu avec nous; vous avez ressenti nos souffran-

» ces, partagé nos périls, nos alarmes, seul apanage
» alors de la vertu; vous avez vu combien les mau-
» vais princes étaient détestés, même par ceux qui
» les pervertissaient; vous vous souvenez des vœux
» et des plaintes que nous formions : aujourd'hui
» vous régnez; votre conduite comme empereur est
» conforme aux sentiments que vous montriez
» comme particulier, » cet éloge n'était que la répétition d'un mot de Trajan; il disait souvent : « Je
» veux gouverner comme je désirais, étant citoyen,
» qu'on nous gouvernât. »

Trajan, quoique prince, eut des amis, parce qu'il savait aimer; et, comme il était sincère, il entendit la vérité; car Pline dit avec raison : « Tout
» prince qui se plaint qu'on le trompe, a proba-
» blement trompé le premier. » Il montra plusieurs fois cette noble confiance qui n'appartient qu'aux grandes ames, et que le vulgaire traite de témérité. Quelques amis trop soupçonneux voulurent lui persuader que Licinius Sura conspirait contre ses jours; il alla chez lui, renvoya sa suite, soupa dans sa maison, pria son chirurgien de panser un mal qu'il avait à l'œil, et se fit raser par son barbier. Le lendemain il dit à ses courtisans : « Si Sura avait
» voulu me tuer, il l'aurait fait hier. »

Lorsque le sénat lui décerna des statues, on ne regarda point cet hommage comme un acte d'adulation : il était aussi digne de cet honneur que

Brutus; l'un avait chassé de Rome les tyrans, l'autre la tyrannie.

Les soins de l'empire et son assiduité au travail n'altéraient pas l'enjouement de son humeur. On le voyait gai et familier dans les repas qu'il donnait à ses amis, ou qu'il recevait d'eux sans cérémonie. Il se livrait quelquefois à l'amusement de la chasse; mais, différent des autres princes qui faisaient parquer des animaux pour les tuer en foule sans risques, il voulait acheter le plaisir par la fatigue et par le danger.

La plupart des hommes, semblables à une cire molle, prennent l'empreinte et la forme que leur donnent ceux qui les gouvernent. Les mœurs de Trajan réformèrent les mœurs publiques. Il n'exerça point les fonctions de censeur; sa vie entière et le discernement de ses choix tenaient lieu de censure. La conduite de Trajan servait d'exemple aux bons et de leçon aux méchants.

La plus scandaleuse licence s'était toujours montrée sans frein dans les spectacles des pantomimes; Titus les avait proscrits; le peuple corrompu avait forcé Nerva à les rappeler. Ce même peuple, revenu au sentiment de la pudeur, demanda lui-même leur bannissement.

Trajan, s'imposant la simplicité, réservait la magnificence pour l'empire; mais il voulait l'embellir sans l'épuiser. L'ordre le plus sévère dans ses finances et la vente des domaines inutiles au trône lui fournirent les moyens d'exécuter ses vastes desseins. Il enrichit Rome de superbes monuments, releva plusieurs villes ruinées, fortifia toutes les frontières, creusa le port de Centumcelles (Civita-Vecchia), construisit des ponts solides sur le Tage et sur le Danube, éleva une chaussée sur les marais Pontins, et ouvrit une grande route qui conduisait du Pont-Euxin jusque dans les Gaules; mais il savait que ce n'est point assez pour un peuple fier et libre d'être bien gouverné, s'il n'a point de part au gouvernement.

Trajan se montrait plutôt chef de la république qu'empereur: il bannit du sénat le silence, la peur, et y rappela la liberté. Ce corps, condamné par les tyrans à ne s'occuper que de formes vaines et d'affaires puériles, redevint le centre de la législation, le surveillant de l'autorité impériale, le juge des villes, l'arbitre des étrangers; et l'empereur, lui soumettant tous ses actes, encourageait les sénateurs à combattre librement ses avis.

Les citoyens, revenus à leur dignité, se rendaient avec leur ancien zèle aux élections, donnaient sans gêne et sans crainte leurs suffrages; aussi le nom de Trajan était couvert d'éloges qui partaient du cœur. Dès qu'il paraissait aux yeux du peuple, on n'entendait que ce cri, digne récompense d'un bon règne: « Heureux citoyens! heureux empereur!

» puisse-t-il toujours être aussi bon, et entendre
» de nous les mêmes vœux ! »

Beaucoup de ces hommes, si indulgents pour eux-mêmes et si sévères pour les autres, ont accusé Pline de flatterie, parce qu'il a dignement loué un grand prince. Peu d'entre eux cependant se permettraient peut-être de donner aux princes de leur temps les sages conseils que cet illustre consul, dans son panégyrique, adressait à Trajan : « N'é-
» coutez point, lui disait-il, les rapports secrets ;
» jugez-nous d'après l'opinion publique. Dans un
» conciliabule mystérieux, un seul peut être trompé
» par un seul ; mais personne n'en impose à tous,
» et tous ne peuvent jamais tromper personne. »
Et comment un consul digne des anciens temps de Rome aurait-il cru mériter quelque blâme en louant un empereur qui ajouta lui-même au serment de fidélité que l'usage prescrivait de lui prêter, cette noble restriction : « Pourvu que l'empe-
» reur gouverne suivant les lois et pour l'avantage
» de la république ? »

On vit sans cesse Trajan montrer le plus scrupuleux respect pour les institutions antiques ; et, toutes les fois qu'il obtint le consulat, il se soumit avec exactitude à toutes les formalités imposées aux autres candidats. Enfin, renouvelant le serment des anciens consuls, il dévouait lui et sa famille à l'exécration des dieux et des hommes, dans le cas où il enfreindrait les lois.

Affable pour tout le monde, ses graces répandaient la joie, ses refus laissaient l'espérance. Peu savant dans les lettres, il favorisa constamment ceux qui les cultivaient. Pline, Plutarque, Tacite, furent élevés par lui aux plus grands honneurs.

La fin de son règne aurait été moins éclatante, mais plus heureuse, s'il avait écouté les conseils pacifiques de Plutarque; mais il était Romain, et la passion de la gloire militaire l'emporta sur les avis de la sagesse. « Je sens, disait-il à ce philosophe, » que la nature m'a destiné, non à feuilleter des » livres, mais à manier des armes. » Cependant, avant d'entreprendre une nouvelle guerre, il parcourut l'Afrique, il y rétablit l'ordre, en releva les villes détruites par les discordes civiles, et s'étonna de l'ancienne puissance de Carthage en voyant ses ruines. Il visita ensuite l'Espagne, son berceau, et rebâtit les colonnes d'Hercule. La flatterie voulait leur donner son nom; il la méprisa. D'Espagne il passa en Asie, sans vouloir s'arrêter en Italie, disant que jamais il ne ramènerait une armée à Rome qu'en triomphe.

Les Parthes étaient le seul peuple qui balançât alors la puissance romaine. Crassus avait péri sous leurs coups; ils avaient contraint les aigles d'Antoine à prendre la fuite; et si les noms d'Auguste et de Titus parvinrent à les intimider, personne encore n'était parvenu à les vaincre. Le désir d'acquérir le premier cette gloire appela l'empereur en Orien

De tous les généraux qui l'accompagnèrent, celui qu'il éleva le plus haut, quoiqu'il n'aimât pas son caractère léger, envieux et jaloux, fut Adrien, son compatriote, né comme lui à Italica. Il lui donna en mariage sa nièce Julia Sabina. Adrien montrait autant de passion pour la philosophie, pour l'éloquence et pour les lettres, que Trajan pour la guerre. Ces deux caractères semblaient incompatibles; mais Adrien avait su gagner l'amitié de Plotine, et le crédit de l'impératrice décida sa fortune.

La préférence de Trajan pour les guerriers ne l'empêchait pas de rendre justice aux hommes pacifiques et lettrés, et de les employer convenablement. Il donna à Pline le gouvernement du Pont et de la Bithynie[1]. Lorsque ce nouveau gouverneur arriva dans sa province, il ne put se déterminer à exécuter, sans de nouveaux ordres, les décrets injustes et rigoureux rendus contre les chrétiens. Non-seulement on les livrait aux plus affreux supplices quand ils professaient publiquement leur culte, mais on les condamnait à la mort, même lorsqu'ils avaient la faiblesse de renier la vérité et de sacrifier aux idoles. On les accusait d'être conduits par un esprit de faction à renverser le trône et les autels, et, par un système d'anarchie, de

---

[1] An de Jésus-Christ 112.

vouloir établir l'égalité sur les ruines de toutes les institutions : enfin on leur reprochait de se livrer, dans leurs assemblées secrètes, aux vices les plus odieux. Pline prit courageusement leur défense contre ces calomnies. Il écrivit à l'empereur « qu'il
» ne pouvait se résoudre à faire périr, sur de faux
» rapports, tant d'innocents, et à condamner ceux
» même qui se soumettaient publiquement aux
» lois. »

« Après avoir pris, écrivait-il à Trajan, toutes les
» informations nécessaires, je me suis convaincu
» que l'erreur de ces infortunés se borne à s'as-
» sembler un jour marqué avant le lever du soleil.
» Là ils adorent Christ, qui est leur dieu, chantent
» des hymnes en son honneur : leur serment, loin
» de les pousser à aucun crime, les oblige au con-
» traire à ne commettre ni vols, ni violence, ni adul-
» tère, à ne retenir aucun dépôt, à ne jamais man-
» quer de foi. Ils se retirent après, et se réunissent
» ensuite de nouveau pour faire en commun un re-
» pas innocent et frugal. »

Telle était alors la prévention publique contre cette nouvelle religion, que Trajan lui-même céda long-temps au torrent, et ne voulut point condescendre aux vœux de Pline. Il se contenta seulement de modérer la persécution, de défendre qu'on recherchât ceux qui ne professaient la religion chrétienne qu'en secret, et de faire grace au repentir.

Ce triomphe tenté par un philosophe païen était réservé aux vertus chrétiennes. Les discours, les écrits et surtout la mort courageuse de saint Siméon et de saint Ignace éclairèrent l'empereur, qui, vaincu par leur fermeté, arrêta l'effusion du sang chrétien.

Avant d'arriver en Asie, Trajan, qui dédaignait de croire aux conspirations, acquit pourtant la preuve certaine que Crassus conjurait contre sa vie. Il le laissa juger par le sénat, qui ne le condamna qu'à l'exil.

Trajan cherchait l'occasion de combattre les Parthes ; elle ne tarda pas à se présenter. Cosroës, leur roi, s'empara du royaume d'Arménie et en investit Exédare. L'empereur se plaignit d'abord de cette infraction au traité, et, n'ayant reçu qu'une réponse fière et insultante, il fit déclarer la guerre aux Parthes par le sénat. L'orgueil de Cosroës parut s'abaisser à l'approche de l'armée romaine ; il envoya des ambassadeurs à Trajan, sollicita son amitié, écrivit qu'il venait de déposer Exédare, et pria l'empereur d'accorder à son propre frère l'investiture du trône d'Arménie, comme Néron l'avait donnée à Tiridate.

Trajan répondit que l'amitié se prouvait par des faits, non par des paroles, et qu'il se déciderait en Syrie sur le parti qu'il lui paraîtrait convenable de prendre. Des deux côtés on ne songea plus à négocier, mais à combattre. Les Romains entrèrent en Arménie, et la conquirent en peu de temps, malgré les efforts que Perthamasiris, frère de Cosroës, fit pour la défendre. Ce prince, après plusieurs défaites, espérant désarmer le vainqueur par sa soumission, prend le parti de venir trouver Trajan dans son camp. Il le voit assis sur son tribunal, se prosterne devant lui, et met son diadême à ses pieds. A ce spectacle, l'armée romaine jette un cri de joie, et salue Trajan *imperator*. Cette exclamation effrayait le prince, qui la prenait pour un cri de fureur; Trajan le rassura sur sa vie, mais lui refusa l'investiture qu'il désirait, et le laissa se retirer en liberté. Une nouvelle bataille eut lieu. Le prince parthe, vaincu, y périt, et laissa les Romains possesseurs de l'Arménie.

L'empereur, émule d'Alexandre, et aussi rapide que lui dans ses succès, battit les Parthes, conquit la Mésopotamie, força Cosroës à conclure la paix et à donner des otages, reçut du sénat le nom de *Parthique*, soumit l'Arabie-Pétrée, la réduisit en province romaine, et se rendit maître de l'Ibérie, de l'Albanie, de la Colchide, de tous les pays situés entre le Pont-Euxin et la mer Caspienne. La fortune, qui comblait Trajan de ses faveurs, lui refusa un historien : quelques fragments de Dion et d'Aurélius Victor nous ont seuls transmis une légère esquisse de ses exploits, et la plupart des grandes actions de ce héros sont tombées dans l'oubli, parce qu'aucune plume immortelle ne nous les a conservées.

Nous savons qu'un de ses meilleurs généraux fut Lusius Quiétus. Il était né en Mauritanie; Trajan l'éleva au consulat. Le peuple romain, en se mêlant ainsi à d'autres peuples, pouvait acquérir quelques grands talents; mais il altérait peu à peu la force de ses droits, la majesté de son nom, et préparait la ruine de sa puissance, en la partageant avec les Barbares.

Quelques historiens rapportent que Trajan revint à Rome en 865, et qu'il retourna ensuite en Syrie; mais ils ne nous apprennent aucun événement marquant, pendant ce court séjour en Italie. Lorsqu'il revint à Antioche, un épouvantable tremblement de terre désola cette contrée. Le consul Pédo, et une immense quantité de personnes, y périrent. Trajan se sauva par une fenêtre de son palais, et fut blessé. Décidé à porter ses armes aussi loin qu'Alexandre, il voulut, avant d'entreprendre de nouvelles conquêtes, consulter, et même éprouver l'oracle d'Héliopolis : il lui adressa d'abord un papier blanc cacheté; on le lui renvoya sans qu'il parût avoir été ouvert. Par un nouveau message, l'empereur demanda formellement quel serait le succès de sa nouvelle expédition; il reçut, pour réponse, une baguette coupée en plusieurs morceaux. Son ambition l'expliqua comme un présage du démembrement total de l'empire des Parthes. Après sa mort, on l'interpréta autrement, et on crut que l'oracle avait voulu annoncer que ses cendres seules retourneraient à Rome.

Trajan, profitant des dissensions qui affaiblissaient les Parthes, mit en fuite leurs troupes, passa le Tigre sur un pont de bateaux, et jouit avec orgueil du plaisir de camper dans la fameuse plaine d'Arbelles. La terreur de son nom aplanissait devant lui tout obstacle. Il s'empara des villes de Ctésiphon et de Suze, y trouva d'immenses trésors, fit prisonnière la fille de Cosroës, et se rendit maître du magnifique trône d'or du roi des Parthes. Chacune de ces conquêtes méritait un triomphe. Le sénat, croyant devoir récompenser par des honneurs nouveaux des actions sans exemple, décerna, par un décret, à l'empereur, des triomphes dont il le laissait le maître de fixer le nombre.

Trajan avait enfin surpassé en fortune les plus célèbres généraux de la république. Il ne lui restait plus qu'à jouir en repos de sa renommée; mais quel homme peut tenir la coupe de la gloire sans s'enivrer? Trajan savait l'art de vaincre; il n'eut point l'art, plus difficile, de s'arrêter dans la victoire, et de borner ses conquêtes pour les consolider. Oubliant que des peuples nombreux peuvent être long-temps vaincus sans être soumis, et qu'il est imprudent de laisser derrière soi tant d'ennemis qui n'attendent qu'une occasion favorable pour se venger, il traversa le golfe Persique, passa l'île d'Ormus, conquit toute la côte de l'Arabie-Heureuse, et projetait des conquêtes plus éloignées; mais l'affaiblissement de ses forces le contraignit d'y renoncer. Jaloux de la gloire du héros macédonien, il regrettait vivement de n'être plus assez jeune pour porter ainsi que lui ses armes dans les Indes.

Après avoir vu la mer orientale, il regagna l'embouchure du Tigre, le remonta, traversa l'Euphrate, et arriva enfin à Babylone. Il n'y vit que de faibles vestiges de sa gloire passée. Le ciel semblait vouloir éclairer les Romains sur la vanité des grandeurs humaines, en conduisant leurs aigles et leur empereur sur les débris de Carthage et de Babylone.

Trajan honora les mânes d'Alexandre par un sacrifice offert à ce héros au milieu des ruines du palais qu'il avait jadis occupé. La fortune de l'empereur était à son terme. Les orages qu'il aurait dû prévoir vinrent bientôt obscurcir les derniers jours de son règne. La révolte éclata en Syrie, en Judée, en Égypte, et dans le pays des Parthes. Maximus, lieutenant de l'empereur, perdit en Syrie, contre les rebelles, une bataille et la vie. Lusius, plus heureux, reprit sur eux Nisibe, et emporta

Édesse d'assaut. Roscius Clarus et Julius Alexandre soumirent Séleucie. Cosroës, semblable alors à Darius, parcourait l'Asie, errant et fugitif. Trajan donna le trône des Parthes à un prince nommé Parthamaspate, et le couronna lui-même dans Ctésiphon. Marchant ensuite en Arabie, il éprouva, pour la première fois, un revers au siége d'Atra. Son génie et son courage ne purent vaincre la résistance des habitants. Ayant réuni toutes ses forces pour donner un dernier assaut, il fut repoussé, blessé, et se vit contraint de lever le siége. La révolte des Juifs eut toute la violence des guerres entreprises par le désespoir et par le fanatisme. Soulevés à la fois à Cyrène, en Égypte, en Chypre et dans la Mésopotamie, ils égorgèrent dans ces contrées une foule de Grecs et de Romains, dont ils livrèrent aux chiens les cadavres sanglants. On raconte même que ce peuple furieux partagea avec eux cette horrible nourriture. Dion, toujours exagéré, porte à quatre cent soixante mille hommes le nombre de leurs victimes.

Lupus, préfet d'Égypte, battu dans un premier combat par les Juifs, et forcé de se retirer à Alexandrie, égorgea tous ceux qui se trouvaient dans cette ville. L'empereur envoya en Égypte contre les révoltés une forte armée commandée par Marcius Turbo. Ce général les défit, les dispersa, les poursuivit sans relâche, et ne parvint à rétablir la paix que par d'horribles massacres. Les Juifs perdirent enfin une bataille en Mésopotamie, et y furent tous exterminés.

L'ordre étant partout rétabli par la victoire, Trajan vint passer l'hiver en Syrie. Il comptait retourner au printemps à Babylone; mais une attaque d'apoplexie interrompit le cours de ses projets, et le laissa dans un état de langueur qui lui fit prendre la résolution de revenir à Rome. Il chargea son neveu Adrien du commandement de l'armée d'Orient. Dès que les Parthes surent la nouvelle du départ de l'empereur, ils déposèrent leur nouveau roi, et replacèrent sur le trône Cosroës, qui redevint en peu de temps maître de l'Arménie et de la Mésopotamie : ainsi il ne resta des conquêtes de Trajan que le souvenir et le regret du sang qu'elles avaient coûté.

Trajan dépérissait chaque jour; il fut frappé à Sélinonte, en Cilicie, d'une seconde attaque d'apopexie qui termina sa vie. Plotine, sa femme, tint quelques jours sa mort secrète. Elle fit croire à tous ceux qui l'entouraient que l'empereur avait adopté Adrien. L'impératrice écrivit ensuite au sénat pour l'informer de cette adoption; et, sur sa foi seule, il fut reconnu et proclamé à Rome.

Adrien, compatriote, allié de Trajan, nommé par lui tribun du peuple, préteur et chef de l'armée, aspirait depuis long-temps au trône. Dans la guerre des Daces il s'était tellement signalé, que Trajan lui donna un magnifique diamant qu'il avait reçu de Nerva. Ce don parut alors présager son adoption. Depuis il gouverna avec sagesse, combattit avec gloire en Pannonie, et vainquit les Sarmates. Il était soutenu près de l'empereur par le crédit de Plotine, par celui de Licinius Sura, et surtout par l'utilité de ses services. Son éloquence, son esprit le rendaient nécessaire à l'empereur, qui le chargeait de rédiger ses discours et ses lettres. Cependant Servianus, son beau-frère, Palma et Cestius, ministres et favoris de l'empereur, balançaient son crédit; et cherchaient à le perdre dans l'esprit de Trajan qui l'estimait, mais ne l'aimait pas.

La plupart des historiens assurent que l'empereur, incertain dans ses projets, avait voulu transmettre sa puissance, d'abord à Servianus, ensuite à Lusius, enfin à Nerrantius Priscus, célèbre jurisconsulte. Il dit même un jour à celui-ci : « Si le » destin tranche mes jours, je vous recommande » le sort des provinces. » Plusieurs fois il avait montré le dessein de laisser le choix d'un empereur à la décision du sénat. Quoi qu'il en soit, il paraît certain que si Adrien mérita l'empire par ses talents, il ne le dut qu'à l'amitié et peut-être à l'artifice de Plotine.

Trajan avait vécu soixante-quatre ans; son règne dura dix-neuf années. Ses vertus éclatantes, mêlées de quelques taches légères, comme tout ce qui est humain, lui méritèrent la vénération et l'amour des peuples. Sa renommée inspirait tant de respect qu'après le triomphe de l'église chrétienne, ennemie inflexible de la gloire des païens, plusieurs saints, et entre autres saint Thomas, prétendirent que le pape saint Grégoire avait obtenu de Dieu le salut de cet empereur, cinq siècles après sa mort. Il résulte de cette fable une grande vérité, c'est qu'une vertu éclatante triomphe de l'envie, de la haine et du temps.

Comme général, il égala les plus célèbres guerriers; restaurateur de la discipline, modéré dans ses châtiments, magnifique dans ses récompenses, il commandait moins par son autorité que par son exemple. Le premier dans l'attaque, le dernier dans la retraite, Plutarque rapporte qu'il ne disait jamais *faites*, mais *faisons;* *allez*, mais *allons;* *bataillez*, mais *bataillons*. Comme prince, il fit observer la justice, respecter la propriété et fleurir le commerce. Ce fut lui qui prononça le premier cette belle maxime : « Il vaut mieux que dix cou- » pables se sauvent que de condamner un innocent. » Jamais administration ne fut à la fois plus éclatante et plus économe, plus ferme et plus douce. Ennius Priscus lui demandait un jour comment il était parvenu à se faire plus aimer que tous ses prédécesseurs; il répondit : « En pardonnant à ceux

» qui m'ont offensé, et en n'oubliant pas ceux qui » m'ont servi. » Enfin l'éloge de Trajan pourrait se réduire à ce peu de mots : « Seul de tous les con- » quérants du monde, il mérita de recevoir et de » conserver le titre de *très-bon.* » Trajan mourut l'an 869 de Rome, de Jésus-Christ 117.

CHAPITRE XV.

ADRIEN.

(An de Rome 869. — De Jésus-Christ 117.)

Adrien est proclamé empereur par le sénat. — Son gouvernement pacifique. — Conspiration contre Adrien, déjouée. — Sagesse de son administration. — Tribut payé aux ennemis. — Prospérité sous ce règne. — Trait de présence d'esprit d'un héraut. — Voyages et travaux d'Adrien. — Ses réformes administratives. — Son édit pour la jurisprudence. — Sa vie publique et privée. — Dévouement et mort d'Antinoüs. — Administration d'Adrien au dehors. — Révolte des Juifs. — Prudence de Julius Sévérus en Orient. — Sa victoire sur les Juifs. — Abolition du culte des Juifs et leur dispersion. — Adoption de Commodus, nommé Vérus par Adrien. — Maladie et mort de Commodus. — Adoption d'Antonin par Adrien. — Adoption de Vérus et de Marc-Aurèle par Antonin. — Retraite et mort d'Adrien.

Adrien, que secondaient Plotine et Tatien, préfet du prétoire, s'était fait promptement reconnaître empereur par les légions de Syrie. Il écrivit en même temps au sénat pour lui demander la confirmation du choix que Trajan avait fait de lui. Il s'excusait d'avoir osé accepter le titre qu'on lui déférait sans attendre le décret du sénat et du peuple, s'y trouvant, disait-il, contraint par le zèle ardent des soldats.

A la nouvelle de la mort de Trajan, les opinions s'étaient partagées dans le sénat. Une partie des sénateurs, ne considérant que l'habileté d'Adrien, ses exploits et l'étendue de son esprit, le regardait comme seul capable de soutenir le poids de ce grand fardeau. L'autre craignait le gouvernement d'un prince qui avait déjà manifesté trop de penchant à la cruauté; mais, au bout de quelques jours, lorsqu'on sut que l'armée d'Orient s'était déclarée en sa faveur, on sentit qu'il garderait l'autorité par la force s'il ne l'obtenait par la loi, et le sénat unanimement le proclama empereur.

On lui décerna même le triomphe destiné à Trajan; mais Adrien refusa cet honneur, et il ordonna que l'urne du conquérant serait placée sur le char, afin que l'ombre de l'empereur jouît encore de son dernier triomphe. Son intention fut remplie; Plotine, suivie de Tatien, porta dans Rome les restes de son époux, et la capitale du monde vit ensemble une pompe triomphale et funéraire : les larmes sincères du peuple honorèrent plus la mémoire de Trajan que ses lauriers.

Tant qu'Adrien avait servi sous un prince belliqueux, il avait déployé les plus grands talents pour la guerre : dès qu'il fut sur le trône, il manifesta son constant amour pour la paix, et ne s'occupa que du soin de conserver la tranquillité dans l'empire, dont son prédécesseur s'était trop efforcé d'étendre les limites. Le soulèvement des Parthes, celui de l'Arménie, de la Mésopotamie, de l'Arabie, la révolte des Sarmates, des Roxolans, et la rébellion des Écossais, auraient condamné les Romains à de longues guerres, s'ils avaient voulu forcer tous ces peuples à se soumettre au joug qu'ils détestaient. Les derniers événements faisaient trop reconnaître que la force s'atténue en se divisant, qu'un état s'affaiblit lorsqu'il veut trop s'agrandir. Adrien abandonna toutes les conquêtes dont trop de sang avait payé la vaine gloire, et que le génie actif de Trajan n'avait pu conserver tranquillement. Il reconnut Cosroës, conclut la paix avec lui, permit à l'Arménie de se choisir un roi; pour indemniser Parthamaspate, il le nomma préteur en Syrie, et lui donna une grande quantité de terres. Adrien voulait même renoncer à la possession de la Dacie; mais cet abandon aurait entraîné la destruction des colonies romaines établies dans cette contrée; il se résolut donc à la garder; mais il détruisit le superbe pont construit par Trajan sur le Danube, dans le dessein de rendre plus difficiles et plus rares les incursions des Barbares en Mœsie. Comme on ne pouvait accuser Adrien de lâcheté, les partisans du système des conquêtes attribuèrent la sagesse de ses mesures à une basse jalousie contre la gloire de Trajan.

Lusius Quiétus s'était long-temps opposé, sous le dernier gouvernement, à l'élévation d'Adrien; ce prince lui ôta le commandement de la Palestine, et nomma pour le remplacer Turbo, dont la fermeté pacifia momentanément la Judée. Ce même général fut envoyé ensuite en Mauritanie : ce pays était agité par des troubles; il y rétablit le calme. Adrien, quittant la Syrie, parcourut le pays des Daces, et revint en Italie par l'Illyrie.

La crainte qu'inspirait son caractère, l'amour que le peuple conservait pour les vertus de Trajan, et le regret de voir abandonner le fruit de tant de travaux et de combats, produisaient sur l'esprit public des impressions défavorables au nouvel empereur. Quatre consulaires, Domitius Nigrinus, Lusius Quiétus, Palma et Celsus, anciens favoris de Trajan, fomentaient le mécontentement : ils prétendaient que l'adoption d'Adrien était une fable inventée par Plotine; que, cette princesse ayant fait placer un esclave dans le lit de l'empereur après sa mort, cet homme, contrefaisant la voix de Trajan, avait prononcé ces mots : « J'adopte » Adrien. » Ne se bornant pas à répandre ce bruit injurieux, ils conspirèrent contre la vie de l'empereur, et résolurent de le tuer dans une partie de chasse, quand il serait de retour. Un de leurs complices les dénonça au sénat, qui les fit arrêter, et les condamna à mort. Leur supplice, qu'on crut ordonné par l'empereur, répandit dans Rome la crainte et la consternation. On se rappelait que pendant le long règne de Trajan le sang d'aucun illustre personnage n'avait coulé, et ce premier acte de sévérité faisait craindre de voir renaître les jours affreux de Néron et de Domitien. Adrien, arrivant alors à Rome, sut dissiper par sa conduite et par ses discours toutes ces alarmes. Il parla au sénat avec déférence, au peuple avec affabilité, se défendit d'avoir pris aucune part à la mort des consulaires condamnés, blâma l'excessive rigueur de l'arrêt, et déclara qu'il ne voulait point que, pendant son règne, aucun sénateur pût subir la mort.

L'ancien usage obligeait toutes les villes à payer une contribution à l'avènement de l'empereur; on la destinait à lui faire des couronnes d'or. Adrien les en affranchit, disant que « sa couronne serait » toujours assez riche si le peuple romain l'était. » Il fit distribuer à chaque citoyen trois pièces d'or, et libéra toutes les cités de l'empire des sommes qu'elles devaient au trésor. Cette remise les affranchit d'une dette de neuf cents millions de sesterces (cent douze millions cinq cent mille francs). Elles lui élevèrent un monument pour rappeler la mémoire de ce bienfait. Aux yeux des peuples amollis la libéralité tient lieu de vertu.

Adrien, habile à réprimer ses passions, se montra, dans ces premiers temps, simple, modeste, populaire et clément. Rencontrant un de ses plus anciens ennemis, il lui dit: « Je règne, vous voilà » sauvé. » Assidu aux délibérations du sénat, il ne prenait aucune décision sans le consulter. Soigneux de maintenir la considération de ce corps, il déclara, en nommant Tatien sénateur, qu'il était au-dessus de sa puissance de lui accorder une faveur plus signalée.

Par un décret très-agréable au peuple, Adrien fit supporter au trésor public les frais dispendieux de voyage des proconsuls et des préteurs. Aucun prince ne se montra plus sévère dans le choix des juges et plus soigneux de réprimer les abus de leur autorité. Favorinus, un de ses amis, lui reprochait de payer trop largement les magistrats: « Je leur » donne, dit-il, l'argent du trésor, pour qu'ils ne » soient pas tentés de prendre celui des parti- » culiers. »

Hors les jours d'audiences solennelles, Adrien, renfermé dans son palais, n'obligeait personne à lui faire la cour. Il marchait rarement à pied dans Rome, voulant affranchir les principaux citoyens de l'obligation de l'accompagner. Paraissant oublier sa dignité dans la vie privée, il voyait familièrement ses amis, les visitait, montait dans leur voiture, célébrait leur fête, et logeait quelquefois dans leurs maisons de campagne. Les savants, les artistes les plus distingués étaient habituellement admis à sa table. Il faisait avec eux assaut d'esprit et de talent: par cette conduite, il s'attira non l'amour, mais l'estime du peuple. On savait que ses vertus apparentes prenaient leur source non dans son cœur, mais dans son esprit. Ce prince était naturellement porté au vice, à l'orgueil, à l'envie, à la cruauté; mais sa politique éclairée le forçait à réprimer ses penchants, à voiler ses défauts: c'était un grand prince, et un méchant homme.

Il savait qu'il ne suffit pas d'être pacifique pour éviter la guerre, qu'il faut toujours se montrer prêt à combattre pour être rarement attaqué, et qu'on ne laisse jouir d'une paix durable que ceux qui savent faire respecter la force de leurs armes. Il maintint avec soin la discipline dans sa vigueur, ne laissa point les légions s'endormir dans l'oisiveté, et les assujettit, pendant l'intervalle des combats, à des marches fréquentes, à des exercices continuels, à des travaux pénibles, mais utiles. Jamais prince n'entreprit moins de guerres et ne fit plus de voyages. Il parcourait chaque année toutes les provinces de l'empire, visitait les frontières, les magasins, les camps, récompensait la vigilance, punissait la paresse, et empêchait, par son activité, aucun des ressorts de l'état de se détendre. Doué d'une mémoire prodigieuse, il n'avait pas besoin de registres pour garder les notes relatives à la conduite, au mérite, aux défauts des officiers de l'armée. Son apparition fréquente sur les frontières contenait les Romains dans le devoir, les Barbares dans la crainte.

Les Roxolans et les Sarmates menacèrent la Mœsie; Adrien vint en Dacie, marcha contre eux, passa le Danube à la nage avec les Bataves qui servaient comme auxiliaires dans son armée. Par cette intrépidité il effraya tellement les Barbares, qu'ils demandèrent la paix. Il défit aussi les Alains, qui avaient fait quelques incursions sur le territoire romain; mais son trop grand amour pour la paix lui dicta un acte de faiblesse honteux pour Rome, qui devint dans la suite bien funeste, et dont le lâche Domitien avait donné le premier l'exemple : il continua de payer un tribut aux Sarmates et aux Roxolans pour acheter leur inaction; seulement il colora ce tribut du nom de subsides.

Les Parthes, toujours remuants, parurent quelque temps disposés à reprendre les armes. Adrien prévint avec adresse cette nouvelle guerre, et sut se concilier l'amitié de Cosroës sans autres sacrifices que de lui rendre sa fille, restée prisonnière à Rome.

Les autres princes s'étaient enorgueillis de leurs conquêtes; Adrien se vantait d'avoir plus fait prospérer l'empire par la paix qu'eux par les armes. Il est certain qu'un long repos après tant d'orages rendit l'opulence aux cités, l'activité au commerce, la vie à l'agriculture; et Rome, sous ce règne, ne parut occupée qu'à jouir de la puissance, de la grandeur et des richesses que lui avaient acquises huit siècles de guerres et de travaux.

Le trésor, délivré des dépenses excessives que coûtaient les expéditions lointaines, épargnait les fortunes privées, se grossissait chaque jour, et subvenait facilement à toutes les charges publiques. Adrien, simple dans sa maison, magnifique pour l'empire, en embellit toutes les parties par de superbes monuments qui flattaient l'orgueil du peuple romain. « Je gouvernerai toujours, disait » l'empereur, de sorte qu'on voie que la république » appartient au peuple, et que j'en suis non le maître, » mais l'administrateur. »

Connaissant la passion de ce peuple pour les jeux, il la satisfit par de nombreux spectacles de gladiateurs et par des combats de bêtes féroces, dans l'un desquels on vit périr cent lions et cent dix lionnes. Il amusait aussi Rome par des courses de char, par des danses pyrrhiques, et faisait jouer, souvent à grands frais, des tragédies et des comédies composées par les auteurs les plus fameux. Il n'épargnait rien pour la magnificence de ces représentations; on y distribuait au peuple du vin, des viandes, des aromates, des présents en loteries; les degrés du théâtre étaient inondés de parfums.

A l'un de ces spectacles, la multitude s'opiniâtrait à faire à l'empereur une demande qu'il ne voulait point accueillir. Cédant à un mouvement de colère, il ordonna au héraut, suivant un usage pratiqué par les tyrans, de dire au peuple : « Taisez-vous! » Le héraut se bornant alors à élever la main comme s'il voulait prendre la parole, le peuple fit silence. « Voilà, dit le héraut, ce que l'empereur » désirait de vous. » Adrien le récompensa de sa présence d'esprit.

Soigneux d'étendre sa popularité hors de Rome, ce prince accepta des charges municipales dans presque toutes les grandes villes de l'empire. Athènes parut surtout l'objet de sa prédilection. Après s'être fait initier aux mystères d'Éleusis, il accepta deux fois l'emploi d'archonte, en porta l'habit, en remplit les fonctions, et présida aux fêtes de Bacchus. On le vit préteur en Étrurie, premier magistrat de Naples et d'Adria, et dictateur dans plusieurs villes du Latium. Dans ses voyages il s'occupait à soulager les peuples du poids des impôts, à redresser leurs griefs, à les indemniser des pertes causées par les orages, par les incendies, par les tremblements de terre. Il relevait et décorait les villes; jamais personne ne donna autant d'activité aux travaux publics. Il éleva une colonne à Mantinée sur le tombeau d'Épaminondas, érigea en Égypte un monument aux lieux où reposaient les cendres du grand Pompée. Le temple de Jupiter Olympien, à Athènes, fut achevé par lui. Il y érigea un temple à Junon, et enrichit cette ville d'une superbe bibliothèque.

A Rome, il se bâtit un sépulcre qui ressemblait à une forteresse. Connu alors sous le nom de *môle d'Adrien*, il servit depuis de citadelle à Rome : c'est aujourd'hui le château Saint-Ange.

Le pont Élius, qui y conduit, fut un de ses ouvrages ; on venait de toutes les parties du monde admirer à Tibur sa maison de plaisance. Ses voûtes souterraines existent encore, comme si elles venaient d'être construites. Il s'était plu à réunir dans ce palais la représentation fidèle des lieux les plus renommés de l'univers. On y voyait le Lycée, l'Académie, le Prytanée, le célèbre portique d'Athènes, nommé Pexilé, Canope d'Égypte, et la riante Tempé de Thessalie. Il ne reste aujourd'hui de cet édifice et de ses jardins que des ruines connues sous le nom de Vieux-Tivoli.

L'activité d'Adrien suffisait à tout. Malgré sa passion pour les plaisirs, son amour pour les sciences et pour les lettres, son goût vif pour tous les arts, dans chacun desquels il avait la folle vanité de vouloir exceller, et au milieu de ses courses continuelles en Europe, en Asie et en Afrique, il s'occupa constamment à faire des réformes utiles dans la législation et dans l'administration. Jusqu'à lui l'Italie était restée directement soumise à l'autorité des consuls et du sénat, dont trop d'affaires détournaient l'attention; il fit rendre une loi pour partager cette péninsule en quatre départements confiés à quatre consulaires qui rendaient compte au sénat de leur gestion.

De tout temps l'usage avait permis aux préteurs d'interpréter à leur gré les lois; ce qui apportait une variation continuelle dans la jurisprudence. Adrien la rendit stable et uniforme par un édit perpétuel que rédigea Salvius Julianus, et qui contenait ce qu'il y avait de mieux dans les anciens édits des préteurs.

Une loi sage adoucit la servitude et abolit la disposition cruelle qui condamnait au supplice tous les esclaves dont le maître était assassiné.

Il défendit aussi de vendre les femmes pour les prostituer. Comme les rues des villes étaient alors très-étroites, il ne permit plus de s'y promener à cheval et d'y faire entrer des charrettes.

Un des principaux devoirs des empereurs était la distribution de la justice; Adrien présidait souvent les tribunaux, choisissait d'illustres et de savants assesseurs, et s'attirait de justes éloges par l'équité de ses arrêts.

Aucune magnificence dans ses vêtements ne le distinguait des autres citoyens; il se mêlait avec le peuple aux bains publics. Un jour il y trouva un vétéran qui frottait son corps pour l'essuyer contre le marbre: il lui demanda pourquoi il ne se faisait

point servir : « C'est, dit-il, parce que je n'ai point
» de serviteur. »

L'empereur, qui l'avait distingué à l'armée, lui
fit présent de quelques esclaves et d'une somme
d'argent considérable. Peu de jours après il retrouva
dans le même lieu plusieurs vieux guerriers qui
faisaient comme le vétéran, et qui espéraient la
même récompense : « Vous êtes plusieurs, leur dit-il
» en riant ; servez-vous les uns les autres. »

Lorsqu'il marchait à la tête des troupes, ennemi
de tout luxe, il ne se faisait remarquer que par
l'exemple qu'il donnait ; son épée n'était ornée que
d'une poignée d'ivoire ; l'or ne brillait pas sur ses
vêtements ; il mangeait en public du lard, du fro-
mage, buvait de l'eau et du vinaigre, et bravait la
tête nue, la neige des Alpes et le soleil d'Égypte. Il
consolait, secourait les soldats malades, et assurait
à la vieillesse un repos doux et honorable ; mais sa
vie privée prêtait autant à la satire que sa vie publique à l'éloge.

Curieux à l'excès, il prétendait tout savoir : rempli d'orgueil, il croyait primer en tout. Orateur
éloquent, poëte assez agréable : il avait aussi voulu
être peintre, sculpteur, architecte. Après avoir
étudié l'histoire, la philosophie, les lettres grecques
et romaines, la physique, les mathématiques, il
s'était adonné avec passion à l'astrologie, à la magie, et, malgré l'étendue de son esprit, il montrait

autant de crédulité que la multitude pour les présages. Comme il était persuadé qu'un oracle rendu par les eaux de la fontaine de Castalie, dans le faubourg de Daphné près d'Antioche, lui avait annoncé son élévation à l'empire, il fit combler de pierres cette source pour qu'aucun autre mortel n'y pût lire sa destinée.

Rempli d'admiration pour les mystères d'Éleusis, il les transporta à Rome. Les autres princes avaient recherché les honneurs du souverain pontificat, il en remplit avec zèle les fonctions. Admirateur du culte des Grecs, il le préférait à tout autre : cependant sa superstition curieuse le portait à vouloir connaître les religions étrangères ; et, comme il avait commencé dans l'Orient la construction de quelques temples qui y étaient encore sans dédicace, Lampride et plusieurs chrétiens crurent qu'il formait le projet de les consacrer à Jesus-Christ. On doit plutôt penser qu'il se les destinait à lui-même, et si l'adulation d'usage dans ce temps élevait les empereurs au rang des dieux, sa propre vanité suffisait pour qu'il marquât sa place dans le ciel.

Au reste, quoiqu'il fût loin d'ouvrir ses yeux aux lumières du christianisme, il paraît certain que, touché des sages apologies que publièrent alors saint Quadrat et saint Aristide, il se montra modéré pour les chrétiens, blâma les violences exercées contre eux, voulut qu'ils fussent protégés par les lois, et ordonna de punir leurs calomniateurs.

Son amour pour la philosophie le lia intimement avec les philosophes Euphrate et Épictète : le Gaulois Favorin eut aussi part à son amitié, et leurs lumières éclairaient son esprit sans changer son caractère. Il devenait bientôt jaloux des hommes dont il admirait les talents : son amitié était plus dangereuse que son indifférence. Il fit plus que personne sentir la vérité de cette maxime : « Que » les princes sont comme le feu, et qu'il faut n'en » être ni trop près ni trop loin. »

Denys de Milet, son favori, était tombé dans sa disgrace; Héliodore, homme sans mérite, le remplaça. Denys, blessé de ce choix, dit à son successeur : « L'empereur peut vous donner la richesse » mais non l'éloquence. » Ce mot le fit exiler. Favorin conserva long-temps son crédit par sa modération; et comme d'autres philosophes lui reprochaient sa complaisance : « Comment pourrais-je » disputer, répondit-il, contre un homme dont les » arguments sont soutenus par trente légions ? » S'étant enfin permis de railler l'empereur sur sa crédulité pour l'astrologie judiciaire, l'amitié du prince se changea promptement en une haine violente, et Favorin disait souvent qu'une des singularités de sa fortune était d'être en guerre ouverte avec un empereur et de vivre encore.

Adrien s'était montré quelquefois clément pour des hommes qui avaient attaqué sa vie; mais il ne savait point pardonner à ceux qui blessaient son amour-propre. Le fameux architecte Apollodore, dont la place et la colonne Trajanes, ainsi que le pont du Danube, attestaient les talents, s'était autrefois, sous le règne de Trajan, permis quelques épigrammes contre Adrien; et, faisant allusion à de médiocres paysages peints par ce prince, il l'avait brusquement interrompu dans une dispute, en lui disant d'aller peindre ses *citrouilles*. Monté sur le trône, l'empereur vengea le peintre et exila l'architecte. Quelques années après, Adrien, ayant dirigé lui-même la construction d'un temple élevé en l'honneur de Rome et de Vénus, en envoya le plan à Apollodore dans son exil, avec l'intention de l'insulter et de lui prouver que, pour enrichir Rome de monuments superbes, on n'avait pas besoin de ses talents. Apollodore critiqua les dimentions de l'édifice, dont la hauteur n'était point proportionnée aux statues qu'il devait contenir. » Si les déesses assises dans le temple, disait-il, » voulaient se lever, elles se casseraient la tête » contre la voûte. » Le monarque ne répondit à l'artiste qu'en lui donnant la mort.

L'envie n'attaque d'ordinaire que les vivants: celle d'Adrien s'attachait même à la gloire enfermée dans le tombeau. Il préférait des poëtes médiocres à Homère ; Caton l'ancien à Cicéron ; Antipater, inconnu de nos jours à Salluste. Jaloux de l'amour que les Romains conservaient pour Titus, il publia un libelle contre ce bon prince, et l'accusait d'avoir empoisonné Vespasien.

En comptant le nombre des exilés, on pouvait connaître celui des hommes qui avaient eu le malheur d'être honorés de l'amitié d'Adrien. S'abandonnant sans réserve à sa passion pour le libertinage, c'étaient les femmes de ceux qu'il admettait dans son intimité dont l'honneur se voyait le plus exposé à sa séduction ou à sa violence. Sabine, son épouse, imitait ses désordres. Adrien, que sa curiosité portait à intercepter toutes les lettres, découvrit les intrigues de l'impératrice. Il l'accabla de mépris, engagea les personnes de sa cour à lui faire éprouver les plus sanglantes mortifications, et la maltraita tellement qu'elle finit par se donner la mort.

Les plus grands services ne garantissaient pas ses courtisans du sort que leur réservaient ses caprices. Il exila Tatien, son tuteur, dont le zèle lui avait valu l'empire. Les exploits de Turbo ne purent le garantir de la même disgrace ; Similis, son successeur, n'évita l'exil qu'en se condamnant lui-même à une retraite volontaire, où, loin des intrigues et de la cour, il trouva le bonheur : l'ambition le lui avait promis, la philosophie le lui donna, et il fit ainsi son épitaphe : « Ci-gît Similis ; il a passé » soixante-seize ans sur la terre et n'en a vécu que » sept. »

Adrien se montrait excessif dans ses goûts comme dans ses aversions. Son affection pour Antinoüs, jeune Romain doué d'une rare beauté, approchait de la folie. Cependant l'empereur, effrayé par des présages et tourmenté par ses chimères astrologiques, s'étant persuadé que son salut exigeait qu'une victime se dévouât à la mort pour sauver sa vie, Antinoüs s'offrit en holocauste. Adrien l'accepta, sacrifia son idole, et fit courir le bruit que ce jeune homme s'était noyé dans le Nil. Aussi faible dans son désespoir que barbare dans sa crédulité, sa douleur fut aussi insensée que son ingratitude ; il fit un dieu de sa victime, lui éleva un temple, et n'immortalisa que son opprobre.

Plus constant pour les animaux que pour les hommes, il traitait mieux ses chiens que ses favoris, et composa une épitaphe pour consacrer la mémoire de son cheval de bataille, nommé Borysthène.

Sa reconnaissance pour l'impératrice Plotine fut le seul de ses sentiments qui ne se démentit jamais. Il lui prodigua les plus grands honneurs pendant sa vie, et lui éleva des temples après sa mort.

Les hommes qui l'approchaient éprouvaient seuls ses injustices, et connaissaient seuls les puérilités de son orgueil. Les grands voyaient de près, craignaient et haïssaient l'homme vicieux, jaloux et léger. Le reste de l'empire admirait le prince actif, savant, habile et juste.

Chacun de ses pas, dans ses voyages continuels, était marqué par de grands actes de sagesse ou de libéralité; il soulagea la Gaule d'impôts, enrichit la ville de Nîmes de superbes monuments : les arènes et le pont du Gard, construits par lui, ont traversé les siècles, et résistent encore aux outrages du temps.

Arrivé en Bretagne, il consolida la tranquillité de ce pays, en le mettant à l'abri de la fureur des Écossais par la construction d'une grande muraille garnie de tours, et assez forte pour arrêter les Barbares. Réformant par des lois sages les mœurs des Bretons, il avança leur civilisation en rendant les liens du mariage plus sacrés. Un de ses édits abolit la coutume qui permettait aux maris d'avoir plusieurs femmes, et aux femmes d'avoir plusieurs maris.

Sa fermeté maintint la paix en Germanie; sa justice familiarisa les Espagnols avec le joug romain : il releva la ville de Tarragone détruite par la guerre précédente. Sa présence calma les troubles de la Mauritanie; la Sicile se ressentit de ses bienfaits; il y adoucit les tributs, et accorda de grands priviléges à son commerce. Sa curiosité le porta au sommet de l'Etna, dont il affronta la neige et les flammes. Vainement sa générosité voulut exciter la reconnaissance des Égyptiens; il ne put fixer les inclinations mobiles de ce peuple turbulent et léger, dont il peignait fidèlement les mœurs dans une lettre adressée par lui, d'Alexandrie, à Servianus son beau-frère, et qui est parvenue jusqu'à nous.

« Je n'ai trouvé ici, disait-il, que légèreté, caprice
» et disposition à changer de formes au premier
» vent. Les adorateurs de Sérapis sont chrétiens, et
» ceux qui se disent les évêques du Christ adorent
» Sérapis. Les chefs de synagogue, les Samaritains,
» les prêtres chrétiens sont à la fois astrologues,
» aruspices et charlatans. Le patriarche des Juifs
» est contraint, par une partie du peuple, d'adorer
» le Christ; l'autre l'oblige à encenser Sérapis : c'est
» une race née séditieuse. La ville d'Alexandrie est
» belle, commerçante, riche et puissante. Personne
» n'y vit oisif; les uns soufflent le verre, d'autres fa-
» briquent du papier; les manufactures de toiles
» occupent une grande partie de la population. On
» donne même aux goutteux et aux aveugles un
» travail proportionné à leur état. Tous ont un mé-
» tier, et, soit chrétiens, soit juifs, ne connaissent
» qu'un seul dieu, l'intérêt.

» Quel dommage qu'une aussi belle cité n'ait pas
» de meilleurs habitants! Rien n'égale leur ingrati-
» tude : je leur ai prodigué les priviléges et les graces;
» tant qu'ils m'ont vu, ils ont exprimé vivement leur
» reconnaissance; mais à peine étais-je parti, qu'ils

» ont attaqué mon bien-aimé Vérus et ont diffamé
» Antonin. Je ne leur souhaite d'autre punition que
» d'être réduits pour toute nourriture à leurs
» poulets qu'ils font éclore dans le fumier. »

L'empereur, en quittant l'Égypte, revint en Grèce, et revit encore Athènes, sa ville chérie. Il lui céda l'île de Céphalonie et la combla de présents. Le peuple athénien donna son nom à une tribu, et déclara que cette grande cité n'était plus la ville de Thésée, mais la ville d'Adrien.

L'empereur, dont la politique était opposée à celle de ses prédécesseurs et à l'esprit belliqueux de la république, ne faisait plus gémir les souverains étrangers sous le poids de l'orgueil romain ; fidèle observateur des traités, il n'attaqua jamais l'indépendance des autres peuples, et ne se mêla de leurs querelles que pour les concilier. Soigneux en même temps de leur inspirer du respect pour la république, au lieu de décider lui-même des affaires qui les concernaient, il introduisait leurs ambassadeurs dans le sénat, et ne leur répondait que comme organe de ce corps.

Cependant tous ses soins pour éviter la guerre ne purent maintenir la tranquillité dans la Palestine. Les Juifs, dont on avait renversé le temple, opprimé la liberté, humilié l'orgueil, ne respiraient que la vengeance. Animés par le souvenir de leur gloire passée, encouragés par les prophètes qui leur annonçaient l'apparition prochaine d'un sauveur, d'un messie, ils prirent partout les armes, et se décidèrent à périr ou à recouvrer leur indépendance.

Un édit de l'empereur ôtait à Jérusalem son nom, lui donnait celui d'Ælia Capitolina, et commandait d'élever un temple à Jupiter sur les ruines de celui du vrai Dieu : ce fut le signal de la révolte.

Animés de la double fureur du fanatisme et de la liberté, les uns se cantonnent dans des forts, les autres dans de profonds souterrains. Sortant de ces retraites, ils dévastent toutes les campagnes, surprennent, égorgent les garnisons romaines, et font de toute la Judée un théâtre affreux de pillages et de massacres. Leur chef était un brigand, nommé Barcochibas (fils de l'étoile). Il se faisait passer pour le Messie; au moyen des étoupes enflammées qu'il mettait dans sa bouche, il paraissait vomir le feu. Les Hébreux crédules le respectaient comme un dieu, et écoutaient ses paroles comme des oracles.

Cette rébellion, méprisée dans les premiers moments, se montra bientôt formidable. Les premiers succès grossirent les forces du faux prophète; il chassa les Romains de la Palestine, et porta ses ravages jusque dans la Syrie. Adrien, rappelant de Bretagne Julius Sévérus, grand capitaine, lui donna le commandement de l'armée d'Orient. Sévère, à son arrivée, trouva les ennemis tellement en force, qu'il crut imprudent de compromettre le sort de la guerre par une bataille : il divisa son armée en plusieurs corps, et contraignit par là les Juifs à disséminer leurs troupes. L'union faisait leur force; séparés, ils ne surent plus ni attaquer ni se défendre. Sévère les battit sur tous les points, les poursuivit sans relâche, et prit ou détruisit cinquante villes et neuf cent quatre-vingt-cinq bourgades.

Barcochibas, renfermé dans la ville de Bithère, la défendit opiniâtrément et y périt. Cette guerre dura depuis l'an 885 jusqu'à 887. Le fer trancha les jours de cinq cent quatre-vingt mille Juifs. Les incendies, les maladies, la disette, en détruisirent un bien plus grand nombre.

L'empereur bannit les Hébreux de Jérusalem. « Les perfides vignerons, disait saint Jérôme, » témoin de ces désastres, après avoir tué les ser- » viteurs, et même le fils de Dieu, sont exclus de la » vigne : un seul jour dans l'année ils achètent la » liberté de venir pleurer sur leurs ruines, comme » ils avaient acheté autrefois le sang de Jésus-Christ. » Chassés de leurs foyers, privés de leurs champs, » courbés par les années, couverts de haillons, ils » portent les marques terribles de la colère de Dieu. » Tandis que la croix brille sur le Calvaire, ce » peuple aveugle ne déplore que la ruine de son » temple. Un farouche soldat vient interrompre » leurs cris, les menace, les frappe, et leur demande

» un nouveau salaire, s'ils veulent obtenir la per-
» mission de verser plus long-temps des larmes
» stériles. »

Par les ordres d'Adrien, Jupiter remplaça l'arche sainte; la statue d'Adonis occupa la grotte de Béthléem; un pourceau, sculpté en marbre sur la porte de Jérusalem, offensa constamment les regards, l'orgueil et la religion des Juifs. Ils ne se relevèrent plus de cette chute; et, quoique unis par les mêmes erreurs, par la même loi, par le même culte, ils ont toujours vécu, depuis cette époque, dispersés sur toute la terre, formant au milieu de toutes les nations un peuple à part, et qui ne peut se rallier ni se confondre avec les autres peuples.

La dispersion des Juifs fut le plus grand et le dernier événement du règne d'Adrien [1]. Ce prince, dont les passions avaient altéré la santé, après de longues hémorragies qui l'affaiblirent, fut attaqué d'hydropisie. Il n'avait point d'enfants; incertain quelque temps sur le choix de son successeur, son caprice plutôt que sa raison lui fit adopter Lucius Céionius Commodus, gendre du consulaire Nigrinus, qui avait autrefois conspiré contre lui. Il lui donna le nom de Vérus. Ce jeune prince descendait d'une illustre famille d'Étrurie; son seul mérite était une rare beauté, la conformité de ses défauts avec ceux d'Adrien fut la source de son

[1] An de Jésus-Christ 134.

crédit. Souillé des mêmes vices que l'empereur, il ne possédait aucune de ses grandes qualités. La molle Sybaris ne produisit jamais un homme plus efféminé: son lit et sa table étaient couverts de roses et de lis: il passait sa vie au milieu d'une foule de concubines et d'eunuques; les œuvres licencieuses d'Ovide et de Martial étaient sa seule lecture. Ses coureurs portaient des ailes; il appelait l'un Borée et l'autre Zéphire.

Un choix si ridicule excita le mécontentement de Servanius, beau-frère de l'empereur, de Fustus, et d'autres illustres personnages dignes de gouverner les Romains. Les souffrances d'Adrien aigrissaient son caractère; il regarda les murmures des mécontents comme des projets de conspiration; il ordonna leur supplice. Servianus, âgé de quatre-vingt-dix ans, offrit un sacrifice aux dieux avant de mourir, et leur adressa cette prière : « Vous savez, » dit-il, que je meurs innocent; je ne vous demande » qu'une vengeance, c'est qu'Adrien soit réduit à » désirer long-temps la mort sans pouvoir l'obte- » nir. » Le sort parut bientôt accomplir ce vœu.

Cependant l'empereur ayant appris que les Barbares faisaient quelques mouvements sur les frontières de Pannonie, il y envoya Vérus, qui, réveillé de sa mollesse par le désir de soutenir le nom pesant de César, se conduisit avec plus de vigueur qu'on ne l'aurait cru, et fit rentrer les rebelles dans le devoir. Mais cet effort épuisa son corps énervé par les voluptés; il revint malade à Rome; de fréquents vomissements de sang annoncèrent sa mort, qui eut lieu peu de temps après. Adrien, en ordonnant son apothéose, dit : « J'ai cru me donner un fils, et » c'est un nouveau dieu que j'ajoute à l'Olympe. » Les Romains méritaient-ils le nom d'hommes lorsqu'ils avaient la bassesse de reconnaître de pareils dieux?

Vérus n'avait joui que trois ans du titre de César. Il laissa un fils qui régna dans la suite avec Marc-Aurèle.

Obligé de se donner un nouveau successeur, l'empereur consulta plus cette fois sa politique que son caractère, et ses devoirs que ses penchants. Pour le bonheur du monde, il adopta Antonin. Titus Aurélius Fulvius Bojonius Antoninus était issu d'une famille gauloise, originaire de Nîmes. Ses aïeux paternels et maternels étaient parvenus au consulat. La nature avait réuni en lui la beauté de l'ame et celle du corps : sa taille était haute, son regard majestueux, son esprit orné, son éloquence douce comme ses mœurs. Exempt d'ambition, adonné comme les anciens Romains aux travaux de l'agriculture, modéré dans ses goûts, libéral, clément, il aimait la vertu pour elle-même, et sans lui désirer l'attrait de la gloire.

L'Italie avait déjà joui de sa sagesse; il était un

des quatre personnages consulaires qui l'administraient. Envoyé depuis comme proconsul en Asie, il y fit chérir sa douceur et respecter sa justice. Adrien, en déclarant son adoption au sénat, fit un juste éloge de l'expérience et des talents du nouveau César : « J'espère, dit-il, qu'il ne refusera pas cette » élévation imprévue, malgré sa modestie, et qu'il » se soumettra au fardeau que lui impose l'intérêt » public. »

Conformément au vœu de l'empereur, qui voulait assurer pour long-temps la tranquillité générale, Antonin adopta le fils de Vérus, et Marc-Aurèle, parent d'Adrien.

Marc-Aurèle était d'une famille espagnole. Passionné pour la philosophie stoïque, il en prit le manteau à l'âge de douze ans, et se montra toute sa vie fidèle aux principes sévères de cette secte; mais il en évita la morgue, et fut toujours vertueux sans orgueil, doux sans timidité et grave sans sécheresse. Aux yeux d'un tel homme, le trône ne devait paraître qu'un écueil. Il reçut avec chagrin la nouvelle de son élévation; elle fut un vrai sacrifice de ses penchants à l'amour de sa patrie.

La maladie d'Adrien s'aggravait chaque jour; ses souffrances devenaient insoutenables; tous les remèdes étant impuissants, il n'espérait trouver de repos que dans la mort qu'il appelait à grands cris; il chercha même plusieurs fois à se la donner;

mais la vigilante piété d'Antonin lui en ôtait les moyens, et le défendait malgré lui contre son désespoir. Un jour cependant l'empereur, à force d'or, avait engagé un esclave à lui percer le sein : déjà il se croyait affranchi des tourments de la vie ; mais, au moment de l'exécution, le barbare effrayé renonça au crime, à la récompense, et prit la fuite.

Antonin, profitant habilement de la crédulité de l'empereur pour l'empêcher d'attenter à ses jours, fit paraître devant lui des personnes qui lui persuadèrent qu'elles avaient appris par des oracles et par des songes que la santé lui serait bientôt rendue. Il les crut et souffrit plus patiemment. Mais son ame, affaiblie par la douleur, ne pouvait plus réprimer la violence de son caractère ; s'abandonnant à ses soupçons, à sa haine, à sa colère, il ordonna la mort d'un grand nombre de sénateurs. Antonin feignit d'obéir et les sauva.

Adrien, cédant enfin au poids de ses maux, abandonna à son successeur les rênes du gouvernement, se retira à Baïes, refusa tous les remèdes, s'affranchit de tout régime, hâta sa mort, et expira en prononçant ces mots : « La multitude des médecins » a fait mourir l'empereur. »

Sa vie avait duré soixante-deux ans, et son règne vingt et un.

Il mérita tout le bien et tout le mal qu'on a dit de lui, parce qu'il existait un contraste perpétuel entre les lumières de son esprit et les vices de son cœur : aussi, tour à tour, on le vit doux et violent, juste et arbitraire, orgueilleux et modeste, clément et vindicatif, philosophe et débauché, affable et vain, avare et prodigue, protecteur des lettres, jaloux des talents, superstitieux, et cependant quelquefois impie, comme on peut en juger par ces vers que son esprit léger adressa à son ame au moment où elle allait se séparer de son corps :

> Ô ma chère ame, ô toi, ma compagne légère !
> Toi, de mon corps hôtesse passagère,
> Où vas-tu maintenant? Que deviendront, dis-moi,
> Ame pâle, glacée, incertaine, éphémère,
> Tous les plaisirs que j'ai sentis par toi?

Adrien fit jouir l'empire d'une longue paix, rendit les peuples heureux par une administration habile et juste, n'inspira de terreur qu'aux grands, et ne se montra injuste que pour ses amis. Ses premières années le firent comparer à Auguste, ses dernières à Néron. Mais le monde entier lui dut une éternelle reconnaissance, puisque, avant de mourir, adoptant Antonin et Marc-Aurèle, il remplit le vœu formé pour le bonheur des hommes par un ancien sage de la Grèce, et plaça la philosophie sur le trône.

CHAPITRE XVI.

TITE-ANTONIN, SURNOMMÉ LE PIEUX.

(An de Rome 890. — De Jésus-Christ 138.)

Rigueur du sénat désarmée par Antonin. — Portrait d'Antonin. — Répression de révoltes au dehors. — Décret d'Antonin en faveur des chrétiens. — Fléaux dans l'empire. — Travaux d'Antonin. — Grands hommes sous ce règne. — Réformes dans la législation. — Mort d'Antonin. — Discours de Marc-Aurèle au sénat.

Antonin fit célébrer avec pompe les funérailles de son père adoptif; on brûla son corps à Pouzzoles, dans la maison de Cicéron, et ses cendres furent transportées à Rome. Les soldats et le peuple regrettaient sincèrement Adrien, qui s'était toujours montré grand capitaine, sage administrateur et prince populaire. Les sénateurs au contraire, sur lesquels, dans les dernières années, avait pesé sa tyrannie, détestaient sa mémoire et voulaient la flétrir. Ils étaient au moment de prononcer l'annulation de tous ses édits; mais Antonin les désarma

par ses prières et par ses larmes : « Si vous cassez
» tous les actes de mon père, leur dit-il, vous
» anéantissez celui de mon adoption, et je n'ai plus
» de droits à l'empire. » Le sénat, malgré l'affection
que lui inspirait le nouvel empereur, persistait encore, et refusait d'accorder les honneurs divins à
un prince qui récemment venait de proscrire tant
d'illustres personnages. Tout à coup Antonin fait
paraître aux yeux de cette compagnie les sénateurs
dont elle déplorait la mort, et qu'il avait dérobés
au supplice. Loin de s'attribuer le mérite de cette
action généreuse, il prétendit avoir exécuté les
ordres secrets d'Adrien. Les sénateurs cédèrent à
ses vertus : sa reconnaissance pour son père et pour
son bienfaiteur lui mérita le surnom de *Pieux*.

Rome avait tellement perdu l'habitude de la liberté, qu'il lui était impossible de la recouvrer et
d'en jouir, même lorsque les princes les plus vertueux voulaient la lui rendre. On dirait que la servitude est une nécessité pour les peuples corrompus ;
ils ont, comme les vieillards décrépits, besoin d'un
appui ou plutôt d'un maître.

Antonin, comme ses prédécesseurs, exerça une
autorité absolue sous des formes républicaines;
mais sa justice, sa sagesse et sa clémence tempérèrent constamment son pouvoir. Son ame, exempte
de passions et de faiblesses, conservait toujours
cette égalité qui est le but de la vraie philosophie:

majestueux sans hauteur, populaire sans bassesse, il inspirait à la fois le respect et l'amour.

Quoiqu'il eût fait la guerre avec succès sous le règne précédent, l'histoire n'a point cité ses exploits; mais elle nous a tranmis le souvenir d'une foule de traits de sa bonté. Proconsul en Asie, loin d'imiter la morgue et le faste de ses collègues, il fit, par sa modération et sa simplicité, chérir la domination romaine que les autres faisaient haïr; et, comme le dit Plutarque, « toutes les langues le » louaient et tous les cœurs l'aimaient. »

A Smyrne, on l'avait logé dans une superbe maison dont le maître était absent : cet homme, nommé Polémon, sophiste vain et grossier, se plaignit vivement qu'on se fût emparé de son domicile, Antonin le lui rendit à l'instant. Lorsque ce prince fut parvenu au trône, Polémon vint à Rome, et osa lui présenter ses hommages; l'empereur l'accueillit avec bonté, et dit en souriant : « Je veux » qu'on donne une chambre dans mon palais à ce » philosophe, et que surtout personne ne l'en dé- » loge. »

Antonin put toujours se montrer libéral parce qu'il fut économe. Lorsque ses trésoriers lui présentaient des plans pour augmenter ses revenus : » Faites un autre travail, disait-il; nourrissez le » peuple et non le fisc; améliorez l'état de la répu- » blique et non celui du trésor; indiquez-moi les

» moyens, non d'accroître les recettes, mais de
» diminuer les dépenses, l'économie est la plus
» douce et la plus solide augmentation du re-
» venu. »

Ce bon prince disait qu'avant son élévation il n'avait rien dû, et, depuis, rien pris à personne. Semblable aux anciens Romains, il aimait à labourer lui-même son champ, à cultiver sa vigne; et, comme on lui représentait que de telles occupations semblaient peu convenables à son rang : « Les princes, répondit-il, qui ne savent pas quel-
» quefois se mettre au niveau des autres hommes,
» finissent par être au-dessous. »

Ce monarque avait un esprit fin et juste; son éloquence était facile et agréable; on ne l'accusa jamais d'aucun vice; son ame sans tache fit jouir l'empire d'un bonheur sans nuages. Sans cesse occupé à rendre aux lois leur vigueur, à la religion sa sainteté, il mérita d'être comparé à Numa; et son exemple eut une telle influence sur les mœurs publiques, qu'on le nomma le *père des vertus*.

Sa vigilance pour réprimer les abus maintenait l'ordre dans l'empire; sa fermeté contenait les étrangers; aussi son règne ne fut marqué par aucun grand événement. Le silence de l'histoire à son égard est une partie de son éloge. Les historiens, comme les auteurs dramatiques, se taisent quand tous les personnages de la scène sont heureux, et dans la vie d'Antonin on trouve beaucoup de vertus à louer et peu d'actions à raconter.

Cependant, lorsqu'il prit les rênes du gouvernement, la Bretagne, la Dacie et la Germanie, comme si elles eussent voulu éprouver son caractère, tentèrent à la fois de se soulever. Urbicus fit rentrer les Bretons dans le devoir, et ajouta de nouvelles fortifications à la muraille d'Adrien; le sénat lui décerna le nom de *Britannicus.* Les Daces se virent promptement punis de leur rébellion, et l'empereur trouva le moyen, sans combattre les Germains de les ramener à la soumission. Après ces premiers actes de vigueur, Antonin n'éprouva plus la nécessité d'employer la force pour gouverner. Son esprit sage et conciliant rendit la domination romaine si douce, que selon le rapport d'Aurélius Victor, les peuples tributaires le regardaient moins comme un maître que comme un père, et partout on disait qu'Antonin était « un présent » fait à la terre par le ciel. »

Les nations les plus éloignées et les plus indépendantes le prenaient pour arbitre de leurs différends. La Bactriane et l'Hyrcanie lui envoyèrent des ambassadeurs. Stangorus et Pharasmane, rois, l'un des Indes, l'autre d'Ibérie, ainsi qu'Agare, prince arabe, vinrent à Rome pour rendre hommage à ce monarque vertueux. Le roi des Parthes étant entré en Arménie à la tête d'une armée, une lettre d'Antonin suffit pour le déterminer à évacuer ce pays.

Faustine, sa femme, peu digne d'un tel époux, l'affligea par son orgueil et par son inconduite : Antonin montra la même patience que Socrate; il aima mieux souffrir ses caprices que de rendre, par un divorce, ce scandale public. Il supporta ses désordres pendant trois ans. Lorsqu'elle mourut, le sénat lui décerna sans pudeur des statues, des jeux, des temples et des prêtres : Antonin n'aurait pas dû le permettre; il était plus honteux et plus insensé de laisser usurper le ciel par les vices, que de le faire, comme les poëtes, assiéger par les Titans.

Il semblait que le destin, aveuglant les hommes, les portât à diviniser tant de princes sanguinaires et de femmes adultères, pour rendre les dieux de l'Olympe méprisables, et pour accélérer la chute du polythéisme. Partout alors, malgré les lumières de ce siècle, les Romains, disposés à rendre un culte religieux au vice, se montraient injustes et cruels pour le culte le plus moral, le christianisme. Ils regardaient les partisans de cette secte comme des hommes turbulents et dangereux, dont les principes tendaient au bouleversement de l'état; et, lorsque tout le reste de l'empire bénissait la justice et la clémence de l'empereur, les chrétiens, persécutés, se voyaient, sous les plus légers prétextes, emprisonnés, torturés et livrés aux bêtes féroces. Justin, célèbre par son éloquence, et qui le devint plus encore dans la suite par son martyre, entreprit alors de dissiper ces injustes préventions : il publia une éloquente apologie de la doctrine et des mœurs des chrétiens, l'adressa à l'empereur, à ses fils adoptifs, au sénat et au peuple romain, et se plaignit avec force de la violation des lois et de la tyrannie qui infligeait à tant de citoyens des châtiments affreux, sans qu'on pût les convaincre d'aucun des crimes dont on les accusait.

Antonin était digne d'entendre la vérité; il rendit un décret favorable aux chrétiens. « La persé- » cution, dit-il, ne fait qu'accroître leur nombre, » et nous défendons de les inquiéter. Si quelqu'un » les accuse sans qu'ils aient enfreint les lois, et » seulement parce qu'ils sont chrétiens, on doit les » absoudre et punir l'accusateur. »

Tant que ce prince vécut, l'Église jouit d'une profonde tranquillité. Comme les intentions de l'empereur étaient toujours pures, il ne sentait pas le besoin de les cacher, et ses édits furent toujours motivés. Quoiqu'il fût doué d'un grand discernement, il se défiait de ses lumières; et, dans les questions épineuses, il consultait modestement les plus savants jurisconsultes, Marcellus Jabolinus, et d'autres personnages illustres, livres vivants dont il aimait à s'entourer.

Aussi constant que sévère dans ses choix, l'intrigue, qui ne se plaît qu'au changement, ne trouvait ni espoir ni aliment dans sa cour. Les courtisans ne pouvaient prendre que le masque de la franchise pour plaire à un prince aussi sincère. Il était si ennemi de tout art et de toute fausseté, que, lorsqu'on lui proposa de remplacer par des dents artificielles celles qui lui manquaient, il répondit en riant : « Rien de faux n'entrera jamais » dans ma bouche, ni n'en sortira. »

Son système pacifique devait trouver beaucoup de détracteurs au milieu d'un peuple guerrier ; mais, lorsqu'on vantait en sa présence, avec l'expression du regret, les exploits de César et de Trajan, il répétait le mot de Scipion : « Je trouve plus » de gloire à sauver un citoyen qu'à tuer mille » ennemis. »

Si les orages politiques ne troublèrent pas l'empire, il fut désolé par plusieurs fléaux de la nature ; mais l'ordre que maintenait Antonin dans ses dépenses le mit à portée de réparer largement les pertes que firent éprouver à Narbonne, à Antioche, à Carthage, de grandes disettes, des incendies, des tremblements de terre, et à Rome une forte inondation du Tibre.

Après avoir pourvu aux besoins de la république, il ne négligea point ce qui pouvait augmenter son éclat. Les ports de Terracine et de Gaëtes, les bains d'Ostie, les aqueducs d'Antium, furent d'illustres monuments de sa grandeur. L'an 900 de Rome, il célébra les jeux séculaires avec une grande pompe, et satisfit la passion du peuple pour les spectacles, par de magnifiques combats de gladiateurs et de bêtes féroces.

Les princes qui règnent suivant la justice ne craignent pas la lumière; Antonin protégea les lettres, et encouragea les talents. L'époque du règne d'Adrien n'avait produit d'autres écrivains que le sage Plutarque, Arrien, Suétone et Florus : Phlégon, affranchi de ce prince, avait aussi composé beaucoup de livres, dans un desquels les historiens ecclésiastiques ont remarqué un passage où cet auteur parlait de l'éclipse arrivée, le jour de la Passion, dans la quatrième année de la deux cent deuxième olympiade. Le temps où vécut Antonin fut le plus fécond en savants. On y vit briller Appien d'Alexandrie, auteur de l'histoire éloquente des guerres civiles de Rome; Galien de Pergame, émule d'Hippocrate; Maxime de Tyr, platonicien; Élien, naturaliste; l'abréviateur Justin; Diogène Laërce, auquel on doit les vies de plusieurs philosophes, et l'éloquent Hérode Atticus, dont malheureusement aucun ouvrage entier n'est parvenu jusqu'à nous. Apollonius, le stoïcien, vivait encore dans ce temps: l'empereur le fit venir à Rome pour donner des leçons de philosophie à Marc-Aurèle. A son arrivée, ce philosophe orgueilleux refusa de se rendre au palais, soutenant que c'était au disciple à venir trouver le maître. Antonin, après avoir dit qu'il s'étonnait qu'Apollonius trouvât le chemin plus long de sa maison au palais que de Chalcis à Rome, lui envoya Marc-Aurèle. Ainsi, la modestie, sous la pourpre impériale, visita humblement la vanité sous le manteau de la philosophie.

Toutes les réformes ordonnées par l'empereur dans la législation parurent dictées par la justice et par l'humanité. Il défendit d'ajouter des tortures aux supplices : « La mort, disait-il, expie le crime » et sert d'exemple; les tourments n'inspirent que » la pitié pour les criminels. »

Il ne permit pas aux maris coupables d'infidélité d'accuser leurs femmes d'adultère. Toutes les lois fiscales furent adoucies par lui. On conspira une fois contre ce bon prince : le sénat exila les conspirateurs; mais l'empereur défendit de pousser plus loin les informations. « Ne cherchez pas, dit-il, les » complices; il me serait trop pénible de savoir » que plusieurs citoyens ne m'aiment pas. » Après une longue résistance, le sénat, triomphant de sa modestie, le força d'accepter le titre de *père de la patrie;* et le prince qui le mérita le mieux fut celui qui le refusa le plus long-temps.

L'an 161 de Jésus-Christ, Antonin, attaqué soudainement, à la suite de son repas, d'une fièvre violente, prévit sa mort, confirma l'adoption de Marc-Aurèle, fit transporter dans l'appartement de ce prince l'image d'or de la Fortune qu'on gardait toujours dans la chambre de l'empereur, donna pour dernier mot d'ordre au tribun *l'égalité d'ame;* et, tranquille à la fin d'une carrière remplie de vertus et exempte de vices, il parut s'endormir plutôt qu'expirer.

Il mourut dans la soixante-quinzième année de sa vie, la vingt-troisième de son règne. Un regret universel et des larmes sincères honorèrent sa mémoire. Le plus grand éloge qu'on puisse faire de cet excellent empereur se trouve contenu dans ces paroles adressées au sénat par son illustre successeur : « Je retrace sans cesse à mon esprit, dit Marc-
» Aurèle, les qualités de mon père adoptif, que je
» veux, que je dois prendre pour modèle. Rien n'é-
» galait la douceur de son caractère, la sagesse de
» son esprit, sa prudence avant d'agir, la fermeté de
» ses résolutions : ennemi de la vaine gloire, indif-
» férent pour les honneurs et les distinctions qui
» ne flattent que la vanité, le désir seul de remplir
» ses devoirs dirigeait ses actions : de là son amour
» pour le travail, son assiduité à l'étude, sa dispo-
» sition à écouter tout avis utile, sa justice inflexi-
» ble, son habileté pour distinguer les circonstan-
» ces qui permettent l'indulgence de celles qui exi-
» gent la rigueur. Il remplissait les devoirs d'ami

» comme ceux d'empereur : jamais ceux qu'il ai-
» mait ne sentaient le poids de son autorité; son
» amitié complaisante ne connaissait pas l'exigence;
» il désirait le sentiment, et non l'hommage. Ceux
» qui s'étaient attachés à Antonin, homme privé,
» ne le trouvèrent jamais changé par sa fortune :
» fidèle et constant, ses affections n'étaient point
» impétueuses; mais si elles n'allaient jamais jus-
» qu'à la passion, d'un autre côté elles ne laissaient
» à craindre ni le dégoût ni le caprice.

» Modéré dans ses désirs, il se contentait de peu :
» toujours content de son sort, rien n'altérait la
» sérénité de son ame; aucun trouble, aucun dés-
» ordre secret ne l'empêchait d'exercer sa sagacité
» pour prévoir l'avenir. Un premier coup d'œil, un
» premier mouvement ne décidèrent jamais ses ju-
» gements et ses démarches; il examinait tout en dé-
» tail, sans s'émouvoir, sans s'agiter, sans donner aux
» choses plus d'importance qu'elles n'en méritaient.»

» L'ordre le plus sévère régnait dans les finances
» de son gouvernement; il supportait sans s'irriter
» les railleries de ceux qui taxaient d'avarice son
» économie.

» Trop grand pour être vain, la flatterie fut sans
» pouvoir auprès de lui; il supprima toutes ces ac-
» clamations banales prodiguées aux tyrans comme
» aux bons princes, et qui ressemblent plus à la
» licence qu'au respect.

» Il honorait les dieux sans superstition, et cher-
» chait à se concilier l'affection des hommes sans se
» rendre populaire aux dépens de sa dignité. Une
» sagesse uniforme l'éloignait de tout excès, le
» maintenait toujours dans un juste milieu. L'at-
» trait des innovations ne pouvait l'en détourner.
» Son affabilité n'avait rien d'affecté, parce qu'elle
» venait du cœur.

» Toujours simple et sans faste, il prouvait par
» son exemple qu'un prince, pour se faire respecter,
» n'a besoin ni de pourpre sur ses habits, ni d'or-
» nements sur son trône, ni de statues dans son pa-
» lais, ni de gardes près de sa personne; et qu'en
» se rapprochant, dans sa manière de vivre, des
» citoyens, il n'en conserve à leurs yeux que plus
» d'élévation et de vraie grandeur.

» Son esprit était orné, mais dans la juste mesure
» qui convient à un prince. On ne trouvait pas en
» lui un érudit, un rhéteur, un sophiste, mais un
» sage. Sa raison, perfectionnée par la lecture et
» par la méditation, le rendait capable de comman-
» der aux autres et de se gouverner lui-même.
» Comme il ne se piquait pas d'exceller dans les
» sciences, dans les lettres et dans les arts, il ne se
» montra jamais jaloux de la supériorité des hommes
» qui en faisaient leur unique étude. Sa munificence
» encourageait leurs succès; il honorait les vrais
» philosophes, et méprisait ceux qui abusaient de

» ce nom pour masquer leurs erreurs ou leurs vi-
» ces.

» Il ménageait sa santé, mais sans délicatesse;
» sa sobriété lui fut plus utile que ses médecins, et
» la tempérance conserva sa force.

» La solidité de son esprit rendait sa conduite
» aussi régulière que ses pensées étaient justes. Ses
» occupations, ses amusements furent constam-
» ment les mêmes : un jour de sa vie ressemblait à
» tous les autres.

» Son administration était franche et sans mys-
» tère. Au comble de la grandeur, il ne s'abandonna
» point aux délices de la vie; il savait jouir des plai-
» sirs avec modération, et supporter les privations
» sans regrets. Ses largesses, réglées par la justice,
» n'avaient point pour objet de capter la faveur de
» la multitude, mais d'acquitter une dette demandée
» par le besoin ou exigée par la coutume.

» S'il donna des jeux et des spectacles, ce ne fut
» point par faste, mais pour se conformer aux usa-
» ges. Tous les ouvrages qu'il construisit furent des
» monuments, non d'orgueil, mais d'utilité.

» On n'inventa dans son palais ni de nouveaux
» mets, ni de nouvelles modes, ni de nouvelles vo-
» luptés : ce qu'on trouvait de plus simple était ce
» qui lui plaisait davantage. Exempt de dureté, de
» témérité, de cupidité, bon, sage et modéré en
» tout, il méritait qu'on lui appliquât ce qu'on a dit

» de Socrate, qu'il était le seul mortel capable de
» s'abstenir et de jouir des biens dont le commun
» des hommes n'a jamais ni la sagesse de bien user,
» ni la force de se priver. »

Après avoir entendu cet éloge de la sagesse prononcé par la vérité, le sénat décerna unanimement à Antonin *le Pieux* les honneurs divins. Son apothéose n'étonna ni le ciel ni la terre.

FIN DU SEPTIÈME VOLUME.

TABLE DES MATIÈRES

CONTENUES DANS CE VOLUME.

HISTOIRE ROMAINE.

TOME SEPTIÈME.

Pages.

Chap. I. — Empire romain. Tableau de Rome depuis sa fondation jusqu'au règne d'Auguste 1

II. — Auguste. Son gouvernement, ses institutions, ses travaux ; conspiration de Cinna ; mort d'Auguste ; ses funérailles ; son testament. . . . 27

III. — Tibère. Son élévation à l'empire ; révolte dans les armées ; discours de Germanicus aux soldats ; désordres de Tibère ; mort de Séjan ; tyrannie et mort de Tibère 92

IV. — Caïus Caligula. Son élévation à l'empire ; sa tyrannie ; ses amours ; ses extravagances ; ses proscriptions ; son départ pour la Gaule ; ses lâches triomphes ; son retour à Rome ; sa mort ; mort de l'impératrice. 130

V. — Claude. — Son élévation à l'empire ; son

portrait; son gouvernement; ses victoires; sa
mort. 147

Chap. VI. — Néron. Son élévation à l'empire; son gouvernement; ses débauches; ses crimes; sa
mort.. 176

VII. — Galba. Son élévation à l'empire; son
portrait; ses rigueurs; sa mort. 214

VIII. — Othon. Son élévation à l'empire; sa
guerre avec Vitellius; son abdication; son discours à ses soldats; ses derniers moments; sa
mort.. 230

IX. — Vitellius. Son élévation à l'empire; ses
honteux excès; ses crimes; sa guerre avec Vespasien; son abdication; sa mort. 243

X. — Vespasien. Son élévation à l'empire; sa
paix avec Civilis; sa brillante réception à Rome;
son gouvernement; ses institutions et ses travaux; sa magnanimité; sa maladie et sa mort. . 257

XI. — Titus. Son élévation à l'empire; son portrait; son gouvernement; ses travaux; ses bienfaits; sa clémence; sa mort.. 279

XII. — Domitien. Son gouvernement; son honteux triomphe; sa tyrannie; sa puérile cruauté;
sa conduite effrayante avec le sénat; sa mort. . 288

XIII. — Nerva. Son élévation au trône; son édit
contre la délation; sa faiblesse; ses belles qualités; sa mort.. 308

XIV. — Trajan. Son arrivée à Rome; ses victoires; son triomphe; ses belles qualités; ses utiles travaux ; ses voyages ; son retour ; sa mort. 319

Chap. XV. — Adrien. Son élévation au trône ; son gouvernement pacifique ; sa sage administration ; ses voyages ; ses travaux ; ses réformes ; sa vie publique et privée ; sa retraite et sa mort.. 345

XVI. — Tite-Antonin. Son portrait ; ses travaux ; ses réformes dans la législation ; sa mort. 374

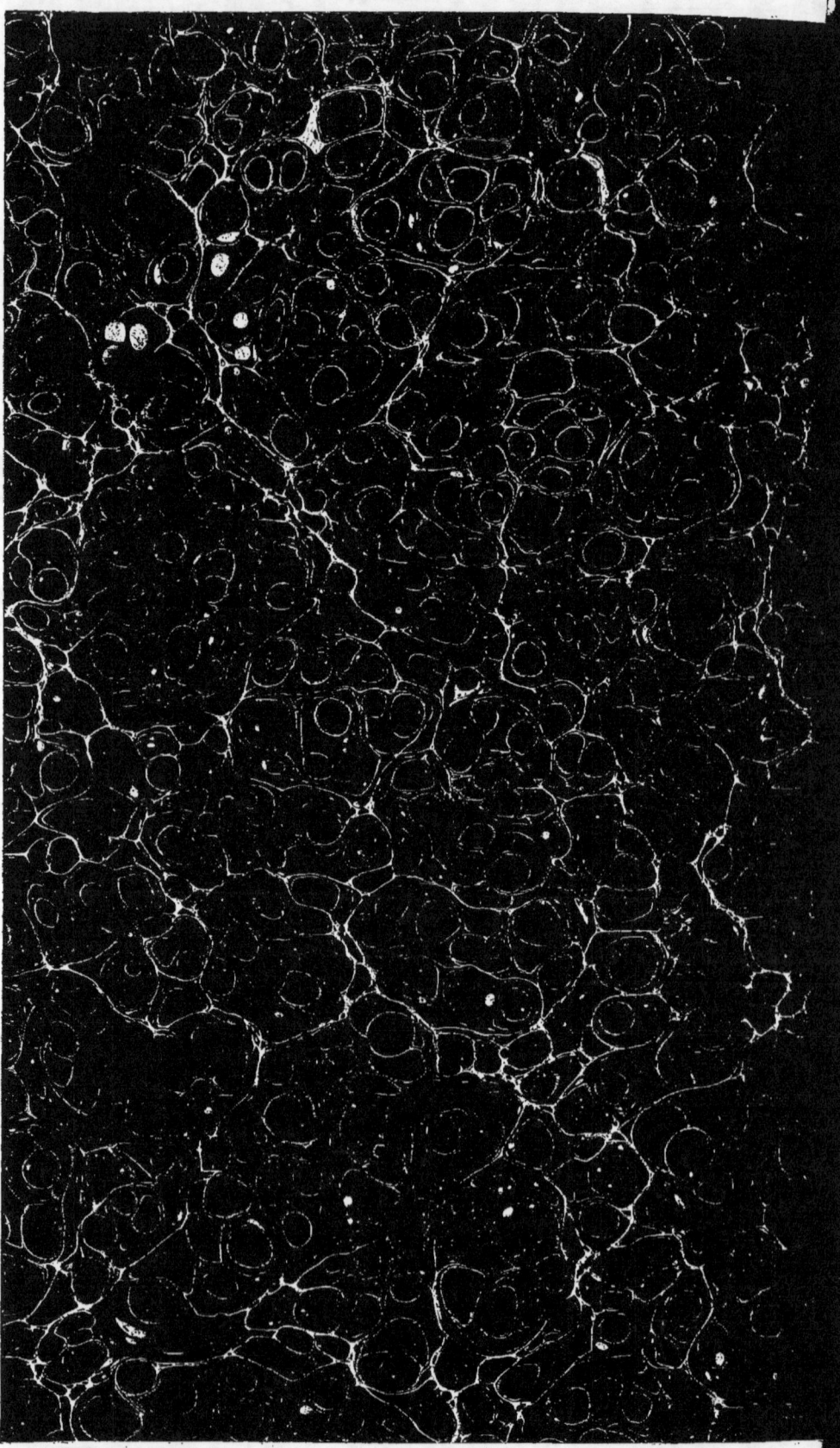

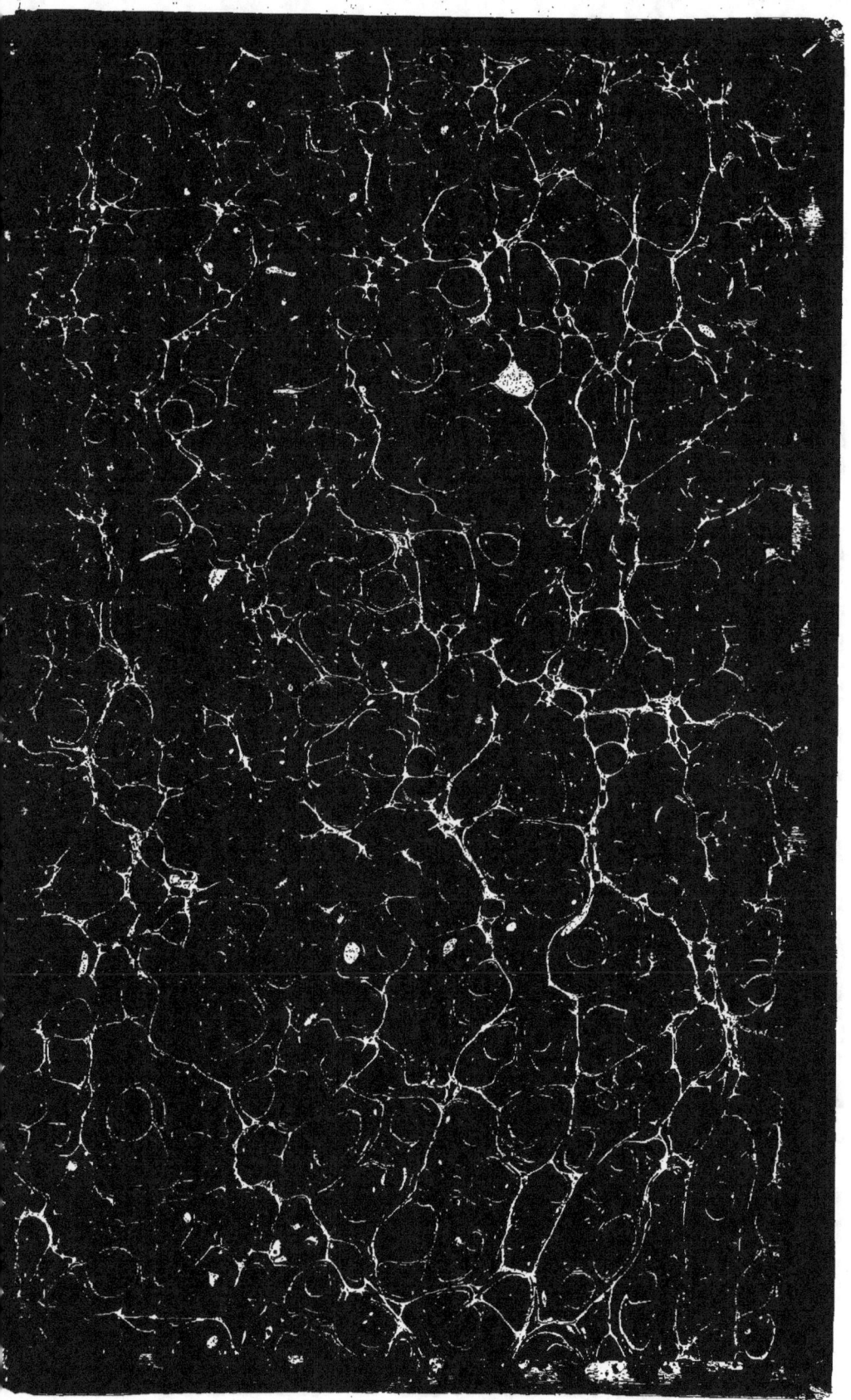